세계의 종말 선언

인류의 한계, 종말, 심판, 구원 그리고 행 지침에 대하여……

세계의 종말 선언

인류의 한계, 종말, 심판, 구원 그리고 행 지침에 대하여……

염기식 지음

한국학술정보㈜

누가 종말을 선포할 것인가?

인류의 성현, 先知者, 영각자치고 종말에 관한 문제를 거론하지 않은 분이 없다. 우리가 종말에 대해 무지하고 무감각한 것은 지혜가 무디어서 그렇지 역사에 종말이 없어서인 것은 아니다. 인간은 평생을 살아도 죽음의 날을 모르며, 몸이 아파도 원인을 모르는 무지한 자라 병은 의사가 진단을 내리듯, 높은 영안을 가진 분들이 종말에 관해 메시지를 남겼다면 우리도 여기에 대해 끊임없이 관심을 가져야 한다.

아무리 예견은 되었더라도 역사에 과연 종말은 있을 것인가? 종말이 있다면 그때는? 종말은 누가 주도할 것이며, 그 절차는? 종말 이후 인류의 미래는 어떻게 될 것인가? 종말에 대한 예언은 어떻게 이루어지고 마무리되어 인류를 구원할 수 있을 것인가 하는 것이 주요 과제로 떠오른다.

지금은 때가 때인 만큼 "종말론은 기독교 신학에서는 물론 사회 전반에 걸쳐 매우 관심 있는 문제로 부상하고 있다. 우리의 생명을 위협하고 있는 생태계의 오염과 파괴, 핵무기로 인한 지구 전체의 총체적 파멸의 위험, 인류 역사에 있어 그 유례를 다시 찾아볼 수 없는 과학 기술의 급속한 발전과 이로 말미암은 인류 미래의 불확실성, 이러한 시대적 상황 속에서 많은 사람들이 세계의 종말이 무엇인가를 질문하고 있다."[1] 범부라도 지금이 末世라는 것은 인식하고 있는 만큼, "종말론의 교리는 끊임없는 의견들이 존재했다."[2] "사실상 대부분의 한국 신흥종교들은 전통적으로 후천개벽 사상, 지상천국 신앙 등과 같은 말세론을 이념적, 실천적 토대로 하고 있으며, 시대마저 先天과 後天으로 갈라놓았는데",[3] 단계적인 성취 절차를 무시한 이상적인 기대론이 너무 앞서 있는 듯도 하다.

문제는 있지만 종말론은 기독교 신앙이 지속적이고 체계적으로 다루었던 가장 기본적이고 핵심적인 요소이다.[4] 장자—長子는 부모의 노후와 사후 제사를 걱정하듯, 기독교는 창조 역사를 담당한 섭리의 주역답게 다른 종교들보다 유독 인류 역사에 종말이 있을 것을 예견하고 많은 종말론 사상을 낳았다. 그야말로 종말론에 대한

---

1) 『종말론의 주요 논쟁에 관한 연구』, 홍운표 저, 목원대학교신학대학원신학과 조직신학전공 석사학위논문, 2005, p.2.

2) 『시한부 종말론에 관한 연구』, 나병량 저, 칼빈대학교신학대학원 목회학석사학위논문, 2004, p.4.

3) 위의 논문, p.19.

4) 『종말론에 관한 신학과 자연과학의 대화』, 정성민 저, 연세대학교대학원신학과 조직신학전공 석사학위논문, 2003, p.29.

견해가 속출했다. 여러 논점들이 쏟아져 도리어 "어느 견해가 올바르고 성경적인 종말론인지 판단 내리기가 어려운 지경이다."[5]

종말론에 대해 다양한 설이 있다는 것은 무언가 공통적인 진실이 있다는 측면도 있지만, 그러면서도 끝내 아무것도 결정 내릴 수 없다. "천하에 범사가 기한이 있고 모든 목적이 이룰 때가 있나니……."[6] 예언도 알고 징조도 보고 종말이 오리라는 것을 모르는 바 아니지만, 그래도 아무도 그때는 판단할 수 없다. "초림하시던 예수시대에 율법학자도 많았고 대제사장도 있었다. 그러나 그들은 오신 메시아를 깨닫지 못했다."[7] 왜 그런가? 말씀을 받든 先知者들이 하나님의 섭리 뜻을 몰랐을 리 만무하다. 그렇다면? 세계적인 여건이 순숙하지 못했다는 것을 한계로 느꼈을 뿐이다. 나아가 종말을 개인적인 결단의 순간 속에 있는 것으로 보아 세계와 자연의 역사를 종말론에서 배제시킨 결과이기도 하다.[8]

자연적인 징조만으로 혹은 성경 구절에만 근거해서는 때를 판단할

---

5) 『시한부 종말론에 관한 연구』, 앞의 논문, p.4.
   "종말론에 있어서는 너무 다양한 학설들이 있다." - 『바울의 종말론』, 최일운 저, 협성대학교대학원신학과 신약신학전공 석사학위논문, 2004, p.3.

6) 전도서, 3장 1절.

7) 『종말에 되어질 사건』, 강종수 저, 교회교육연구원, 1988, p.124.

8) 『신약성서의 구원론』, 김기원, 저, 장로회신학대학교대학원 신학석사학위논문, 2007, p.52.

수 없다. 정치판에서 진실을 구하기는 어렵듯, 온통 종말을 조장하고 있는 세상의 한가운데서 때에 대한 바른 정보를 얻기는 어렵다. 오히려 혼란만 조장할 뿐이다. 종말론은 종교적인 분야만의 견해가 아니다. 인간 실존과 만생명과 만사가 함께 겪고 있는 자연환경과 문명 역사에 대한 위기의식이다. 온 인류가 간파해서 관여하지 않을 수 없다. 종말은 우주 섭리의 총체적인 정보를 장악해야 판단할 수 있는 숙업이다.

종말론은 종말로 끝나지 않는다. 인류 역사가 단죄되어야 하는 이유를 밝혀야 하는 論인 동시에 인류 구원과 미래의 인류가 나아갈 대역사 프로젝트를 제시해야 하는 문제이다. 믿은바 그리스도의 재림과 성도의 부활, 심판의 날, 새 하늘과 새 땅에 대한[9] 구체적인 진행 절차를 正位시켜서 꿰뚫어야 하는데, 이 같은 과제를 어떻게 해결할 것인가? 신도들은 이구동성으로 예수 그리스도이다. "그리스도는 역사의 중심이다."[10] 예수 그리스도가 재림하면 일체 모든 ·것이 해결되리라고 믿었다. 하지만 主 그리스도는 섭리가 완수된 정점에서 거룩하게 임할 수 있도록 완비해서 맞이해야 할 분이지

9) 『개혁주의 종말론』, 안토니 A. 후크마 저, 유호준 역, 1986, p.51.
10) 위의 책, p.45.

세사를 일일이 처리하기 위해 오실 분이 아니다.

그래서 천고 이래로 역사의 시종을 관장하신 하나님의 강림하심과 주재 역사가 요청된다. 누가 종말의 때를 판단하고 선포해서 일련의 사역 절차를 주관할 것인가? 종말 예언을 성취하고 창조 섭리를 완수해서 통합할 수 있는가? 직접 천지를 창조하고 우주의 시종을 관장하신 하나님이시라, 예나 지금이나 종말에 관한 역사는 창조주 하나님이 주도하신다. 하나님은 홍수 심판의 때를 정하시고 에녹과 노아에게 계시하셨으며,[11] 이스라엘 민족이 애굽에서 나올 연대를 정하시고 아브라함에게 알려주셨으며,[12] 니느웨 멸망의 때도 정하셨고,[13] 예수께서 십자가에 못 박힐 때를 정하사 다니엘에게 계시하셨다.[14][15]

마찬가지로 종말을 맞이한 오늘날 세상을 심판하고 인류를 구원하기 위해서는 하나님이 정말 창조 세계에 대한 전권 역사자로서 드러나야 한다. "이새의 줄기에서 한 싹이 나며 그 뿌리에서 한 가

---

11) 창세기, 6장 3절. 마태복음, 24장 37절 - 39절.

12) 창세기, 15장 13절.

13) 요나, 3장 4절.

14) 다니엘, 9장 25절 - 26절.

15) 『시한부 종말론에 관한 연구』, 앞의 논문, p.44.

지가 나서 결실할 것이요, 여호와의 神 곧 지혜와 총명의 神이요 모략과 재능의 神이요 지식과 여호와를 경외하는 神이 그 위에 강림하시리니……."[16] 예고된 그대로 하나님이 이 땅에 강림하셔서 모든 종말 사역을 담당하시리라. 그래서 종말을 맞이한 시기에는 성령의 역할이 중요해지며,[17] 그 활동이 활성화된다.

모든 때에 대한 밝힘 사역을 성령이 임하셔서 주관하실 것이나니, 그 두려운 권능의 역사가 바야흐로 이 땅 위에서 펼쳐질 것이다. 강림하신 하나님이 새 일을 도모하려 하시므로 종말은 필연적이다.

이 연구는 종말론을 전개하는 데 있어서 결코 이론적, 내세 지향적, 시한부적이지 않다. 방황하는 인류에게 결단을 요구할 만큼 현실적, 실질적, 구체적인 인식 상태에 있다. 지금은 맞닥뜨린 종말 때라 참으로 두렵기는 하지만, 환란은 겪어야 하는 것이고 심판은 피할 수 없다. 정신 차려서 말씀을 따르고 끝까지 만난을 헤쳐 나가야 할 것이나니, 그렇게 한 연후라야 인류는 비로소 희망의 역사, 구원의 은혜, 시온의 영광을 노래할 수 있으리라.

---

16) 이사야, 11장 1절 – 2절.
17) 『개혁주의 종말론』, 앞의 책, p.81.

길을 위하여, 진리를 위하여, 사랑을 위하여, 그리고 지금까지 인류가 지켜 온 고귀한 믿음이 헛되지 않게 하기 위하여…….

2010년 3월
경남 진주에서 저자 염기식 씀

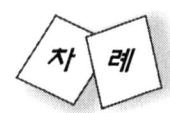

1. 새로운 세계관의 근거 요구

일찍이 역사 위에는 많은 성현과 사상가가 출현하여 인류가 나아가고 이루어야 할 이상적인 꿈과 세계관을 제시했다. 시온의 영광, 인류가 함께할 대동 세계, 계급 없는 사회, 모든 것이 충족된 유토피아, 일체 죄악이 없는 천국과 고통이 사라진 극락 등. 이러한 세계가 어떻게 존재하는가 혹은 이루어질 것인가 하는 것과 상관없이 세계를 그리고 추구하며 꿈꾼다는 것 그 자체가 인류에게는 삶의 큰 희망이었다. 이상적인 세계는 차원적인 세계이다. 세계를 이루는 것이 그야말로 꿈같아 보일수록 현실적으로는 고통을 감내해서 진리를 다하고 믿음을 다해야만 얻을 수 있는 것이라, 기다리고 기다려야 할 만큼 이상적인 세계가 꿈으로 존재하는 것은 맞다. 우주와 세계가 진리와 은혜와 영광으로 충만하도록 위대한 정신혼들이 生의 정열을 바쳐서 산화되었다.

"세계관은 인간이 파악한 세계와 뭇 존재와 인생에 통일적·체계적 견해 혹은 인생과 세계에 대한 총체적인 해석, 평가, 의의이다."[18] 인류가 나름대로 우주 세계를 관찰한 관계로 여러 가지 측면에서 제약성이 노출되리라는 것은 인정해야 한다. 그러면서도 서로 다른 세계를 바라본 것이 아니고 같은 하늘을 보고 판단한 것이라, 서로 본 것을 모아서 비교하면 본질적인 요소가 추출된다.

모든 작업을 시도해야 할 때가 진리가 분열을 다한 지금이고, 세계상이 만개된 이때이다. 세계관을 종합하고 통찰할 때이다. 당연히 이전에는 진상 세계를 섭렵하지 못한 관계로 혹은 세계 본질이 진리로서 본체를 드러내지 못한 관계로, 부분적이고 상대적일 수밖에 없는데도 절대성을 주장해 대립된 상황을 벗어나지 못했다. 그동안 나열된 종교, 진리, 사상, 제도, 세계관들이 모두 그렇다. 세계를 하나로 볼 수 있는 통합 본체와 觀을 미처 형성하지 못했다. 이런 제약성이 있어 큰 불편을 느꼈는데도 불구하고 인류 역사가 쉴 새 없이 추진된 것은 이 같은 분열과 대립의 역사를 거침으로써만 통합이란 새 역사 국면을 맞이할 수 있기 때문이다. 인생과 역사가 그러하듯, 분열을 다하지 못한 통합적 세계관은 정립될 수 없다. 과정 안에서 보면 그것이 전부인 것 같지만, 세계적 완성은 요원하

---

18) 『새우리말 큰사전』, 신기철·신용철 편저자, 삼성출판사, 1985, p.세계관 편.

고 험난하기만 하다. 그러나 분열이 완료된 시점에서 보면 과정에서의 진통은 통합으로 나아가기 위한 창조적 몸부림이었다는 것을 알 수 있다. 세계적 인내가 뒷받침되지 않은 세계적 낙원은 건설될 수 없다.

先天 하늘이 양산한 온갖 애통의 요소들은 바야흐로 대두할 통합적 세계관의 밑거름이 되면 족하다.[19] 이전에는 아무리 구색을 완비하고자 해도 세계 본질이 분열하는 상태에 있어, 진리 세계가 완성될 수 없었다. 재료 하나가 빠지면 음식 맛이 이상하듯, 확신해서 내놓은 유물관, 관념관, 창조관, 진화관, 역사관, 신앙관, 진리관들이 모두 그렇다.[20]

인류가 애써 개척한 것이 현 세계이지만, 이것이 그대로 지속될 것이라고 생각한다면 큰 오산이며, 인류 전체가 떠안을 불행이다. 더 나은 단계로 나아가기 위한 생성 일환이었다는 것은 희망의 메시지이기 이전에 전체 역사를 통찰한 세계관에 근거한 것이다. 그것이 무엇인가? 이전에는 태동하지 않았기 때문에 과정을 이은 각자의 세계관이 옳았다. 하지만 모든 것을 통합하고자 한 세계관이 대두하게 되었다면 어떻게 되는가? 관심을 가지고 살펴서 옳다고 판단된다면 받아들일 채비를 해야 한다.

새 집으로 이사를 가는 것이 마냥 좋은 일만은 아니다. 고향은 그리운 것이고 살던 집은 애착이 있다. 마음이 쉽게 떠나지 않는다.

---

19) "중세 기독교 교리를 주축으로 하고 희랍의 철학을 기독교 교리에 예속시켜 신앙과 이론이 합치될 수 있도록 입증하고자 한 합리화의 소산 등." - 『교육의 역사 및 철학적 기초』, 조영일 저, 형설출판사, 1993, p.77.

20) 先天 하늘에서는 분열이 완료되지 못한 관계로 아무리 창조 구조에 끼워 맞추고 싶어도 부족한 것이 있었다. 진리와 세계가 완성되지 못한 소이이다.

그러나 모든 것을 감수하고서라도 떠나지 않으면 안 되는 때도 있다. 한계적인 상황에 맞닥뜨렸을 때이다. 하지만 준비도 안 된 상태인데 떠나야 한다면 애달픔이 있겠지만, 필요한 것을 갖추어 놓고 권유하는데도 머물기를 고집한다면 그것은 잘못이다.

왜 이 연구는[21] 지금 온 인류로 하여금 여태껏 살아온 세계관적 집을 미련 없이 버리도록 권고하게 되었는가? 그것은 그만한 때가 당도하였기 때문이다. 이것은 마치 창세기에서 노아가 멸망을 대비해서 방주를 만든 것과 같다. 혼자 살아남기 위해 비웃음을 무릅쓴 것은 아니겠지만, 결과적으로는 그렇게 되고 말았다. 노아는 하나님의 말씀을 받들어 언제 어떤 방법으로 인류가 멸절할 것인가를 알고 있었다. 그래서 그는 방주를 만들었듯, 이 연구가 종말관으로 이사를 권고하는 것도 정황이 동일하다. 삶을 더욱 향상시키기 위해 지금까지 살았던 집을 떠나라는 것이 아니다. 얼마 안 있어 재앙이 닥치고 파멸이 임박했다면 어떻게 할 것인가? 이 같은 사태에 대처하기 위해 이 연구가 일련의 절차를 마련했다.

죽음은 두려운 바나, 뭇 생명은 예외가 없는 시한이 있다. 세계도 마찬가지다. 세계는 영원하고자 하지만 천지를 창조하신 하나님의 뜻은 그렇지 않다. 그래서 하나님은 종말 사실을 알릴 사명자를 세우고, 세계의 종말을 선언해서 심판을 예고함은 물론이며, 믿음의 백성들을 구원할 세계관적 방주를 마련하셨다. 이 같은 작업을 이루는 데 先天 세월을 다 보내었다고 해도 과언이 아니다. 인류가 추구하여 구축한 세계관적 양상들이 모두 그러하다. 東西 간의 역

---

21) 이 연구는 『세계수행론』의 총 10편 중 1편 1장과 2편 「심판의 門」을 합쳐서 단행본으로 구성한 것임.

사와 문명적 본질이 밝혀지는 순간이다. 알고 보면 간단한 것인데 해결을 못 하니까 지성인들이 세계적 진실을 회피해 온 것이 사실이다. 핵심은 이것이다. 하나님이 천지를 창조하신 한 창조는 삼라만상 세계를 뒷받침할 최고의 운용 시스템이자 최상의 세계관이다. 무엇을 보고 통찰하더라도 걸림이 없다. 이것이 환란을 대비해서 하나님이 예비하신 진리적 방주이다.

그런데도 인류는 왜 하나님이 이루신 이 같은 성업 실상을 거부하고 진실을 말해도 믿지 않는가? 그것은 모든 것을 근거 지은 창조자가 세상에 존재하지 않으며, 존재하더라도 죽은 것으로 간주되고 있기 때문이다.

하지만 태고로부터 인류는 달을 쳐다보았지만, 그 달을 정복한 것은 근세의 일이다. 우주의 궁극 실체, 근원된 실재를 엿볼 수는 있었지만 직접 드러내기 위해서는 무수한 진리 추구 역사가 필요했다. 하나님의 살아계심을 증명하고 싶어도 근거가 없었고, 진리의 본질은 규명되지 않았다. 道, 空이란 무엇인가? 실재는 무엇인가? 아무리 장광진설을 늘어놓아도 뜬구름 잡기식이다. 제 세계관이 觀으로서 머물렀다.[22]

그런데도 세상은 어느덧 한계에 처하였고, 종말을 맞이했으며, 최후 심판을 대비해야 하고, 이 모든 사역을 주관하신 하나님이 강림하셨다는 주장에 주목해야 한다. 태초 이래로 섭리된 창조 본질이 분열을 다함으로써 이전 역사는 종말과 심판이란 마무리 절차에 들어가지 않을 수 없고, 구원된 인류가 맞이할 새로운 시대가

---

22) 제 진리 영역이 각자 절대적이고 유일, 독자적인 노선을 걷게 된 것은 본체성이 드러나지 못한 때문임.

도래하리라.

이전에는 아무리 이상적인 세계 건설을 외쳐도 때와 믿음이 필요했다. 사상가, 종교인, 지성인들이 세상의 末世的 현상을 입버릇처럼 말했지만 정작 이것을 극복할 비전의 세계상은 제시하지 못했다. 東西 문명을 통합할 세계관적 동인 시스템을 구축하지 못했다. 자체로는 무엇도 진리적으로 세계관적인 보편성을 획득하지 못했다. 세계의 구체성은 드러내지 못한 채 한결같이 이상적인 구호에만 그쳤다. 하지만 이제 종말이 선언됨으로써 인류 역사는 이상과 실질이 함께하는 시대를 맞이하였다. 일체의 관념성이 일소되리라. 종말 선언은 역설적으로는 새 시대를 열 전초 기반이다. 하나님이 새 일을 도모하고자 하시기 때문에 구시대를 마감할 종말 선언은 필연적인 단계 절차라, 그 근거 이유를 개설을 통해서 밝히리라.

2. 종말의 개념, 의미

종말과 관련한 명구 가운데는 "내일 지구의 멸망이 온다 하더라도 나는 오늘 한 그루의 사과나무를 심겠다(스피노자)."고 한 말이 있다. 인간 삶에 대한 결연한 의지를 드러낸 것처럼 보이지만 종말 이후의 새 세상을 대비해야 한다는 의미도 내포되어 있다. 종말이 올 것인지는 누구도 확증할 수 없지만, 오늘 인간으로서 가야 할 길, 해야 할 일, 이루어야 할 과제는 있다. 흔히 종말이다 하면 모든 것이 파멸되고 역사와 인생 삶이 끝나버리리라는 생각이 지배

적이다. 자포자기가 되기 때문에 스피노자는 비록 내일 자신이 존재하지 못하는 한이 있더라도 한 그루의 사과나무만큼은 심어 놓아야 하겠다는 심기를 밝혔다. 이것은 종말론이 너와 나의 인생 삶과 역사에 있어서 심각한 영향을 끼치는 정보인데도 천기의 변화에 대해 너무 무지하다는 것에 대한 증거이다.

그렇다면 과연 인류 역사에 도래할 종말이란 정체는 무엇인가? 종말이란 개념은 '마지막의 것', '궁극적인 것'을 뜻하는 그리스어의 'eschaton'에서 유래했다. 그래서 종말론은 마지막의 일들, 궁극적인 일들에 관한 이론을 뜻한다.[23] 신학자 "불트만은 종말론에 대하여 일컫기를, 최후의 것들에 관한 것으로 이 세계의 끝에 관한 교리라고 말했다."[24] 교의학에서 종말론이란 명칭은 말일, 末世, 마지막 때 등을 언급하는 성서 구절에 근거를 두고 있으며, 특히 종말론을 이야기할 때는 그리스도의 재림과 관계되는 것으로 현세대의 종말을 확정 짓고, 영원의 세계에 있을 영광에 대해 말하는 것이다.[25] 명실공히 종말론은 세계 최후의 운명에 관한 논설이며 여기에는 죽음, 심판, 부활, 영생의 문제 등이 포함되어 있어[26] 이 같은 문제를 거론하고 해결할 수 있을 때 온전히 종말론이 될 수 있다.

종말론적 메시지의 본질적인 것은 세상의 끝이 매우 가까이 왔다는 것인데,[27] "오늘날 우리나라의 일부 기독교에서 종말은 이 세

---

23) 『기독교 조직신학(Ⅴ)』, 김균진 저, 연세대학교출판부, 2000, p.9.

24) 『역사와 종말론』, Rudolf Bultmann 저, 서남동 역, 대한기독교서회, 1981, p.33.

25) 『아우구스티누스의 종말론적 역사관』, 전성원 저, 서울시립대학교대학원 문학석사학위논문, 2006, p.42.

26) 『종말론에 관한 신학적 고찰』, 차영의 저, 경성대학교대학원 신학석사학위논문, 2007, p.1.

계의 파멸과 폐기라고 가르친다."[28] 정말 종말, 末世, 마지막 때는 폐기, 파멸, 끝장이란 의미가 다분한데, 개념적으로는 그렇게 규정하였더라도 실질적인 역사에 있어서 세상의 끝은 무엇이 되어야 할 것인가? 여기에 대해서 기독교인들은 설사 그들의 교리적 인식과 신념으로써 재림과 결부시키는 것이 옳은 것이라고 하더라도 이론 면에서는 우주 전체의 종말성을 포괄하지 못한 미비점이 있다. 예수님을 기점으로 해서 "하나님의 나라가 현재적이냐 미래적이냐 하는 것을 종말론의 핵심 논제로 삼았다(19세기 자유주의 신학)."[29] 하지만 예수는 역사의 완성이고 피날레이기는 하지만 역사의 중심자로 임하시기까지는 숱한 난제가 있다. 과정도 생각지 않고 결과에만 초점을 두게 되어 종말론이 제대로 구성될 수 없었다.

그래서 종말론 개념에 있어서 우선적으로 정리되어야 할 것은 종말이 정말 모든 것의 끝장이고 역사의 마지막을 뜻하는 것인가, 아니면 그 이후 새로운 무엇이 다시 펼쳐질 수 있을 것인가 하는 것이다. 그런 의미에서 보면 종말은 결코 끝을 의미하는 것만은 아니다. 종말론은 "이 세상에 관해서 장차 일어날 사건들에 관한 것이라, 역사의 마지막과 새 시대의 시작을 뜻하는"[30] 미래 역사의 프로젝트와 연관이 깊다.

---

27) 『종말론에 관한 신학과 자연과학의 대화』, 정성민 저, 연세대학교대학원신학과 조직신학전공 석사학위논문, 2003, p.31.

28) "이러한 종말관은 베드로후서 3장과 요한계시록 21장에 근거함." -『바울의 종말론』, 최일운 저, 협성대학교대학원신학과 신약신학전공 석사학위논문, 2004, p.44.

29) 『종말론의 주요 논쟁에 관한 연구』, 홍은표 저, 목원대학교대학원신학과 조직신학전공 석사학위논문, 2005, p.4.

30) 『종말론에 관한 신학적 고찰』, 앞의 논문, p.4.

"그날에 하늘이 불에 타서 풀어지고 체질이 뜨거운 불에 녹아지려니와……."[31] "내가 새 하늘과 새 땅을 보니 처음 하늘과 처음 땅이 없어졌고 바다도 다시 있지 않더라."[32]

우리가 알 수 있는 것은 하나님이 역사하시는 창조 시공간은 항상 시작과 끝이 함께하고 초논리, 초존재적이라는 것이다. 즉 시작이면서 끝이고 끝이면서 시작이다. 끝이면 끝이고 시작이면 시작이지 무슨 말이냐고 반문할지 모르지만, 진실로 종말 사역은 하나님이 주관하시는 역사이기 때문에 세상적인 것이 아니라 하나님적이다. "하나님은 모든 것 안에 계시고 모든 것은 하나님 안에 있다."[33] 하나님은 끝과 시작을 동시에 함유하고 계시다. 그러고 보면 종말은 참으로 끝장도 맞고 새 장도 맞다. 그런데도 이전의 종말론은 끝장을 마무리 짓지 못해 새 장을 펼치지 못했다. 끝장에 대한 사역 절차도 종말론이 풀어야 할 과제이지만 새 장, 즉 새 하늘과 새 땅에 대한 프로젝트도 동시에 해결해야 한다. 하나님은 끝장만 주관하시는 것이 아니라 새 장도 함께 주관하신다. 끝장을 풀어야 새 장에 대한 정보도 함께 풀 수 있다.

그래서 하나님이 주관하실 종말 사역을 이해하기 위해서는 하나님이 천지를 주관하신 우주의 시공간적 운행 본질을 이해할 수 있어야 한다. 동양은 순환론적인데 서양의 기독교는 직선적인 역사관을 가지고 있으며, 기독교는 창조를 역사의 시작으로 보았기 때문에 역사에 종말이 있다는 것을 굳게 믿었다. 사실로도 죽은 사람은

---

31) 베드로후서, 3장 12절.
32) 요한계시록, 21장 1절.
33) 고린도전서, 15장 28절. - 『바울의 종말론』, 앞의 논문, p.50.

다시 살아나지 못한다. 끝장이다. "한 번 지나가 버린 시간은 되돌릴 수 없듯이, 인생도 역사도 되돌릴 수 없다."[34] 직선적인 역사관이기 때문에 그렇다. 구조적으로 그렇게 되어 있다. 하지만 종말은 결코 그런 것이 아니다. 서양 신학은 이 같은 역사관과 우주론에 근거했기 때문에 그들은 종말을 대비할 수 없다. 예수의 부활과 재림을 설명할 수 없고, 새 하늘과 새 땅을 열 수 없다. 바울은 "그리스도께서 만일 다시 살지 못하셨으면 우리의 전파하는 것도 헛것이요 또 너희 믿음도 헛것이며……."[35]라고 했듯, 종말도 마찬가지다. 종말이 종말로 끝나 버릴 것이라면 인류가 지켜 온 믿음과 피땀 흘려 쌓은 문명 역사가 무슨 소용이 있겠는가? 그렇게 될 리가 있겠는가?

비록 죽음을 맞이하더라도 다시 삶이 없고, 세상을 떠났더라도 다시 옴이 없다면, 죽어버리고 가버린 즉시 아무도 다시 살고 다시 올 수 없다. 그렇다면 지금 태어난 수많은 생명체와 생성된 역사는 도대체 어디서 어떻게 해서 올 수 있게 되었단 말인가? 다시 삶과 다시 옴이 없다면 너와 나와 존재와 역사는 어디에도 없다. 죽음과 종말을 끝으로 보고 다시 삶과 다시 옴을 모르기 때문에 종말을 모르고 하나님을 알 수 없었다.

기독교가 직선적인 종말관을 가졌다는 것은 심대한 모순이다. 부활과 재림 현상을 세계의 지성인들에게 어필하지 못하는 이유이다. 서양식 직선관은 先天의 분열 인식에 근거한 경험적 현상론이고 동양의 순환론은 본질에 근거한 우주적 생성론인 데 대해, 이 연구

---

34) 『아우구스티누스의 종말론적 역사관』, 앞의 논문, p.2.
35) 고린도전서, 15장 14절.

는 하나님의 창조적 본의에 근거한 본체적인 차원론을 거론하고자 한다. 당연히 세계는 생성을 다하면 滅하지만, 그러나 그 滅은 결코 끝나 버리는 滅이 아니다. 새로운 전환을 위한 모티브일 뿐이다. 궁극은 無極이다. 극이 없다. 극이 다하면 극이 바뀐다.

이 같은 우주의 생성과 차원적인 순환 구조에 따라 종말을 맞이한 우주 역사는 어떤 방향으로 진행될 것인가? 여기서 세계의 종말성에 대한 개념이 확고하게 결정된다. 종말은 누가 뭐라 하더라도 필연적이다. 연이을 심판도 마찬가지다. 그러면서도 새 하늘과 새 땅은 반드시 예비된다. 마지막 끝과 새로운 시작이 동시에 역사된다. 종말과 시작은 지극한 인과 관계에 놓여 있다.

바르트에 의하면, "신약 성서에서 선포된 종말은 결코 시간적, 사건적, 신화적 세계의 몰락이 아니며, 어떤 역사나 지구나 우주의 파멸이 아니다. 그것은 역사의 종말이다."[36]라고 했다. 즉 先天의 죄악 된 문명 질서와 분열된 세계관의 종말을 의미한다. 과거에 누가 어떻게 종말을 단정 지었건 세계사는 계속되어 왔고, 설사 종말이 오더라도 "세계사는 계속될 것이다."[37] 종말을 이룰 대상에 대한 초점은 분명하다. "자연은 파괴되거나 폐기되어야 할 것이 아니라 보존되고 건설되어야 할 성격의 것이다."[38] 자연이 무슨 잘못이 있고 죄가 있는가? 자연과 세계는 하나님의 품 안에 있는 영원한 것이다. 그렇다면? 분열된 문명 역사와 타락된 도덕성, 이것이 종말을 맞이할 주된 대상이다.

---

36) 『신약성서의 구원론』, 김기원 저, 장로회신학대학원 신학석사학위논문, 2007, p.62.
37) 『바울의 종말론』, 앞의 논문, p.12.
38) 위의 논문, p.50.

역사는 계속될지라도 문명적 종말은 불가피하다. 때가 되어 닥친 재앙은 인간이 저지른 죄악의 대가이다. 원칙은 분명하다. 소프트웨어가 개선되면 하드웨어도 자연적으로 개선된다. 그런데 그렇지 못하면 하드웨어가 소프트웨어 일체를 삼켜버린다. 이것을 인류는 깨닫고 두려워해야 한다. 개선을 이룬 한에서 "종말은 끝이 아니라 새 시대의 시작이다."[39] "새 땅이라는 말은 땅덩어리 자체를 말하는 것이 아니다. 새로운 사회 제도 밑에 있을 새로운 인간 사회를 말한다."[40] 이와 같은 종말 사역의 마무리, 모티브 역할도 없이 인류가 이상적인 세계관을 건설하리라고 기대한다는 것은 환상이다. 종말과 심판은 인류가 새 땅으로 들어가기 위해서 반드시 통과해야 하는 관문인바, 지혜롭게 대처해야 새 땅으로 들어갈 수 있는 길을 열 수 있다.

3. 때에 대한 판단

"종교적 입장에서 볼 때 20세기란 존재하지 않는 것으로 되어 있다."[41] 서기 2000년 새 밀레니엄시대를 맞이하면서 한때 지구촌이 떠들썩한 적도 있었는데, 프랑스의 의사 점성가인 노스트라다무스는 그가 남긴 예언서인 『제세기』에서 인류의 종말을 1999년으로 잡기도 했다. 역사에 있어 종말이 도래하리란 것을 필연적인 철칙

---

39) 위의 논문, p.50.
40) 『21세기 인류문명』, 프랑크. W. 레잉 저, 박승훈 역, 신조문화사, 1965, p.220.
41) 위의 책, p.207.

으로 여겼던 사람들 중에서는 마지막 때에 대해 비상한 관심을 가지고 나름대로 그 시기를 예측하기도 했다. 특히 한때 극성을 부렸던 시한부 종말론자들은 특정한 기간이나 시간을 설정해 놓고 그 날이 바로 종말의 때임을 강조했다.[42] 번번이 빗나갔는데도 이 같은 현상은 세계의 곳곳에서 반복해서 일어나고 있어, 이에 혹한 많은 사람들이 곤혹을 겪었다. 건전한 신앙인과 이성인, 심지어는 사도들까지도 자신이 살았던 그 시대가 바로 종말이 임박한 때라고 여기기도 했다.

"사도행전 2장에 보면 오순절 날 성령 충만을 받은 베드로가 설교를 할 때, 요엘 2장 28절~32절의 예언을 들어 末世에 약속하신 靈을 받았다고 믿었다. 주전 700년경에 末世에 성령을 부어주겠다는 예언이 바로 베드로시대에 와서 성취되었다."[43]고 보았다. 또한 "바울은 데살로니가후서 2장 4절~8절에서 데살로니가 교회의 성도들에게 편지할 때 그리스도의 재림의 긴박성을 말하였는데, 이 주장은 자기시대가 종말이라고 본 것이다."[44] 그런데 전후 과정을 통해 볼 때 여의치 않게 되니까, 바울의 종말론이 현재적 종말론이냐 아니면 미래적 종말론이냐를 놓고 논쟁을 벌였다.[45]

정말 구약의 예언자들은 말일이 곧 시작될 것이며, 그때에 성령이 모든 육체 위에 부어질 것이며(요엘, 2장 28절), 땅의 모든 끝들이 하나님의 구원을 볼 것이라(이사야, 52장 10절)고 예언했다.[46]

---

42) 『시한부 종말론에 관한 연구』, 나병량 저, 칼빈대학교신학대학원 목회학석사학위논문, 2004, p.64.

43) 위의 논문, p.64.

44) 위의 논문, p.8.

45) 『바울의 종말론』, 앞의 논문, p.1.

그런데 그것이 베드로의 판단처럼 종말의 때와 일치한 것인지는 의문이다. 성경은 종말의 때에 관한 많은 기록이 있고 징조를 언급하였는데도 불구하고 누구도 그 정확한 때는 판단할 수 없다. 설사 예언된 상황과 현재의 정황이 일치되더라도 성경의 구절들만을 근거로 해서 종말 때를 판단한다는 것은 논조가 빈약하다. 종말은 구질서 체제로부터 새 질서 체제로 바뀌는 이행기인 만큼, 성경에서도 여기에 대한 복잡한 프로그램이 기록되어 있는데, 마지막이란 판단만으로는 마치 아기를 낳아 놓고 기를 대책조차 마련하지 못하는 것과 같다. 우리는 누구도 末世를 입버릇처럼 말하고는 있지만 정말 末世라고 단정 짓지는 못한다. 주관성을 벗어날 수 없다.

성경의 예언을 떠나서라도 순수 자연적인 현상을 보고 지구의 멸망과 종말설을 주장한 이도 있다. 토마스 쿤에 의하면, "오늘날의 서구 문명은 매일의 철학과 일상의 삶을 위하여 과거 어느 다른 시대의 문명보다도 더 많이 과학의 개념들에 의존하고 있다. 18세기 이후 세계의 모든 언어적인 표현은 자연과학의 언어를 빌려 쓰고 있는 것이 사실이다."[47] 하지만 비단 언어뿐만이겠는가? 세계를 판단하는 데 필요한 일체를 과학이 일군 정보로부터 얻고 있다.

만약 소행성과의 충돌로 지구의 파멸이 예상된다면 인공위성에서 관측한 자료를 더 신뢰하지 성경 구절이나 점성가의 예언을 신뢰하지는 않을 것이다. 그렇다면 그 같은 자연 현상을 세밀하게 관찰한 자연환경의 이변에 관한 정보만으로 종말에 대한 총체적인 때를 판단할 수 있을까? 지구와 우주의 생명이 끝날 날은 예측할

---

46) 『개혁주의 종말론』, 안토니 A. 후크마 저, 유호준 역, 1986, p.192.
47) 『종말론에 관한 신학과 자연과학의 대화』, 앞의 논문, p.4.

수 있는 일인가? 자연 현상이 주는 징조와 과학적인 지식 역시 부분성을 면할 수 없다.

종말에 대한 판단 사례를 통해서도 보듯이, "기독교 2,000년 역사상 초대 교회의 몬타너스로부터 현대의 안식교에 이르기까지 새로운 계시를 받았다면서 종말과 예수의 재림일자까지 예고했던 사람들이 많았다."[48] 하지만 하나님과 함께하지 않은 때에 대한 판단은 모두가 예외 없이 자작극으로 끝나고 말았다. 하나님께서 분명하게 계시하여 못 박아 놓았는데도 때를 기다리지 못한 성급함이 세상을 미혹하게 했다.

결론은 이것이다. 종말의 시기는 측정할 수 없다.[49]

> "그런즉 깨어 있으라. 너희는 그날과 그때를 알지 못하느니라."[50]
> "그날과 그때는 아무도 모르나니 하늘에 있는 천사들도, 아들도 모르고 아버지만 아시느니라."[51]

그때에 대해서 하나님과 인간 간에 최고이자 최후의 중보자인 그리스도에게 기대를 걸어 보지만 강조된 말씀이 최소한 무슨 의미인가를 알진대, 그것은 그리스도 자신마저도 재림의 날과 종말 때를 알 수 없다는 뜻이다.[52] 하늘을 보아도 알 수 없고 땅을 보아도 알 수 없다. 예수도 모른다. 그렇다면? 말씀된 그대로 하나님이 알고 계셔서 하나님이 알리실 것인데, 그 알림 방법으로써 때를 알

---

48) 『시한부 종말론에 관한 연구』, 앞의 논문, p.26.
49) 마태복음, 24장 36절.
50) 마태복음, 25장 13절.
51) 마가복음, 13장 32절 – 33절.
52) 『개혁주의 종말론』, 앞의 책, p.157.

리기 위해서 오늘날 새로운 역사를 펼치셔야 했다.

그때에 대한 판단은 오직 하나님의 심중 깊숙한 곳에 있는 것이라 하나님이 의지적으로 주관하실 것인데, 이 연구가 밝힐 세계의 종말 선언 역사가 그것이다. 온 인류는 하나님이 세워 주신 길의 역사를 통해 세계의 종말 때를 알게 되리라. 하나님이 어디에 계시는가? 이 같은 의혹을 불식시키기 위해 놀랍게도 하나님이 이 땅에 직접 강림을 이루셨나니, 이 모든 사실을 종말의 선포 역사로써 증거하리라. 하나님이 밝혀서 하나님이 선포하시는 것이므로 그곳에는 하나님의 실존 의지가 충만해 있다. "여호와의 영광이 나타나고 모든 육체가 그것을 함께 보리라."[53] "땅끝의 모든 백성아 나를 앙망하라. 그리하면 구원을 얻으리라."[54]

4. 종말의 도래 이유

우리는 삶 가운데 있는 죽음을 거론하기를 꺼리듯, 아무리 지각 있는 선현들이 종말을 예견해 놓았어도 정작 그 진상을 파헤치는 것은 기피한다. 그러나 우리가 죽음을 원한다고 해서 맞이하고 원하지 않는다고 해서 피할 수 있는 것이 아니듯, 세상의 종말도 마찬가지이므로 놓인 상황을 면밀하게 살펴 긍정적인 입장에서 검토할 수 있어야 한다. 세상이 정말 正位 질서 안에서 운위되고 있는 것인지 어긋나 있는 것인지를 진단해야 한다.

---

53) 이사야, 40장 5절,
54) 이사야, 45장 22절.

유교에서는 세상이 덕본재말－德本財末이 되어야 하는데 재본덕말－財本德末이 된 세상을 일컬어 末世라 했다.[55] 인간 만사는 德이 근본이 되고(정신적 가치) 德의 가치가 드높여 있는 것이 근본인데, 말 그대로 지금은 천하 사람들이 너나 할 것 없이 재물을 귀히 여기고(물질적 가치) 德의 가치를 헌신짝처럼 내팽개쳐 버렸으므로, 末世란 별다른 형국이 아니다. 본말－本末이 뒤바뀌게 된 그것이 末世인데, 이 같은 모습이 어디 한두 군데뿐이겠는가? 옛날에는 제자가 존경하는 스승을 찾아 산을 넘고 물을 건너가 배우기를 청했지만, 지금은 스승이 제자들 눈치를 보고 그들의 평가를 받아야 하는 것이 정당한 질서상인 것처럼 되어 있다. 그것이 末世的인 기준이라면 과연 末世라 할 만하다. 재본덕말인 세상이지만 그래도 그 가운데는 재물로써 인생을 만끽하는 무리들이 있고, 末世라 하더라도 종말까지야 하고 여기는 사람들도 있다. 무식하면 용감하다고 하였듯, 우리가 살고 있는 지구상에는 1년에 약 3만여 종에 달하는 종들이 멸종하는 생태학적 종말 상태가 진행되고 있다는 보고가 있는데도, 당장 눈에 보이지 않으니까 관심조차 없다.[56]

현대는 원·수폭의 위협이 증대되고 있어 인류 멸절이 경고되고 있지만 역설적인 협박 정도로 여긴다. 현대인은 그만큼 자신이 지닌 힘과 능력을 믿어 더 멋진 미래가 있을 것을 자만하고 있다. 아무리 멸절론이 생물과학에 근거를 둔 과학적인 진단 결과라고 주장해도,[57] 심각함을 아는 일부 과학자들의 안타까움 외에 위기의식

---

55) "德者本也 財者末也(덕은 근본이요 재물은 끝이로다)." －『대학』, 본론 10. －『맹자·대학』, 주희 저, 한상갑 역, 삼성출판사, 1990, p.521.

56) 『종말론에 관한 신학과 자연과학의 대화』, 앞의 논문, p.18.

57) 『21세기의 인류문명』, 앞의 책, p.13.

이 대중적으로 파급되지는 못하고 있다.

"구약의 히브리인들이 神을 믿는다는 것은 神이 역사에 간섭하고 전 역사 과정을 인도하며, 마지막 종말의 때에 승리로 이끄는 것을 믿는 것이다."[58] 곧 "인간의 역사 속에서 神의 목적이 달성되면 인간의 역사는 종말을 맞게 된다."[59] 그런데도 우리는 종말을 맞게 된 이유를 모른다. 神의 목적이 세계사 위에서 개연화되어 있지 못해서이다. 종말은 메시아의 출현으로 완성된다고 하지만, 종말은 섭리상 그 이전이다. 종말의 도래 이유도 알기 전인데 완성 문제가 거론될 수는 없다.

동·서양에 걸친 주요 예지자들의[60] 메시지를 종합해 보면, 종말 때에는 한결같이 무서운 전쟁과 병겁이 오고 지진, 환경적인 재앙 때문에 수많은 사람이 죽어 가는데, 그것은 극이 전환되는 과정에서 일어나는 어쩔 수 없는 현상이라고 했다. 아울러 도솔천의 천주님인 彌勒佛이 강세하고 아버지 하나님이 인간 역사에 직접 개입하여 한 많은 先天 역사를 마무리 짓고 구원의 새 하늘을 연다고도 했지만,[61] 진실 여부를 불문하고 먹고 마시고 장가가고 시집가는 현대인들에게 있어서는 꿈같은 이야기일 뿐이다.

그렇지만 성경에서는 그렇게 "평안하다 안전하다 할 그때에 잉태된 여자에게 해산 고통이 이름과 같이 멸망이 홀연히 저희에게 이르리니, 결단코 피하지 못하리라."[62]라고 경고했다. 종말은 반드

---

58) 『히브리 역사가들의 역사이해』, 김찬국 저, 대한기독교서회, 1959, p.95.

59) 『아우구스티누스의 종말론적 역사관』, 앞의 논문, p.6.

60) 노스트라다무스, 격암 남사고, 루스 몽고메리, 에드가 케이시 등등. - 『개벽 실제상황』, 안경전 저, 대원출판, 2006, p.86.

61) 위의 책, p.87, 89.

시 도래할 것이며, 그때는 결코 피할 도리가 없을 것이라고 못 박았는데, 그것은 과연 무슨 뜻인가? 성경에 기록되어 있고 자연의 징조가 나타나며 예언가들이 예언했다고 해서 그것이 종말의 도래 이유이고 불가피성인 것은 아니다. 불가피성은 그야말로 어쩔 수 없는 막다른 골목이다. 장기에서의 외통수처럼……. 어떻게 해도 장군은 피할 수 없다. 천군만마가 포진해 있어도 그 수를 피하지 못하는 한에서는 아무 소용이 없다. 종말의 도래 이유도 그런 것이다. 그것이 과연 무엇인가?

종말이 도래하게 된 것은 순전히 자체적인 이유 때문이나, 종말을 맞이하게 되는 것은 전적으로 타의이다. 1루 주자는 안타가 나오면 무조건 뛰어야 한다. 머물러 있을 수 없다. 머물면 아웃이 된다. 역사가 종말을 맞이하게 된 이유도 이와 같다. 종말이 종말인 것은 다른 이유 때문이 아니다. 종말을 종말로 몰아붙이는 새 질서가 태동되어서이다. 이것이 이 시대가 종말을 맞이하지 않을 수 없게 된 핵심 이유이다. 세계의 종말을 선언하지 않을 수 없게 된 사유이다. 새 시대가 도래했기 때문에 종말이 필연적이며, 새 진리가 세워졌기 때문에 그에 따른 심판이 필연적이다. 세계사는 계속될지라도 문명적 종말은 불가피하다. 종말이 그러하듯 새 질서, 새 역사가 아직 가시화된 것은 아니지만, 구역사를 종결지을 수 있을 만큼 새 역사가 지금 태동을 위한 모든 준비를 갖추었다. 따라서 새 질서가 드러나게 되면 구질서는 생명력을 다하게 되어 결국은 종말을 맞이하고 만다. 그 다음 역사가 준비되어 있기 때문에 현 역사의 종말은 필연적이다.[63]

---

62) 데살로니가전서, 5장 3절.

그래서 이왕 피할 수 없게 된 것이 종말이라면 이 시대를 살아가고 있는 종말인들은 종말을 종말답게 종말 지어야 한다. 그리해야 새 역사를 맞이할 수 있다. 지나온 문명 역사를 결실 짓고 종결 지어야 다음 시대로 나갈 수 있다. 이 같은 대임－大任을 바로 이 연구가 전격 담당하고자 한다. 先知者는 역사의 마지막을 마무리하고 새 역사를 예비해서 개창할 사명을 지닌 자라, 이것을 평생에 걸쳐 해결해야 할 과제로서 짊어지리라. 뭇 先知者들이 밝힌 구원의 한 소식과 무관하지 않은 것인데, 이것을 이 연구가 초점 잡아서 기정사실화하리라.

5. 종말 원리

문제를 모르면 해답도 찾을 수 없다. 우리가 발 디디고 있는 세상은 정말 아무 이상이 없는가? 문제가 없기야 할까만 얼마만큼 핵심에 가깝게 접근하였는가가 중요하다. 지금 문제가 무엇인가를 발견하지 못한다면 문제가 발생했을 때는 이미 때가 늦다. 이 연구는 현 세계가 더 이상 갈 곳이 없는 末世로 보고 종말로 보며, 특단의 대책이 없는 한 멸망이 필연적으로 도래하리라고 보는 것이 중요한 관건이다. 그렇게 볼 수 있어야 오히려 이 같은 판단 관점으로부터 모든 고를 풀어 나갈 수 있다.[64] 한계성을 인식하지 못한다면

---

63) 전 영역에 걸쳐 세상을 종말 지을 새 질서가 태동됨. 이로써 우리가 몸담고 있는 현 질서, 곧 先天의 모든 질서(분열 질서)가 마감되는 것임. 그래서 종말임.

64) 이 연구는 세상의 종말이 임박한 것이 아니라 이미 멸망 상태에 진입되어 있다고 봄.

절실한 대비책도 세울 수 없다.[65]

그런데도 현세대가 정말 아무 대책을 내놓지 못하고 있다는 것은 핵심 된 문제의 이슈를 포착하지 못하고 있다는 증거이다. 세상과의 현격한 인식 차가 여기에 있다. 이것을 극복하기 위해서는 보다 심오한 세계적 통찰과 이성적인 접근이 필요하다. 일방적으로 선언해서 긴장감을 조성해서는 안 된다. 확실한 근거를 가지고 왜 어떻게 해서 문명 역사가 한계점에 도달해 전환하지 않으면 안 되는 것인지를 설명할 수 있어야 한다. 과학이면 과학, 종교면 종교, 가치면 가치……. 그들이 안주하고 있을 수 없는 범인류적인 종말성을 원리적으로 파헤쳐야 한다.

그런데도 현대인이 도래한 종말의 한계성을 보지 못하고 있는 것은 나름대로 이유가 있다. 온 천지가 한계 상황에 직면해 있어 그것이 당연한 본질인 것으로 인식하고 있다. 한계가 한계로서 보이지 않는다. 그러나 생성된 새 우주관에서 보면 先天의 분열 문명이 지닌 한계성이 역력하다. 하늘의 뜻을 모르는 상태에서는 세상 어디에도 뜻이 없는 것이 당연하며, 하나님이 존재하지 않는 것처럼 보인다. 그러나 알고 보면 어떤 분야에서도 세계를 완성하지 못하고, 완성된 하늘을 열 수 없었던 이유가 역력하다. 진리, 역사, 세계관적 한계성이 명백하다.

한계는 종말을 낳으므로 한계를 알면 종말을 안다. 종말을 낳은 한계성은 세계의 보다 근원된 바탕 본질에 근거하고 있다. 심판도 구원도 마찬가지다. 세계가 종말을 맞이하게 된 것은 여러 가지 원

---

65) 웬 종말인가라고 할지 모르지만, 지금 종말성을 인식하지 못하면 이후 아무런 구원의 대책을 세울 수 없다는 이것이 제일 큰 문제이다.

인이 있지만, 근본적인 것은 우주 자체가 생멸을 본질로 하고 있다는 데 있다. 예언되었기 때문에 그대로 종말이 온 것이 아니다. 표면화된 도덕적 타락, 환경적 재앙, 가치관의 혼미, 진리가 빛을 잃게 된 것은 세계가 분열을 극함에 따른 부수 현상이다. 창조 이래 분열을 거듭한 세계가 생성을 다하게 됨으로써 문명과 역사가 종말을 맞이하게 되었다. 그런데도 先天에서는 이 같은 생성 본질을 파악하는 데 있어서 인식상 한계가 있었다. 창조의 본의가 드러나지 않아 핵심 본질을 보지 못하였고, 생성 본질을 대관할 수 없는 판단상의 장애가 있었다.

사상가들이 우주의 본질 구조를 접근한 관점에는 순환적인 역사관과 직선적인 역사관이 있는데, 종말의 한계성과 필연성을 이해하기 위해서는 두 관점을 모두 아울러야 한다. "성 아우구스티누스는 역사의 종말을 믿었기 때문에 그는 영원한 회귀를 주장하는 고대 그리스인들의 순환론을 거부하여",[66] "고대 이후로 계속되어 왔던 그리스-로마적인 순환론적 역사관의 구조를 직선적인 역사관으로 바꾸어 놓았다."[67] 그는 세계가 영원하다고 본 옛 고전적인 윤회사상(순환)에 대해, 神은 분명한 목적을 가지고 천지를 창조하셨고, 無로부터 창조된 모든 피조물은 본래 無로 돌아가려고 하는 경향을 가지고 있다. 우리가 인식하는 시간도 창조로부터 출발되었다. 그래서 세계가 마냥 영원하고 끝없이 순환한다는 역사관에 대해 세계는 유한하며 종말론적이라고 주장했다.[68] 神은 목적을 가지고

---

66) 『아우구스티누스의 종말론적 역사관』, 앞의 논문, p.5.
67) 위의 논문, p.1.
68) "세계가 시간 안에서 창조된 것이 아니라 시간과 함께 창조된 것이다." - 위의 논문, p.1.

있기 때문에, 창조와 더불어 시작된 시간은 역사의 과정을 통해 神의 목적이 성취됨으로써 종말을 맞게 된다.[69] 목적을 이루기 위해서 종말로 매듭을 짓는다. 그렇게 해서 목적을 이루고 나면 그 다음은? 다시 창조 이전인 無로 돌아가는가? 알 수 없기 때문에 한계성이 역력한 先天 역사관이다.

"근대 과학적 사고의 전형은 갈릴레이와 데카르트를 거쳐 뉴턴에 의해 정식화된 기계론적 세계관인데, 이것은 세계를 철저하게 인과적인 메커니즘에 의해 운행되는 하나의 정밀한 기계로 파악한 것이다."[70] 즉 因과 果 사이의 관계성과 因으로부터 果를 향한 진행 경로가 지극히 평면적, 직선적이다. 다른 차원성은 끼어들 여지가 없다. 순환론이나 직선론은 이 같은 인식 범주를 벗어날 수 없는 결정 구조론이다. 그러나 분명한 것은 창조된 천지 만상은 인과 법칙에 따라 운행되고 있더라도 그 이면에는 우주를 규칙적, 기계적으로 운행하게 한 요인이 있게 되는데, 그것이 만상을 있게 한 바탕 본질이다. 이것이 절대 구조화된 통속으로서 되어 있기 때문에 우주 운행과 법칙 질서가 규칙적, 결정적이다. 곧 창조된 현상은 분열, 결정, 기계적인데 바탕이 된 본질은 통합, 의지, 차원적이다.

그래서 현상 세계에서는 "부분의 성질과 행동이 모여 전체의 성질과 행동을 결정하는"[71] 확고한 인과 법칙의 지배를 받고 있지만, 본질 세계는 그 같은 법칙을 있게 한 바탕체로서 차원이 다르다. 부분은 전체가 분열한 상태라, 전체가 분열을 다하면 극이 바뀐다.

---

69) 위의 논문, p.15.

70) 『종말론에 관한 신학과 자연과학의 대화』, 앞의 논문, p.47.

71) 위의 논문, p.48.

즉 차원이 달라진다. 그래서 극이 전환됨과 동시에 부분은 종말을 맞게 되고, 본질적으로는 차원이 다른 새로운 세계로 이행된다. 직선의 끝은 다음이 없고, 순환은 밑도 끝도 없는 원환 운동인 데 비해, 생성을 통한 극의 전환 운동은 차원을 매듭짓는 끝이 있음과 동시에 새로운 시작도 함께한다. 그리고 이 같은 극의 전환은 창조된 본질이 化됨으로 인한 생성 본질의 구조성에 기인한다. 이 같은 우주관이 뒷받침되어야 세상 위에서는 비로소 죽음이 죽음이 아니고, 종말이 종말이 아니게 된다. 차원을 달리한 일체 현상을 꿰뚫을 수 있다. 역사의 종말이 필연적인 것도 새 시대의 도래가 숙명적인 것도 이해된다. 종말적 한계성을 넘어선다.

시간은 왜 잠시도 머물지 않고 흐르고 있는가? 시간이 생성하기 때문이다. 세계는 왜 영원한가? 세계가 생성하기 때문이다. 시간은 결코 관념적이지 않다. 바탕이 된 본질이 생성한 결과이다. 시간은 세계 본질이 생성한 부수 현상이다. 그러면서도 세계 가운데 생멸 현상이 있는 것은 세계가 차원을 달리해서 영원하기 위한 본질의 생성 운동 일환이다. 그런데도 만상이 滅하는 즉시 끝나버리는 것으로 알았던 것은 先天이 지닌 인식상의 한계였다. 선각들이 아무리 세상에 종말이 오고 천지개벽이 일어나 문명의 틀이 바뀐다고 외쳐도 실감할 수 없다. 이른바 인류 문명의 진액을 수렴, 통일한 이상향의 실현과 우주 통일 문명의 도래, 神人合一 시대, 단일 문명의 대도 시대, 인간의 완성과 상생 시대, 열린 시대, 正陰正陽 시대 등등(증산도).[72] 先天의 분열 문명을 마감할 차원이 다른 통합 문명의 대두가 그것이다.

---

72) 『개벽 실제상황』, 앞의 책, p.7, 62.

정말 대비시켜 놓고 보면 무엇이 종말이고 무엇이 차원이 다른 세계인지 초점이 잡힌다. 先天은 그야말로 세계적 본질이 끝없이 분열해 온갖 진리, 사상, 종교, 문명이 피어날 수 있었다. 그렇게 해서 만개되었다면 그 다음은? 만개된 일체가 가지를 거두게 되고 정제되어 통합된다.[73] 세계의 본질은 분열하는 힘으로 통합되고 통합하는 힘으로 분열하여 결과적으로는 삼라만상이 영원히 有한 본질성을 유지한다.

알다시피 불교는 뭇 중생을 구원하기 위해 팔만사천법문을 펼쳤는데, 만개해 몸집이 비대해져 버리니까 도리어 진심 본질이 가려져 버려 佛法이 佛法일 수 있는 진리력을 상실하였다. 만개되면 산재되고 산재되면 혼란해져 진리가 진리일 수 있는 생명력과 구원력을 발휘하지 못한다. 분열이 극대화된 상태인데도 아무런 대책이 없다면 세계는 파멸하고 만다. 그렇게 되지 않도록 하기 위해 인류는 진리가 만개되었을 때 이것을 진액화하고 통합함으로써 문명 역사에 있어 새로운 전기를 마련해야 한다.[74] 단연코 그리되어야 새로운 차원 하늘이 열린다.

천고 이래로 하늘이 요구한 종말 원리는 분명하다.

"한 알의 밀이 땅에 떨어져 죽지 아니하면 한 알 그대로 있고 죽으면 많은 열매를 맺느니라."[75]

---

73) 분열을 다한 세계가 통합되기 위해서는 만개된 일체 가지가 거두어져 일원화되고 진액화되어야 함.
74) 어차피 종말에 처한 先天 문명은 그 진수를 진액화해서 다음 문명의 밑거름이 되게 해야 함.
75) 요한복음, 12장 24절.

죽어야 산다. 한 알의 밀알에게 부여된 이 숙명적인 요구는 너와 나와 인류 역사에서도 동일하게 적용된다. 종말이 없으면 새로운 시작도 없다. 종말이 있어야 새로운 시작이 있다. 이것이 종말 원리이다. 예외란 없다. 세상에서 義를 쌓은 모든 유익한 것들은 결국 희생되어야 한다. 그리해야 다시 산다. 영원히 산다. 새 하늘과 새 땅을 맞이할 수 있다.

> "나는 부활이요 생명이니 나를 믿는 자는 죽어도 살겠고 무릇 살아
> 서 나를 믿는 자는 영원히 죽지 아니하리니 이것을 네가 믿느냐?"[76]

죽어도 다시 사는 부활의 생명과, 죽어도 영원히 죽지 않는 생멸적 본질과, 구역사가 종결되어야 새 역사가 펼쳐지는 차원을 달리한 종말 원리를 아는가? 이것을 알아야 죽어도 다시 살고 인류가 알아야 새 하늘을 맞이하리라.

6. 심판 형국

세상에서 나 외는 다른 이가 없고 바로 나 자신이 주권자라면 누가 나를 간섭하겠는가? 인간이 창조되지 않았고 하나님이 살아계시지 않다면 누가 우리를 심판할 수 있겠는가? 인생에 善惡이 없고 목적 어린 기대가 없다면 누가 그 잘잘못을 가리려 할 것인가?

---

76) 요한복음, 11장 25절.

그러나 세상에는 하나님이 존재하시고, 인간은 하나님이 창조하신 최상의 목적체이기 때문에, 生이 있고 삶의 행위가 있으며 역사가 있는 한 언젠가 한 번은 모든 행적 결과에 대한 심판이 있으리라. 심판은 종말의 때에 이루어질 필연적인 사역 절차이다. 그런데도 우리가 개인적인 삶과 역사의 한가운데서 하나님의 심판을 경험할 수 없었던 것은 심판이 시도 때도 없이 이루어질 수 없는 원리 원칙이 있었기 때문이다.

> "의인과 악인을 하나님이 심판하시리니 이는 모든 목적과 모든 일이 이룰 때가 있음이라."[77]

하나님은 아무 때나 심판하지 않으시며 때를 따라 경과를 둔 결과를 가지고 심판하신다. 선행은 행복을 가져오게 하고 악행은 불행을 가져오게 함으로써 행위와 운명을 반드시 연결 지어서 심판하신다.[78]

가증한 심판은 두려운 바라, 심판을 받을 자는 받고야 말겠지만, 하나님은 최후의 순간까지 때를 기다리신다. 이것을 어리석은 자들이여 착각하지 말라. 하나님은 사랑이시나 그것은 하나님의 품 안에 있을 때이며, 품을 떠나게 되면 누구도 심판을 피할 수 없다. 하나님은 경고하고 또 경고하셨는데도 실감하지 못하는 것은 심판의 원리성을 몰라서이다. "하나님이 이 모든 일로 인하여 너를 심판하실 줄 알라."[79]고 이르셨는데도, "홍수가 나서 저희를 다 滅하

---

77) 전도서, 3장 17절.
78) 『마태복음 25장의 최후 심판 비유 연구』, 박성만 저, 호서대학교대학원신학과 신약신학전공 석사학위논문, 2001, p.32.

기까지 깨닫지 못하였으니",[80] 또한 "소돔과 고모라성을 멸망하기로 정하여 재가 되게 하사 후세에 경건치 아니할 자들에게 本을 삼으셨으며……."[81]

하지만 "노아 때의 홍수 심판도 순전히 예언적이었고(홍수 있기 120년 전) 그대로 성취되었다는"[82] 점을 강조하지만, 이 시대를 살아가고 있는 현대인들은 별다른 반응이 없다. 직접 심판을 받아 하나님의 두려움을 실감했던 당시의 멸망인들이라면 모를까, 어떤 本을 보이고 경고해도 소귀에 경 읽기이다. 그런데도 하나님이 인류역사를 심판하고자 한 진의는 세계적 파멸보다는 온갖 불의한 자들로부터 구원할 자를 구원하기 위해서이다.

오늘날 심판을 단행하지 않을 수 없는 원목적은 하나님의 나라를 완성하기 위해서이다.[83] 같은 심판 행위라도 목적이 다르면 의미도 다르다. 왜 천지를 창조하신 하나님이 천지를 심판하고자 하시는가? 결단코 천지를 滅할 목적으로 심판을 단행하실 리는 없다. 창조 목적을 이루기 위해서인데, 그럴 만한 때가 당도했기 때문이며, 완성하기 위해 심판이 불가피하다.

그래서 하나님이 그 나라를 완성하기 위해 새 역사를 펼치려 하시니, 그것이 곧 하늘에 계신 하나님이 이 땅에 강림하심으로써 본격화될 심판 형국이다. 하나님이 강림하심으로써 인류는 구조적으로 세워진 심판대 틀을 빠져나갈 수 없다. 그래서 심판 형국이다.

---

79) 전도서, 11장 9절.
80) 마태복음, 24장 39절.
81) 베드로후서, 2장 6절.
82) 『종말에 되어질 사건』, 강종수 저, 교회교육연구원, 1988, p.13.
83) 『종말론에 대한 신학적 고찰』, 앞의 논문, p.2.

유사 이래 전무후무한 지상강림 역사가 이루어졌는데, 그냥 선언만으로 그치겠는가? 그 존재 실체, 그 역사적 실체, 그 창조적 실체가 새 진리를 몰고 온 것이다. 새 진리가 태동되어 전모가 드러났기 때문에 인류는 어쩔 수 없이 심판 형국으로 빠져들게 되었고, 심판을 강요당하게 되었다. 시대적 본질과 차원을 달리한 대전환 시점에서[84] 이때를 어떻게 판단할 것인가에 따라 구원과 멸망이 갈라진다. 지진이 일어나면 그들이 어디에 있었던가에 따라 어떤 자는 죽음으로 어떤 자는 생존으로 희비가 엇갈리듯, 심판의 땅과 구원의 땅으로 갈라진다.

종말은 새 질서가 태동됨으로써 두드러지고, 새 질서는 종말적 실체가 두드러짐으로써 확연해진다. 새 질서는 끊임없이 새 믿음, 새로운 신념 체제를 요구하기 때문에, 누구도 양자 간에서 한쪽을 택하지 않을 수 없다. 즉 심판을 피할 수 없다. 어느 길이 멸망으로 가는 넓은 門이고 구원으로 가는 좁은 門인지를 단정 지을 수 없다. 그런데도 어느 한쪽은 선택해야 하며, 원하든 원하지 않든 판결은 나게 되어 있다. 결코 강요할 수 없는 실존적 단안인데도 강요당하게 되어 있는 이것이 심판 형국이다. 末世를 맞이한 종말 인들의 숙명이다.

하나님이 내리실 심판의 칼날은 절대 공의롭고 공평하며 준엄한 것이나니, 이 땅의 어떤 사상, 신앙, 실존 체제도 깨달으면 구원되고 그렇지 못하면 滅하리라. "새것은 항상 옛것에 대한 심판에서 나타난다."[85] 옛것을 심판해야 새것이 나타난다. 새 하늘, 새 땅,

---

84) 시대적 본질과 차원을 달리하지 않을 수 없는 획기적인 전환 계기에 하나님의 지상강림 현실이 있다. 지상강림이 先天과 後天을 가르고, 시대 차원을 확실하게 구분 짓게 됨.

새 구원의 시대를 펼칠 수 있다. 하나님의 나라가 도래하며 하나님의 창조 목적을 완성한다. 새것은 옛것으로부터 왔지만 더 이상 옛 것이 아니며, 심판받았기 때문에 전혀 새롭다. 새 세계로 들어간 이상 새로운 진리 구조와 신념 체제와 보장된 약속을 지닌다.

따라서 末世를 맞이한 종말인들이 참으로 심판 형국을 피하기 위해서는 모든 것을 버릴 각오를 해야 한다. 버려야 구원된다. 그런데도 예상건대 先天에서 가장 장기간 진리적으로 득세했던 자들이 종교인들이었다면, 맞이한 새 하늘에서는 가장 모순에 차 곤란을 당할 자들도 종교인들이다. 그들이 발 벗고 나서서 하나님의 말씀을 받들어야 하겠지만, 가장 뒤늦게까지 남아 꾸물거리다가 심판의 단호한 철퇴를 맞을까 염려된다. 심판은 先天과 後天의 하늘 질서를 가르는 이정표이다. 질서뿐이겠는가? 분열 본체로부터 통합 본체로, 물질문명으로부터 영성 문명으로, 지식에서 지혜로, 성자 시대에서 성령의 시대로, 부분 인식 체제에서 초월 인식 체제로 전환될 것인데, 이 모든 변화 기점에 하나님의 심판 형국이 있다.

7. 구원 푯대

先天 하늘이 분열을 다해 한계성에 부딪히고 종말을 맞이하게 됨으로써 오늘날은 어떻게 구원을 얻을 수 있을 것인가 하는 것이 최대의 화두이다. 종말 때에 있어서 구원이 의미하는 것은? 어떻게

---

85) 『바울의 종말론』, 앞의 논문, p.33.

해야 구원되는가? 그래서 살펴보면 세상이 종말을 맞게 된 것은 저지른 죄과 때문이지만 직접적인 이유는 하나님이 세계의 종말을 지적해서 선언하심으로써이다. 아이러니하게도 하나님이 선언하지 않았다면 세상 어디에도 종말은 없다. 그러나 안타깝게도 선언될 것이기 때문에 다음 행보에 대해 귀추를 곤두세우지 않을 수 없다.

종말 선언과 인류 심판이 하나님의 주관 안에 있는 역사이고 사역 일정일진대, 구원에 대한 대책도 마찬가지다. 그래서 종말인들은 하나님께서 마지막 때에 내리시는 모든 말씀에 주목해야 한다. 지난 역사가 하나님을 보지 못하고 거부한 것이 종말을 맞게 된 이유일진대, 반대로 하나님을 볼 수 있고 교감의 길을 틀 수 있다면 그것이 구원이고 새 시대를 여는 것이다. 종말 국면에 있어서 구원은 다른 것이 아니다. 역사의 헤어날 길 없는 한계 길목에서 새 길을 터는 것, 그것이 바로 구원이다. 하나님의 말씀, 곧 인류가 장차 어떻게 행하고 무엇을 위해 정열을 바칠 것인가에 대한 계시 프로젝트를 따르는 것이다.[86]

여러모로 인류는 막다른 코너에 몰려 있는 상황이라, 이때 구원의 門을 활짝 열지 못하면 대비책이 무대비책이다. 기존의 구원 체제는 맞불이 번졌는데도 두레박으로 불을 끄는 형국이다. 그래서 대중을 구원하기 위한 체제를 구축함에 있어서 하나님은 그 행위 지침을 명료하게 하시리라. 이를 위해 하나님은 길의 先知者的 역할을 세우셨고, 이 같은 역사를 바탕으로 인류가 일체를 버리고 푯대를 향해 나아와 수행으로 義를 쌓으면, 하나님이 인류를 구원하시고 천국門으로 입도시키리란 분명한 절차 방침이다(버림 - 푯대 -

---

86) 하나님이 계시하신 바 先天 하늘을 갈무리할 구원의 푯대와 심판 기준을 세우는 작업.

수행 - 구원 - 천국).

하나님은 방황하는 인류를 위하여 사전에 길의 역사를 통해 말씀을 믿고 따를 수 있는 일체의 근거를 마련하셨다. 그러므로 일차적으로는 자신들이 가진 것을 버려야 한다. 예수 그리스도는 자신을 희생함으로써 그 나라를 얻었다. "우리가 그리는 영원한 생명 혹은 구원은 사실상 참된 구원의 모습이 아니다. 구원은 오히려 애착하고 있는 것을 버릴 때 찾을 수 있다. 세상에서 진정한 행복이라고 하는 것들이 사실은 참된 구원의 길을 가로막는 장애물이다."[87] 종말을 맞이한 이 시대가 그렇다. 하나님이 역사하셔서 새로운 보장 약속과 푯대를 세우셔서 그렇다. 그래서 역설적인 버림이 요구된다.

그렇다면 푯대는 무엇인가? 상징이다. 이치가 아닌 주관이다. 인류를 구원하고자 함에 있어서 하나님이 요구하신 것은 지혜와 총명이 아니라 믿음과 의지적 결단이다. 성도가 십자가를 따르는 것은 "예수의 선포가 참되며 그곳에 자기 인생을 투신할 진리가 있다는 것을 믿는 것이다."[88] 푯대는 무엇으로 세워지든 그것이 중요한 것이 아니다. 푯대가 세워진 뜻을 알아야 한다. 푯대는 이치적이지 않기 때문에 이것이 오히려 내면 깊숙한 곳에 있는 신실한 믿음을 가려내는 역할을 한다. 하나님은 종말을 맞이한 인류를 위해 길을 세우셨지만, 끝까지 보실 것은 믿음이다. 참과 거짓을 가릴 줄 아는 영혼들 앞에 아무 근거도 없는 길을 세웠겠는가만, 그래도 중요한 것은 믿음이다. 왜냐하면 모든 권능의 부여와 약속에도 불구하

---

87) 『신약성서의 구원론』, 앞의 논문, p.77.
88) 위의 논문, p.95.

고 그 실상은 확인할 수 없고 그 세계는 도래하지 않았기 때문이다. 그러나 그것을 볼 수 있는 때가 정말 와 버리면 구원은 물 건너가 버린다. 믿음이 구원을 이룬다. 믿음이 요단강을 건너게 하고 복지의 땅에 도달하게 한다. 일체 말씀을 믿고 따르는 그곳에 구원이 있다.

하나님이 세상 위에 내리시는 구원의 그물은 차별이 없다. 다 건지고자 하신다.

> "主께는 하루가 천 년 같고 천 년이 하루 같은 이 한 가지를 잊지 말라. 主의 약속은 어떤 이의 더디다고 생각하는 것같이 더딘 것이 아니라 오직 너희를 대하여 오래 참으사 아무도 멸망치 않고 다 회개하기에 이르기를 원하시느니라."[89]

다 구원하기 위해 철저하게 대비책을 세우셨다. 하나님이 요구하신 行과 세우신 푯대는 하나님의 권능 어린 약속이 함께한다. 세상 역사와 유리된 이론이 아니다. 인류의 악과 죄를 사할 수 있는 창조주로서의 약속이다. 우주적인 본질을 전환시킬 실질적인 세계관이 뒷받침되어 있다. 정말 이치를 따지기에는 벅차기 때문에 믿음이 필요한 것인지도 모르겠다. 믿음으로 나아오는 자들에게 있어서 지침이 된 길과 수행은 실질적인 구원의 프로젝트라, 방황하는 인류에게 길을 가리키고(행 지침), 저지른 죄악을 씻어낼 회개와 본성 회복 시스템을 제공하며, 만 영혼을 하나님의 창조 본체와 직접 매치시키리라. 先天 문명의 종말성을 부각시키고 한계성을 인식해서 문명적 패러다임을 전환시키리라.

---

89) 베드로후서, 3장 8절-9절.

수행은 멸망에 처한 인류가 그 악과 죄를 사함받을 수 있는 최선을 다한 행위 푯대이다. 수행은 죄 많은 인류가 완전한 구원을 위해 바칠 수 있는 그에 상응한 근신행이다. 그래서 전면적인 회개 국면이 조성된다면 그것이 그대로 이어져 천국門으로까지 도달하게 될 것이다. 수행은 인류가 하나님의 섭리 목적을 이루고 그 나라를 완성하기 위해 지침이 된 마지막 보루행이다. 이 사함 형국과 義의 바침 결과로 인류는 실질적으로 본성을 회복하는 것은 물론이고, 꿈에 그리던 지상천국을 건설할 입지를 다지리라. 진리를 통해 하나님을 접견하는 시대를 여는 것, 진리를 통해 하나님과 함께할 나라를 여는 것, 진리를 통해 하나님과 하나 될 길을 여는 것이다. 수행은 천지 세계가 돌이킬 수 없는 종말을 맞이했기 때문에 하나님이 푯대로서 세우신 구원의 대원동력이다.

　　세상에는 늘 좋은 일만 있는 것이 아니다. 기쁜 일이 있으면 나쁜 일도 생기고, 성세가 있었다면 환란도 있다. 하나님이 지금까지 참고 유보하셨는데 심판이 없겠는가? 창조가 있고 역사가 있는데 종말이 없겠는가? 하지만 아무리 고통스럽고 어려움이 닥치더라도 하나님이 살아계시고 함께하고 계신 한 내게 능력주시는 자 안에서 모든 것을 극복할 수 있다. 모든 일을 할 수 있다.[90] 만난을 헤쳐 나가라. 하나님이 이루신 선언, 심판, 구원 사역은 완전한 것이나니, 이 모든 것이 갖추어져 主의 나라를 구성하리라. 성사됨으로 主의 목적을 완성하리라. 이 땅에서 主의 나라를 이루리라.

---

[90] "내게 능력주시는 자 안에서 내가 모든 것을 할 수 있느니라." - 빌립보서, 4장 13절.

1. 본분의 밝힘

세계란 무엇인가? 인생이란 무엇인가? 그리고 나 자신은 도대체 어떤 인간인가? 서양 문명의 정신적 시조라고도 할 철인 소크라테스는 "너 자신을 알라."라고 하는 유명한 말을 남겼는데, 과연 자신의 본질 의미를 깊이 있게 숙고하여 통찰한 자는 인류 역사상 그렇게 많지 않다. 그래서 동양의 孔子는 道와 天命을 알기 위해 노력하였고, 佛陀는 인생에 있어서 연기－緣起와 윤회의 본질을 파고들었다. 보다 확고하게 자신의 神的 本分을 자각하였던 자는 예수 그리스도 정도였다고나 할까? 그렇지만 그도 하늘로부터 주어진 성령의 은사와 울려 퍼진 말씀에 힘입어 인정되었던 것일 뿐, 예수 자신이 어떻게 내면적인 고뇌의 과정을 거쳐 성자로서 本分을 자각한 것인지는 알 길 없다. 그리고는 차마 못다 한 하나님의 뜻을 미루어 둔 채 십자가에 못 박히셨다.

이 같은 부분은 佛陀에게 있어서도 마찬가지다. 후대에 세워진 佛法의 전통과 전승에 의해 그가 도달한 정신적 차원 상태를 짐작은 할 수 있지만, 어떤 원리 작용으로 법열의 경지에 이른 것인지 깨달음의 과정이 구체화되어 있지 못하다. 다만 일구어 놓은 진리로써만 일체의 행적을 가늠할 수 있을 뿐이다. 무함마드는 유일신인 '알라'의 절대 계시를 받들어 그들의 문화 공동체에 있어서 마지막 사명자로 지목된 사실을 주장하였다. 하지만 그 역시 계시의 수용 과정에서는 주관적인 실존적 자각이었다는 한계를 벗어날 수 없다.

이스라엘 민족이 구축한 전통적인 신앙 사회에서는 사사, 예언자, 先知者들이 많이 배출되었는데, 그들이 本分을 자각하게 된 공식적인 절차는 '나실인'으로서 사전에 운명성을 점지받거나 하나님의 뜻이 있어 '부르심(소명)'을 받은 형태이다.91) 그래서 本分을 자각한 자는 인생에서 획기적인 전환을 이루고, 이전 삶과는 차원이 다른 새로운 인생 가치를 위해 생애를 바쳐 매진했다. 타의에 의해 부여된 것이든 스스로에 의해 자각된 것이든 한 인간이 모종의 계기로써 本分을 깨친다는 것은 경이로운 일일 뿐 아니라, 아무나 경

---

91) 기름부음을 받음. "여호와께서 네게 기름을 부으사……." - 삼상, 10장 1절. "……기름을 부어 너를 대신하여 先知者가 되게 하라." - 왕상, 7장 16절.

험할 수 있는 흔한 일이 아니다.[92] 거듭나고 회심하고 깨닫는다는 것은 生의 과정을 투신한 결과 주어지게 되는 삶의 원리적인 열매이다. 그 과정이 너무 험난해 대부분의 사람들은 그렇게 해서 이룬 先覺者 내지 先知者들의 인생적 결론을 의뢰하거나 믿음으로 따르는 방식을 택할 정도이다.

그런데 이 같은 전통적인 本分 자각 사례에 편승하여, 인류가 종말을 맞이했다는 역사적인 선언[門]으로 안내받을 수 있기 위해서는 그와 같은 선언 역할을 감당하게 된 한 인간의 충격적인 本分 자각 내력을 밝히지 않을 수 없다. 이 같은 내력이 숨겨지게 된다면 이후의 선언 메시지들이 사상누각처럼 되어 버린다. 종말 선언은 천지 만물을 주재하신 하나님의 권능을 대변해서 준엄한 뜻과 결정 사항을 밝히는 것인데, 그 메시지가 설자리가 없어진다. 本分을 밝히지 못하면 하나님이 이 연구를 통해 원하신 뜻을 이룰 수 없다.[93]

본인은 세계의 본질 상황을 간파한 종합적인 통찰에 따라 지금은 종말이 임박한 것이 아니라 이미 그 시한선을 넘어섰다고 판단하거니와, 이 같은 관점 때문에 본인의 사명 역할은 하나님의 뜻을 대변하기 위한 어쩔 수 없는 관계 구조 위에 놓여진다. 앞으로 구체화할 하나님의 뜻을 위해 이 시대에 태어나서 삶을 호흡하고 있는 한 인간이 하나님으로부터 부름을 입었다는 것을 용기를 다져 밝힌다.[94]

물론 이 같은 체험각이 갑자기 주어진 것이 아니라는 것은 당연

---

92) 本分을 자각하기 위해서는 인생 전체와 세계의 원리성까지 통찰해야 하는 어려움이 있음.

93) 本分이 드러나지 못하면 하나님이 드러나지 못함.

94) 진실하게 고백하는 것이 만인을 사명 세계로 인도하고 이해할 수 있게 하는 첩경임.

히 증거해 나가야 할 절차이다. 한 인간이 세계와 자신에 대해 무지한 상태로 태어나, 자아가 성숙한 시점에서 눈앞에 펼쳐진 인생을 어떻게 할 것인가를[95] 자문한 순간, 神의 작용 의지가 개입된 제삼의 응답을 받게 되었다는 것은 예사로운 일이 아니다. 이것은 본인이 우주를 향해 품었던 무수한 물음에 대해 내심-內心의 반란을 겪은 후 확인하게 된 신념이었던 것이며, 구한 의문과 응답된 뜻이 구조적으로 일치하였기 때문에 부인할 수 없게 된 자아 특질이다. 결과로 소망했던 것 일체가 하나님의 뜻이었다는 것을 확신하게 됨과 동시에 길을 얻고 天命을 깨달았다. 일관된 섭리 의지가 역력하므로 이 같은 실존 의지를 실감한 자가 취할 수 있는 길은 그 뜻을 헤아리는 것이었고, 대언할 사명자 역할이었다.[96]

인류가 이토록 고통받고 있는 때에는 하나님이 원하시는 뜻을 직접 전달할 사명자가 있어야 한다. 이것은 전적인 하나님의 뜻이라, 마치 사도 바울이 신약 성경의 절반을 이룬 편지의 서두에서 항상 동일한 어구로써 자신이 짊어진 本分 사명을 밝혔던 것처럼,[97] 본인도 본론의 서두에서 부르심을 입게 된 내력을 밝히고자 한다. 하나님께서 命하셨다는 관점은 본인으로서는 모든 믿음의 근간이자 사명자로서 갖추어야 할 조건이다. 하나님이 불러주셨기 때문에 본인은 결국 하나님의 뜻 안에서 세계의 종말을 선언하지 않

---

95) 본인이 청소년 시절 인생을 숙고하는 과정에서 자문했던 명제임.
96) 본인이 일구어서 기대하고 소망했던 뜻이 그대로 하나님이 인도하여 밝히신 하나님의 뜻이었다는 자각에 대한 확신.
97) "하나님의 뜻을 따라 그리스도 예수의 사도로 부르심을 입은……." - 고린도전서, 1장 1절. 바울은 신약 성경을 구성한 13개의 편지에서 항상 거의 동일한 어구로 "사도로 부르심을 받아 하나님의 복음을 위하여 택정함을 입었으니……(로마서, 1장 1절)"라고 한 사실을 자신 있게 서술함.

을 수 없게 된 사명을 깨달았다.[98]

불교는 佛陀의 위대한 존재 가치를 부각시키기 위한 상징으로서 태어나자마자 일곱 걸음을 걸어 나가 천상천하유아독존 - 天上天下唯我獨尊이라고 외쳤다는 사실을 전승시키고 있듯, 정말 세상에서는 자신의 존재 외에 믿을 만한 것이 무엇이며, 무엇이 확실하게 존재한다고 할 수 있겠는가? 그런데 우리가 걸은 인생길에 제삼의 의지에 이끌려 구속된 뜻이 있었다니! 그런 까닭에 자신의 의지대로 산 삶보다 구속된 先知者들의 인생 역정 속에서는 하나님의 실재 의지를 간파할 수 있는 특별함이 있다. 그래서 구속된 은혜를 절대 숙명으로 받아들였다.[99]

맹자는 천작 - 天爵과 인작 - 人爵의 예를 들어 사람이 내리는 벼슬은 사람에 의해 주어질 수도 빼앗길 수도 있지만, 天爵은 고귀하고 영원한 벼슬이라고 했다.[100] 자신이 노력해서 직위와 명예를 얻었다면 이것은 人爵에 속하지만, 하나님이 불러주고 택하셨다는 本分 의식은 하늘이 내리는 벼슬, 즉 天爵에 속한다.[101] 맹자는 그가 살았던 문화적 특성상 하늘이 내린 벼슬의 주체성을 명확하게 하지 못해 관념적인 개념 규정에 머물렀지만, 天爵의 구체적인 실체화가 바로 하나님이 부여하신 本分이라고 할진대, 洋의 東西는 天命에 대한 접근에 있어서 고귀한 가치를 정착시킨 유사성이 있

---

98) 종말 선언은 중대한 사안이라, 반드시 대언하는 절차를 거쳐야 하기 때문에 하나님이 사명자를 세우신 것임.

99) 만사에는 아무리 자신이 소원하고 노력해도 뜻대로 되지 않는 것이 있음.

100) 『맹자의 수양론(호연지기 양성론을 중심으로)』, 성태용 저, 태동고전연구, 제11집, 논문, p.166.

101) "有天爵者 有人爵者 仁義忠信 樂善不倦 此天爵也 公卿大夫 此人爵也." - 『맹자』, 고자 상, 16.

다. 단지 天爵에 대한 인식이 주관적인 신념의 형태이라, 천재적인 종교인들도 사명 의식을 인생 내지 세계적 원리성과 연결시키지 못한 한계성이 있었지만, 본인의 本分 자각 내력은 제삼자로부터 작용된 모종의 의지 실체를 직접 도출시킬 수 있었다는 점에서(하나님),[102] 주관성을 극복할 수 있다.

그만큼 본인은 삶의 추진 과정에서 성령이 함께한 역사를 확인할 수 있었기 때문에 하나님의 살아계신 뜻을 증거해야 하는 당위 책무를 지녔다. 세상에는 수십억의 인구가 있고 삶을 영위했던 수많은 종교가들이 있다. 그들은 묵묵히 부여받은 本分을 이루고 갔지만, 그럼에도 불구하고 이 시대에 정말 살아계신 하나님의 실존 의지를 자각한 사명자는 얼마나 될 것인가? 나름대로는 하나님의 뜻을 추종하고 있다고 여기겠지만 살아계신 하나님의 뜻을 직접 간파한다는 것은 쉬운 일이 아니다. 그래서 모든 것을 확실하게 대변할 수 있도록 창구를 일원화하기 위해 길의 일깨움 역사가 예비되었다.

세상이 종말을 맞이한 상황에서는 하나님도 뜻을 대변할 사명자를 세우지 않고서는 하늘의 뜻을 이루시기 어렵다.[103] 無神論이 세계적인 영역에 걸쳐 팽배하였고, 아성을 이루었던 기독교의 고유 영역들마저 거세게 침식당하고 있는 상황에서, 이전에도 그러했듯 사명자를 세운다는 것은 하나님이 늘 그렇게 해 오셨던 정형화된 역사 방식이다. 그래서 이 연구는 하나님이 이후에 밝히실 종말 사

---

102) 부르심에 대한 제삼의 의지 작용 도출은 그러한 작용의 주체가 되는 神의 존재 증명에 기여하게 되는 것임.

103) "모사재천 성사재인 - 謀事在天 成事在人." - 일을 도모하는 것은 하늘이 하고, 그 일을 이루는 것은 인간에게 달려 있다." - 『개벽 실제상황』, 안경전 저, 대원출판, 2006, p.291.

역을 뒷받침하기 위해 天爵 개념인 사명의 개요를 천명하게 되었다.[104] 아울러 멸망에 처한 인류에 대한 당위 요청과 하나님의 요구가 있어 『세계의 종말 선언』을 서술하게 되었다.

2. 사명의 부여 작용과 특성, 핵심

일찍이 이스라엘 민족의 역사 위에서 여호와 하나님의 뜻을 예언하고자 했을 때 세워졌던 先知者는 하나님을 믿고 따른 이스라엘이라는 민족 단위 내에서 영향을 끼쳤다.[105] 다른 문화권에서 세워졌던 종교적 사명자들도 상황은 마찬가지라고 할 수 있는데,[106] 오늘날 본인이 자각한 사명 역할은 범세계적, 범인류적이다. 중대한 사안인 만큼, 그동안 품고 있었던 뜻을 밝힘에 있어서는 두려운 마음을 금할 길 없다. 그런데도 만난을 무릅쓰고 밝히지 않을 수 없는 실존적 상황은 이날을 위하여 목적을 두고 행하신 하나님의 뜻 때문이다.[107] 언젠가 때가 되면 밝히기 위해 모든 길을 인도하셨고, 깨우침과 연단과 은혜를 베푸셨다.

길은 본인이 추구한 것이지만 그 과정은 결코 본인의 의도대로

---

104) 『세계섭리론』, 졸저, 인쇄본, 2004, p.431.

105) "느비힘(Nebiim)이라고도 불렸던 예언자(Prophet)들은 종교적 열정 속에서 야훼의 성령을 느끼며, 유대민족이 곤궁에 처하거나 타락했을 때 이들이 나아가야 할 방향을 神의 계시를 통해 알려 주는 역할을 수행했다." - 예언자의 나라, 이상훈 · 김정위 저, 명진출판, 1999, p.34.

106) 단위 문화권 이상은 벗어나지 못함.

107) "너희 안에서 행하시는 이는 하나님이시니" - 빌립보서, 2장 13절.

성립된 것이 아니었다. 말씀을 추종한 인생 과정이다. 결과로서 "길로서 추구된 인생 과정은 전체가 하나님께 이르는 진리의 과정이 되었다."[108] "본인이 삶을 추진한 것은 자연스러운 정열의 발로이고 개인적인 입장에서의 인생 노정이었지만, 알고 보니 그것은 본인의 의식과 의지로서 추구한 뜻이기 이전에 하나님의 의지와 뜻에 의해 구속되었으며, 성령을 통한 인도 역사가 인생의 발자취와 함께하였다."[109] 길이 역사된 것은 하나님이 심혈을 기울이신 성업이다.

이 같은 추진 과정이 있었기 때문에 본인은 진리를 일구고 하나님과 교감할 수 있는 영적 기반을 구축할 수 있었다. 누구나 天爵本分은 참칭할 수 없다. 사명은 자각되었더라도 자기가 자신을 내세울 수는 없다. 삶의 길 위에서 절대 엄명을 부여하신 분은 하나님이시다. 사명이 세워진 것은 하나님이 인정하여 하나님이 부여하신 하나님의 뜻이시다. 교만한 것이 아닌데도 그렇게 보인 것이라면 그것은 하나님 때문이지 의도된 것은 아니다. 뜻이 함께하였다는 사실을 알진대, 이 같은 작용성을 원리로써 밝혀낼 수 있다면 하나님이란 존재 실체를 보다 객관적으로 판단할 수 있는 길을 열수 있다는 주장을 놀라워할 필요가 없다. 그만한 과정이 있기 때문에 이후로 어떤 일이 있더라도 하나님의 살아계신 뜻을 뒷받침할 근거는 확보되어 있다. 그래서 사명자는 하나님의 뜻을 거역할 수 없는 자이다.

先知者들이 그러하였거니와, 길의 사명도 天爵인 직분을 벗어날

---

108) 『길을 위하여(2)』, 졸저, 인쇄본, 1986, p.9.
109) 위의 책, p.24.

수 없는 것인데, 문제는 이 같은 사실을 난감해 할 전통적인 사고 방식과 세상 평판이다. 그래도 본인은 "하나님이 부여하신 사명의 비밀을 줄기차게 밝혀 나갈 것이며",[110] 진리로써 수놓인 天爵으로서의 사명 본질을 입증할 것이다. "평범한 인간이 하나님의 의지를 수용해서 권한을 대행할 天爵 직분을 자각하게 되었다는 것은"[111] 놀라운 일이거니와, 그보다 더 놀라운 것은 앞으로 밝혀 나갈 여러 사안 메시지들에 있다.

사명 本分은 하나님이 인도하셔서 세우신 뜻이므로, 역사된 과정을 추적하게 되면 정작 드러날 것은 그렇게 해서 역사하신 하나님의 적나라한 존재 실상이다. 정말 주관하신 의지가 삶의 경로를 통하여 노출됨으로, 완수된 "길의 전 과정은 하나님께서 내리신 神的 본질의 투영체가 되었다."[112][113] '길'은 하나님이 성령으로 역사하신 주체 의지와 본질 형태의 총합체이다. 하나님이 거의 전능에 가까운 지혜의 형태로 부각되었다. 지혜는 하나님의 주권적인 의지 작용에 의해 표출된 것이라, 그 같은 실체 의지가 곧 길의 역사를 통해 현현된 보혜사 진리의 성령이다.[114] 先知者들이 하나님의 뜻을 대언하고 믿음의 백성들에게 메시지를 전달하는 역할을 했다면, 하나님의 의지로써 구속된 길은 "三位一體로써 구성된 주체 본령

---

110) 『세계통합론』, 졸저, 다짐, 1995, p.291.

111) 위의 책, p.291.

112) 『길을 위하여(2)』, 앞의 책, p.서문.
길의 세움 과정은 말씀만의 대언을 위해서가 아니며, 하나님 자체의 神的 본질을 드러내기 위한 역사였음.

113) 하나님의 실체성이 원리적으로 증명되고, 하나님이 이루고자 하신 속내 뜻이 간파됨.

114) 본인은 지난날 길의 추구 과정 속에서 보혜사, 곧 하나님께로서 나오시는 진리의 성령이 하나님께서 직접 인도하시고 말씀하시고 세우신 이 길의 실체인 것을 만방에 천명한 바 있음. - 『세계통합론』, 앞의 책, p.559.

인 진리의 성령을 하나님으로서 형태 지우기 위해 인도되고 세워졌다."115)

본인이 사명으로서 本分을 깨닫게 된 것은 부차적인 것이며, 주된 목적은 하나님이 자체의 神的 본질을 드러내기 위해 전 길의 과정을 구속한 것이라고 할진대, 길은 출발부터 이미 어떤 특별한 의식 가운데 휩싸여 있었던 것이 사실이다. 사람은 누구나 "주어진 본질로부터 정신의 길을 열어 가는데",116) 길은 출발부터 본질을 달리한 면모가 있다. 이것이 성숙된 자아 속에서 하나님을 향한 사명 의식으로 발아되었다.117)

길 위에서 드러난 하나님의 실존성은 무엇으로써도 거부할 수 없는 것이라, 뜻을 간파한 이상은 하나님이 역사하신 일체의 과정을 체계 지어서 세상 위에 알려야 할 의무가 있다. 法을 계승받은 법손은 목숨을 바쳐서라도 法을 지키고 전할 책임을 지듯,118) 본인도 때가 이르러 혼탁한 세태의 타락성과 종말성을 지적해서 준엄한 메시지를 전파해야 했다. 아무것도 가시적인 증거가 없는 젊은 시절부터 온갖 의혹들을 헤쳐 나왔나니, 이 같은 고뇌로운 과정을 겪었기 때문에 본인은 하나님의 종말 선언 本分을 감당하게 되었다.

그러므로 누구라도 노력 없이, 희생 어린 바침 없이 당도한 멸망을 피할 수는 없다. 그 절박함이 권능 어린 역사를 접한 자로서 두

---

115) 『세계유신론』, 졸저, 완본, 2000, p.368.
116) 『길을 위하여(1)』, 졸저, 아가페, 1985, p.51.
117) 이 같은 잠재의식은 부름을 입은 역사가 있기 이전부터 삶 가운데서의 일관된 지배 의식이었음.
118) 달마는 세존의 28대 법손으로서 인도에서는 다음 代를 구하지 못해 인도양을 3년이나 걸려 중국에 와서 겨우 혜가에게 法을 전함. - 『깨달음에 이르는 열 가지 시리즈(십우도)』, 이희익 저, 경서원, 1990, p.156.

렵기만 하다. 인류는 이미 무차별적인 멸망의 조짐 앞에 전면 노출되어 있다. 이때 이 시기에 하나님이 일찍이 믿음의 백성들에게 공지하셨던바 오실 분은 와야 하며, 이루고자 하신 언약들은 성취되어야 한다. 재림과 전무후무한 대환란, 의인들의 부활, 최후 심판, 인류가 고대했던 하나님 나라의 도래 등등.

그런데 이 같은 역사가 본격적으로 태동되기 위해서는 반드시 선행되어야 할 역사가 있는데, 그것이 다름 아닌 이 땅 위에서 예비된 先知 엘리야(Elias)의 도래 역사이다. 구약 성경의 마지막에 등장하는 先知者 말라기는 인류가 종말을 맞이한 때에 主의 길을 예비할 사자가 올 것과[119] 엘리야 先知者가 출현할 것을 예언하였으며,[120] 이것은 기독교인들이 세례 요한을 통해 실현되었다고도 보았다. 하지만 다음 몇 구절을 보면[121] 그리스도의 재림 때에도 해당되는 것으로 비약된다는 것을 알 수 있다.[122] 정말 세례 요한이 엘리야였다 하더라도 초림의 길을 예비했던 엘리야가 재림 시에도 그 길을 예비하지 못하리란 법은 없다.[123]

죽은 자가 존재로서의 정체성을 그대로 유지한 채 다시 오는 것

---

119) 말라기, 3장 1절.
"너희는 광야에서 여호와의 길을 예비하라. 사막에서 우리 하나님의 대로를 평탄케 하라." - 이사야, 40장 3절.

120) 말라기, 4장 5절.

121) 말라기, 3장 2절 - 5절.

122) 말라기는 主의 길을 예비할 사자가 올 것을 예언하였다. 이 예언은 후에 세례 요한을 통해 실현되었는데, 계속되는 다음 몇 구절을 통해 볼 때 그리스도의 재림에 관한 예언으로 비약됨을 알 수 있다. 또한 엘리야 先知者의 출현에 대한 예언도 마찬가지인데, 세례 요한은 바로 이 엘리야였다. 그러나 엘리야는 그리스도가 재림하시기 전에도 다시 나타날 것이다. - 뉴톰슨 관주주석성경, 성서교재간행사, 1985, p.말라기 서론.

123) 보는 관점에 따라서는 "구약과 신약에도 윤회를 암시하는 구절이 많이 보인다. 구약은 예언자 엘리야가 다시 태어날 것이라는 예언으로 끝을 맺고 있다." - 『영원한 자유』, 성철스님 법어집, 1집 6권, 백련선서간행회 역, 장경각, 2001, p.326.

이라면 불교에서 말하는 윤회 사상과도 견주어 볼 만한 전승 믿음이지만 그것은 확인하기 어렵고, 이 연구에서 말하고자 한 '엘리야의 도래 역사'는 예언적 정황에 초점을 둔 사명자로서의 요청 측면이다. 종말을 맞이한 섭리상 先知 엘리야의 도래 역사가 요청되고 있는 시점에서 하나님이 그 일치 本分을 길을 통해 일깨우셨다.

성경에서는 엘리야가 지상에 다시 돌아오리란 예언에 대해 유대인들이 세례 요한에게 사람을 보내어 "네가 엘리야냐?"[124]라고 물었다는 기록이 있고, 主 그리스도도 관심을 표명하길, "모든 先知者와 및 율법의 예언한 것이 요한까지니, 만일 너희가 즐겨 받을진대 오리라 한 엘리야가 곧 이 사람이니라."[125]라고 확증했다. 이 증언이 主의 날이 임박한 이때에 다시 길의 本分 위에서 재자각되었다.

"기록된바 보라 내가 내 사자를 네 앞에 보내노니, 저가 네 길을 네 앞에 예비하리라 하신 것이 이 사람에 대한 말씀이니라."[126]

이것은 순서상 분명 세례 요한 이후에 엘리야의 도래 역사를 확실하게 하기 위해 예비된 말씀이다. "보라 여호와의 크고 두려운 날이 이르기 전에 내가 先知 엘리야를 너희에게 보내리니……."[127] 그래서 보라, 지금은 정말 여호와의 크고 두려운 날이 이른 때라 (종말과 심판 때), 그래서 엘리야가 다시 돌아왔다. 본인이 막연하게 엘리야적 本分을 주장한다면 그것은 길의 사명을 완전하게 부

---

124) 요한복음, 1장 21절.
125) 마태복음, 11장 13절 – 14절.
126) 마태복음, 11장 10절.
127) 말라기, 4장 5절.

각시키지 못한 관점이 된다. 길이 이 시대에 하나님이 약속하신 '언약의 사자' 혹은 '主의 특사'로서 세워진 것은 하나님이 그렇게 될 수 있도록 한 성령의 역사가 있었기 때문이다. 그래서 세례 요한에게 적용되어 구조적으로 초점이 맞지 않았던 엘리야의 도래 예언이[128) 길의 사명 위에서 그대로 일치되었다.

말리기는 장차 하나님이 이 땅에 임하실 것과 임하시는 날에 대한 징조와 목적, 결과 등을 분명하게 공언했다. "내가(여호와) 심판하러 너희에게 임할 것인데,[129) 그 같은 크고 두려운 날이 이르기 전에 先知 엘리야를 너희에게 보내리라."[130)라고 한 행업 과정을 단계적으로 명시했다. 그러므로 하나님이 임하심(지상강림)과 인류 심판과 엘리야의 보냄 역사는 3박자로서 동시에 실현되어야 하는 섭리 조건 위에 있다.

그래서 본인은 보혜사 성령의 지상강림 역사와 더불어 하나님이 심판하리라 하신 바로 그 '여호와의 크고 두려운 날'을 예고하고자 한다. 하나님이 이 땅에 임하시고(지상강림) 심판을 단행하실 크고 두려운 날이 이르기 전에 반드시 이루어져야 할 작업, 그것이 바로 "만군의 여호와가 이르노라. 보라 내가(하나님) 내 사자를 보내리니 그가 내(하나님) 앞에서 길을 예비할 것이요⋯⋯ 곧 너희의 사모하는바 언약의 사자가 임할 것이라."[131)이다. 그리고 그 약속을 현실

---

128) 마태복음, 11장 13절 – 14절.
　　그러나 "세례 요한은 자기가 말라기가 예언한 엘리야의 재현에 관한 예언의 성취라는 사실을 분명히 부정했다. 그 예언이 성취되지 않았다는 증거는 세례 요한이 자녀들의 마음을 아버지께로 돌이키게 하지 못했다는 것과 말라기가 예언한 것처럼 그가 여호와의 크고 두려운 날에 맞이하지 아니했다는 것이다." – 『하나님의 마지막 말씀』, 도널드 그레이 반하우스 저, 강정보 역, 기문, 1985, p.217.
129) 말라기, 3장 5절.
130) 말라기, 4장 5절.

화시키기 위해 길이 하나님의 임하실 길을 예비하였으며, 지상강림 역사를 증거할 수 있게 되었다.[132] "너희의 구하는 바 主가 홀연히 그전에 임하리니……."[133] 그렇게 임하신 강림 실체가 길의 本分 사명 위에서 명확해졌다.

> "그의 임하는 날을 누가 능히 당하며 그의 나타나는 때에 누가 능히 서리요."[134]

밝힌 엘리야의 도래 선언은 황당한 고백인데도 절대적인 것이며, 반드시 성취되도록 예정된 것이라 부인될 수 없다.

> "그는 금을 연단하는 자의 불과 표백하는 자의 재물과 같을 것이라. 그가 은을 연단하여 깨끗하게 하는 자같이 앉아서 레위 자손을 깨끗하게 하되 금, 은같이 그들을 연단하리니……."[135]

길은 바야흐로 이 연구를 통해 인류의 죄악을 연단하므로 회복한 의로운 본성 제물을 여호와께 바칠 것이다.[136] 그런데도 先知 엘리야가 하나님의 길을 예비함으로써 돌이키려고 한 마음, 그 본성의 회복 노력이 무산되어 버린다면, 두렵건대 하나님이 와서 저주로 그 땅을 칠까 하노라.[137]

---

131) 말라기, 3장 1절.
132) 2009년 9월 16일, 『선재우주론』을 통해 하나님의 지상강림을 본체적으로 증거함.
133) 말라기, 3장 1절.
    그전 = 길로서 세워진 역사 바탕.
134) 말라기, 3장 2절.
135) 말라기, 3장 2절 – 3절.
136) 말라기, 3장 3절.
137) 말라기, 4장 6절.

이렇게 해서 하나님과 先知 엘리야는 도래하였고, 오셔서 크고 두려운 날을 예고하였으므로, 이제 남은 것은 인류가 심판받을 날을 지정받는 절차뿐이다. 그때 극렬한 풀무불 같은 날이 이르면 교만한 자와 惡을 행하는 자는 다 초개 같을 것이라.[138] "술수하는 자에게와 간음하는 자에게와 거짓 맹세하는 자에게와 품꾼의 삯에 대하여 억울케 하며, 과부와 고아를 압제하며, 나그네를 억울케 하며, 나를 경외치 아니하는 자들에게 속히 증거하리라."[139] "나의 정한 날에 너희 발바닥 밑에 재와 같으리라."[140]

정해진 날에 하나님이 임하시므로 어떻게 심판하실 것인지에 대한 행업 과제는 결정되었다.

> "해 뜨는 곳에서부터 해 지는 곳까지의 이방 민족 중에서 하나님의 이름이 크게 될 것이라. 각처에서 하나님의 이름을 위하여 분향하며 깨끗한 제물을 드리리니, 이는 하나님의 이름이 이방 민족 중에서 크게 될 것임이니라."[141]

정해진 심판 날에 대한 철저한 프로젝트이자 사전 의지 표명이다. 그리고 이 같은 뜻의 중심에 先知 엘리야의 도래 역사와 맞물려서 자각된 길의 本分 밝힘 역사가 있다.

이날 이때에 先知 엘리야의 도래 역사가 밝혀지게 된 것은 마지막 때에 하나님이 이루고자 하신 숨 가쁜 행업의 첫 시작이다.[142]

---

138) 말라기, 4장 1절.
139) 말라기, 3장 5절.
140) 말라기, 4장 3절.
141) 말라기, 1장 11절.
142) 엘리야가 도래해야 그가 다음 단계의 행업을 도모할 수 있겠음. 主의 모든 길을 예비함.

앞으로 이 연구가 전할 메시지의 기본 입장과 자격이며, 구해져야 할 이해 관점이다. 이 연구의 첫머리에서 반드시 밝히라고 命하신 하나님의 옵션 사항이다.[143]

그런 만큼 본인은 앞으로 전파하고자 하는 메시지와 행업 하나 하나에 대해서 두렵고도 막중한 책무를 짊어져야 하나니, 만난에 대처할 험난한 인생행로를 감수해야 할 것이다.

3. 사명의 부여 권위

요즈음 학교 현장에서는 교권이 무너졌다는 말을 자주 듣는다. 학생을 가르치는 선생님의 權威는 선생님을 위해서라기보다는 교육을 성사시키기 위한 요소로서 중요하다. 權威가 없으면 선생님이 아무리 산지식을 전달하고자 해도 소용이 없다. 교실에서는 질서가 있어야 하며, 교사로서의 權威가 있어야 진리에 대한 수수 작용이 성립된다. 물론 權威는 복합적인 요인에 의해(노력과 신뢰 등) 뒷받침되는 것이며, 權威는 세상을 움직이는 보이지 않는 힘이다.

이 연구가 밝히고자 하는 메시지의 權威性 여부도 적용되는 상황은 마찬가지다. 본인은 평범한 인간인데도 달리 선언을 하였다면, 거기에는 그만한 이유가 있다. 본인이 부여받은 사명적 權威는 하나님의 뜻을 위해서 세워져야 하며, 밝혀져서 공인되어야 한다.

---

143) 하나님이 뜻을 이루시기 위해 크고 두려운 날이 이르기 전에 先知 엘리야의 도래 사실을 밝혀야 했고, 이 땅 위에서는 사전에 세워짐에 대한 역사가 있어야 했다.

결코 사견일 수 없는 뜻을 대언하고 있다는 사명 의식과 직분에 대한 權威가 없다면 아무리 중대한 선언이라 해도 아무도 거들떠보지 않으리라. 이것이 문제이다. 그래서 하나님이 오랫동안 폐쇄된 先知者的 사명 本分을 부활시키셨다. 하나님의 뜻을 위해서이며, 만상 가운데 전파되어야 할 선언 메시지의 활로를 트기 위해서이다.[144]

경전을 펼쳐보면 그곳에는 가르치는 스승에 대해 참으로 위없는 공경과 위없는 진리에 대한 신뢰와 위없는 권능이 함께하고 있다. 스승과 제자 간에 감돈 한없는 인격과의 교감, 그 같은 관계 위에서 천맥이 누대에 걸쳐 이어졌다(孔子, 석가, 예수……). 길의 本分도 마찬가지다. 위없는 신뢰로써 세워져야 하나니, 그것이 다름 아닌 하나님으로부터 부여받은 권능의 대행 입장이다.

　　　"권세는 하나님께로 나지 않음이 없나니, 모든 권세는 다 하나님
　　의 정하신 바라."[145]

세속의 권세도 하나님의 허락이 있어야 존재하게 되는데, 하물며 先知者的 權威에 있어서랴? 하나님이 직접 부여하시지 않는다면 성립될 수 없는 權威이다.

권한을 부여하는 자와 권한을 부여받는 자는 존재된 차원이 다르다. 예수는 네게 평안을 주노라[146]라고 하여 평안을 부여할 수 있는 그리스도로서의 권한을 가지셨다. 하나님은 권세를 부여하시

---

144) 하나님이 종말을 선언하고자 하시므로, 사명자(先知者)를 세우는 형태를 통해 모든 뜻을 전달하고자 하심.

145) 로마서, 13장 1절.

146) "평안을 너희에게 끼치노니 곧 나의 평안을 너희에게 주노라. 내가 너희에게 주는 것은 세상이 주는 것 같지 아니하리라." - 요한복음, 14장 27절.

는 主이시며, 인간은 그 뜻을 따르는 종이다. 그래서 우리는 하나님이 권세를 거두시면 언제라도 평범한 인간으로 돌아가야 한다. 지금 온갖 권능을 행사하고 있더라도 하나님과는 차원이 다른 실존 상황 아래에 있다. 예수가 성전에 들어섰을 때 대제사장과 이스라엘 민족의 장로들이 물었다.

> "네가 무슨 권세(exousia)로 이런 일을 하느뇨. 또 누가 이 권세를 주었느뇨."[147]

마찬가지 물음이 오늘날 이 땅에 세워진 길의 사명 위에서도 되물어질 수 있다. 세상에는 많은 종교 지도자가 있고 훌륭한 신앙인들이 부지기수인데, 길의 先知者的 權威가 웬 말인가? 하지만 우리는 엄연한 權威의 현실체로서 이 땅에 우뚝 서 있는 그리스도의 계승자로서 교황이 부여받은 수위권 – 首位權을 떠올려 보자. 수위권은 마태복음 16장 16절로부터 기록된 예수의 말씀과 베드로의 고백[148]에 기인한 것이다. 여기서 예수는 "내가 천국 열쇠를 네게 주리니 네가 땅에서 무엇이든지 매면 하늘에서도 매일 것이요, 네가 땅에서 무엇이든지 풀면 하늘에서도 풀리리라."[149] 즉 땅에서 이루어지는 모든 일이 하늘의 주재 의지와 연결되어 있다는 뜻이다. 하나님이 직접 權威를 부여하시겠다고 하는 바에는 음부의 권세들이 어찌할 수 없다.

---

147) 마태복음, 21장 23절. – 『붇타와 그리스도』, 구스타프 멘싱 저, 변선환 역, 종로서적, 1987, p.277.
148) "主는 그리스도시요 살아계신 하나님의 아들이시니이다."
149) 마태복음, 16장 19절.

하지만 그 같은 權威, 권세, 권능이라도 동네잔치에 떡 갈라 주 듯 혹은 경품 나누듯 부여되는 것은 아니다. 하나님의 권능과 權威 는 하나님이 부여하시는 것인 만큼 차원이 다른 무게를 지닌다. 하 나님의 권능이라, 인간으로서는 발휘될 수 없는 카리스마이다. 그 래서 권능은 하나님이 부여하신 것으로서의 징표가 따른다. 아무리 노력해도 할 수 없었는데 할 수 있게 되었다면, 그것은 하나님이 권능을 발휘하신 때문이다. 권능인 것이 구분되고 절대 권위로서 인정된다. 세계는 어떻게 창조되었고 어떻게 변해 왔는가? 이 같은 문제를 풀 수 있는 지혜가 인간에게는 도무지 없다. 인간은 세상 역사를 낱낱이 장악할 위치에 있지 못하다. 그런데도 장악하게 되 었다면 그것은 천지 역사를 주관하신 하나님이 계시기 때문이며, 창조 역사를 섭리 하나로 꿰뚫게 되었다면 그것은 바로 하나님이 이루신 일이 된다. 하나님의 권능으로 성사된 성업인 것이 인정된다.

이와 같은 연유로 길의 과정 위에는 본인으로서는 차마 감당하 기 어려운 大勢의 부여 역사가 있었다. 당시로서는 나서기 어려운 사명자로서의 자격을 연단하는 과정이었지만 지금은 本分에 대한 인식이 순숙된 때라 권세의 대요를 천명할 수 있다. 하나님은 일찍 이 이 자식을 불러 세우신 과정에서 사명을 감당할 수 있을진대 인 류의 "악과 죄를 사하리라."150)란 권세를 부여하셨으며, 이후의 추 수 조처로서 "세상 만물과 진리를 주체적으로 다스리라."151)란 언 명을 내리셨다. 이처럼 권위가 부여된 역사가 있었기 때문에 본인 은 세계의 종말을 선언하고 하나님의 심판 사역을 감당할 수 있게

---

150) 예레미야, 36장 3절.
151) 창세기, 1장 26절.

되었다.152)

거듭 강조해서, 하나님의 권능은 세속의 권세와는 차원이 다르다고 한 대로153) 모든 것은 준엄한 진리 하나로 행사되리라.154) 정말 창조주 하나님이 세상 만물을 다스린 권능을 표명하시리라. 우리나라의 건국이념인 홍익인간-弘益人間은 이치로 세상을 다스려 평화롭게 하라(濟世理化)는 것인데,155) 이것이 이행되기 위해서는 반드시 이치만으로 될 수 없는 하나님의 權威가 존재론적으로 뒷받침되어야 한다.156)

본인도 하나님의 권세를 표명할 수 있게 된 것은 그만한 판단 과정을 거친 다음이라, 그 이전에는 단지 개인적인 생각뿐인 독백으로 머물러 있었는데, 그만한 역사의 뒷받침이 있어 主의 길을 예비할 수 있는 엘리야적 사명으로 구체화되었다. 진리를 규명하고 죄악을 심판해서 인류를 구원의 길로 권고할 권능을 대행하게 되었나니,157) 보혜사 진리의 성령이 임하시면 보내리라고 하신(예수) "죄에 대하여 의에 대하여 심판에 대하여 세상을 책망하시리라."158) 고 예고된 권능의 현실체이다. 이에 본인은 이 같은 뜻을 대행하기

---

152) "세상 만물을 주체적으로 다스리라고 하신 大命의 권세가 없었더라면 전개될 수 없는 인식의 차원에서 대망한 세계 통합의 과정이 그 門을 활짝 열 수 있었다." - 『세계통합론』, 앞의 책, p.275.

153) "세상 만물을 주체적으로 다스릴 권세의 부여는 세상의 진리를 통합할 수 있는 능력의 권세이니, 그것이 곧 지혜요 온갖 하늘의 이치이며 大勢라." - 『길을 위하여(3)』, 졸저, 인쇄본, 1990, p.40.

154) "나는 하나님의 權威로서 세계를 주도할 대진리의 통찰자가 될 수 있으리라." - 위의 책, p.197.

155) 『다물, 그 역사와의 약속』, 강기준 저, 다물, 1997, p.331.

156) 장차 전체 인류를 규합할 것은(주체) 존재이지 이치가 아님.

157) 『세계섭리론』의 결론 과정에서 선포됨.

158) 요한복음, 16장 8절.

위해 하나님의 창조 섭리를 정통으로 계승한 권한자로서 권능에 찬 역사를 펼치리라. 아울러 하나님의 진리적 권고와 선언 메시지를 거부하는 자들에 대해서는 그 정수리에 불같은 심판의 철퇴를 내리리라. 先知者들은 지성소에서 하나님의 살아계신 숨결을 두려움으로 접했듯, 오늘날은 대행된 권능 메시지로써 그 두려움을 실인하게 되리라.

그러나 이 같은 경고 역사도 하나님의 속내 뜻이라기보다는 인류를 멸망으로부터 구원하기 위한 일종의 방편책이다. 인류라는 전체 種이 멸망에 처하므로 하나님은 모든 말씀을 따르게 할 마지막 방도를 일찍이 보내시리라고 한 先知 엘리야의 도래 역사를 통해 이루고자 하셨다. 길을 세워 하나님의 선언 메시지를 순복하게 하고자 하셨다. 인류를 '바로'로 상징된 압제로부터 구원하사 공언된 바 약속의 땅으로 인도하시리라. 하나님의 살아계심을 거부한 지상 최대의 권력들 앞에서 혹은 사상, 제도, 이념, 주의 앞에서, 그들이 거머쥔 천년 권세를 타파하리라.[159]

---

159) 창조 이래 연명해 온 대적 권세는 하나님이 세우신 권능으로 滅하지 못하면 진멸하지 않는다.

1. 세계의 종말 판단160)

만인은 인류의 역사에 종말이 있다는 기독교의 종말론 사상을 믿는가? 末世가 되면 질서가 문란해지고 도덕성이 타락하여 대환란이 오는데, 이때 하나님의 최후 심판이 있게 됨과 동시에 보배로운 신자들은 구원을 얻고 세상은 종말을 맞이한다.161) "크리스천들

---

160) 본 장은 『세계섭리론』의 제2편 「심판의 문」 중 "세계의 종말 한계" 장을 이 연구의 체제에 맞도록 편집한 것임.

161) "성경에 기록된 종말 사상은 기독교의 중요한 교리 중의 하나로, 억압당하고 지배받는 백성 속에서는 어느 때 어느 곳을 막론하고 크게 영향을 주었던 사상이다." - 『원불교사상 논고』, 김홍철 저, 원광대학교출판국, 1980, p.23.

은 항상 임박한 종말에 관해 말하였고",162) 믿는 자들은 그 같은 종말이 즉시 도래하기를 기대하고 있은 듯도 하다.

성경에 보면 현세가 천국으로 향상하리라는 전망보다는 더 이상 보존될 수 없는 상태가 되므로 종말이 온다는 뜻이 강하다. 그때는 현세의 체질이 뜨거운 불에 녹여진다고 했다.163)

하지만 종말, 末世에 대한 예언은 기독교 문화권에서 창안된 전유물이 아니다. 동·서양을 막론하고 성현들은 두루 역사의 종말에 대한 우려를 표명했었다. 그것의 대체적인 요지란 환경적인 대재앙(천재지변, 병겁, 지진, 홍수, 흉년……)과 전쟁, 도덕적인 질서의 문란, 不法이 횡행하고 믿음과 진리력이 약해진다는 것 등인데, 이 같은 때를 당하면 공히 성현이 출현하여 인류를 구원하리란 희망을 엿보이기도 했다.164)

그렇다면 현세를 살아가고 있는 우리는 어떠한가? 종말을 어떻게 인식하고 있는가? 세파에 시달리면서 한탄스러운 소식을 접하거나 목격하면 "末世로구나!" 하고 입버릇처럼 말하는데, 그 순간을 지나버리면 그런 감정은 까마득하게 잊어버리기 일쑤이다.165) 종말이 사사로운 처지에 따라 좌우될 수 있는 것인가? 종말론에 대한 권위 있는 사상을 보면 한결같이 경종은 울리고 있지만, 문제는 무엇도

---

162) 민중과 성서, 안병무 저, 한길사, 1993, p.166.

163) 베드로후서, 3장 10절. - 『기독교 사상』, 종교교재편찬위원회 저, 계명대학교출판부, 1984, p.215.

164) "불교: 양커(구원의 法王)라 하는 法王이 출현하여 正法으로 다스리고……. 유교: 帝出於震 萬物出乎震 震東方也. - 성인이 진방에서 난다. 진방은 동방이다『주역』 설괘전 11 - 7)." - 『7만년 하늘민족의 역사』, 유왕기 저, 세일사, 1989, p.7.

165) "末世的 풍조가 만연된 요즈음의 시대상이 입증이나 하듯이 혼탁해졌고, 급변하는 세태가 마치 가속이라도 붙은 듯 변하고 있어……." - 『주역이 밝힌 21세기 대 예언』, 정숙 저, 교문사, 1998, p.31.

때를 판단할 확실한 근거를 제시하지 못한 데 있다. 일률적이고 객관적이지 못하다.

> "무화과나무의 비유를 배우라. 그 가지가 연하여지고 잎사귀를 내면 여름이 가까운 줄을 아나니, 이와 같이 너희도 이 모든 일을 보거든 인자가 가까이 곧 門앞에 이른 줄 알라."[166]

누가 비유된 이 같은 뜻을 이해하지 못할까만 아무도 門앞에 당도한 종말의 발자국 소리를 듣지 못하였다. 여름이라는 계절은 여름이라고 말하면서 오지 않는다. 무화과나무가 연하여지고 잎사귀를 내면 지각 있는 자들은 알아차린다. 그렇게 해서 아는 그것이 총체적인 때에 대한 판단이다.

종말은 종말의 세계적인 때를 판단하는 것이 중요하다. 주관적인 판단에 의해 좌우될 수 없는, 때는 세계의 본질 정황과 구조성에 대한 통찰이 뒷받침되어야 한다. 유대교의 종말 사상은 천지를 창조하신 하나님이 우주 질서의 主라는 관점에서의 주장이다. 역사에서의 모든 의미는 종국(즉 종말)에 이르러서야 나타난다(믿음).[167] 그리고 세계의 구조에 대한 통찰은 先知된 예언과 종말론적인 계시 형태로 드러나므로, 이 같은 인식 메커니즘을 좌시해서는 안 된다. 우리는 몰랐어도 하나님은 알고 계시다는 관점에서 보면 종말을 향해 치달은 인류 역사가 현 역사이다. 그러므로 하나님이 강림하셨다는 사실이 시사하는 바는? 이 역사가 곧 한 많은 세월을 마감한 종말 때를 알리는 것이다.

---

166) 마태복음, 24장 32절 – 33절.
167) 『종교현상의 이해』, 김용환 편저, 나무, 1986, p.54.

하나님이 강림하심으로써 전 시대를 마감할 종말은 왔고, 지금은 그 종말이 진행 중이다. "민족이 민족을, 나라가 나라를 대적하여 일어나겠고, 처처에 기근과 지진이 있으리니……."[168] 이 같은 일은 이 세대 안에서 일어나고 있는 다반사이다. 단지 하나님이 세계의 종말을 선언하기까지는 무화과나무가 잎사귀를 내기 위해서(종말) 연하여진 것과 연관되지 못했을 뿐이다.[169] 그런데 정말 의혹에 찼던 종말은 선포되었다. 어떻게 해서 지금이 종말의 때인가? 이것은 하나님이 강림하신 사실만큼이나 풀어헤쳐야 할 복잡한 과제이다. 그러나 종말이란 것이 우리가 원하거나 거부한다고 해서 빨리 오고 더디 올 성질의 것은 아니다. 따라서 중요한 것은 도래한 사실에 대해서 어떻게 확인하여 수용할 수 있는가 하는 것이다. 하나님은 천지를 창조하신 분이므로 이 시대의 역사가 마무리될 마지막 때를 아신다. 그만한 혜량이 하나님에게는 있으며, 그 뜻을 통찰한 이 연구의 판단 위에도 있다. 이것은 하나님의 준엄한 결정 입장이다. 기독교, 불교, 유교, 과학 등등. 어떤 분야도 종말 때는 기다려서 맞이하는 것일 뿐, 그들이 가진 권능으로써는 시대를 종결지을 수 없다. 하나님이 종말 사역을 주재하시는 것은 천지를 창조하신 분으로서의 권한이다. 그 권한은 종말에 대한 선언뿐만 아니라 마감까지 하는 것인데, 정말 창조 이래의 先天 문명은 누가 마감할 수 있겠는가? 성인·성현의 출세를 손꼽아 기다려 보지만 일반적으로 알고 있는 공자님이나 부처님과 예수님 같은 분들의 出世만으로 유구한 역사가 종결될 수 있겠는가? 천지의 주인이신

---

168) 마태복음, 24장 7절.
169) 모든 인식 형태가 종말이 오리라는 예언 가운데 있었고, 확신했던 믿음 가운데 있었음.

하나님이 아닌 한 곤란하다.

새로운 後天시대를 열어 갈 "새 하늘과 새 땅의 복음을 선포한다."[170]라고 기대된 만큼, 하나님은 대우주의 질서를 주관하신 당사자인 것이 분명하다. 종말을 선언한 자는 그만한 근거를 가지고 후속 대안책을 제시할 수 있어야 한다. 종말 선언과 심판과 구원의 묘책은 한 용광로에서 한층 달구어진 쇳물이다. 쇳물로써 무엇을 창출하리라는 것은 시대를 직접 마감한 하나님만 아신다.

그 대체적인 정보를 바로 이 연구가 대언하고자 한다. 말씀을 받들거나 받들지 않음과 상관없이 인류는 빠짐없이 심판을 받지 않을 수 없는 운명 위에 있으므로, 이것을 미리 안다는 것은 그 자체가 구원될 수 있는 마지막 희망이다.

2. 세계의 종말 인식

종말은 무엇인가? 종말은 정말 올 것인가? 종말이 온다면 종말 이후의 세계는? 종말은 마지막 일(*the last thing*)이란 뜻이 있다.[171] 그렇다면 이 마지막에 대한 기준은? 무엇이 마감된다는 것인가? 종말이 있다면 그것은 먼 미래의 그날에나 있을 그 무엇이리라. 이렇듯 세상은 아무것도 대비하지 못하고 있는데 갑자기 종말이 왔다는 선언을 들어야 하다니! 그동안 인류가 겪은 고통 속에서 이 같

---

170) 묵시록의 대예언, 강봉수 저, 민성사, 1999, p.35.
171) 『기독교와 문화』, 조인서 저, 한올출판사, 1996, p.153.

은 선언을 들을 수 있었는가? 테러의 참화 속에서 감지할 수 있었는가? 만물이 마지막을 맞이했다는 선언은 들어도 인정할 수 없는 사실이고, 당면해 있어도 거부하고 싶은 역사이다. 우리는 죽는 순간까지 삶을 생각하지 죽음을 받아들인다는 것은 쉽지 않다. 하지만 때가 되면 결국 命이 다한 한계 속에서 죽음을 맞이하고 만다.

그러므로 종말은 있다. 종말이 있다는 것은 세계의 보편적인 실상이다. 그런데도 개개의 죽음은 지켜보면서 세계의 종말, 역사의 죽음에 대해서 현실감을 가지지 못하는 것은 거대한 생성 주기를 하루살이 곤충이 가늠하지 못하는 것과 같다. 그러나 지금은 이전과 달리 한계 상황이 극에 달해 있어 어느 때보다도 종말 상황에 대한 확실한 인식의 근거를 제공한다. 가을과 겨울이 바뀌는 환절기에는 한두 번 눈발이 날려도 정말 겨울이 온 것인지, 아니면 늦가을의 변덕스런 날씨 탓인지 판단하기 어렵다. 그러나 입동, 소설을 지나 동지, 소한 정도에 이르면 그때가 한겨울이라는 사실을 모르는 사람은 없다. 하물며 세상의 마지막 때가 도래한 지금은? "무엇을 주저하는가? 이때가 바로 종말이니, 인류가 존재하기 전에 알파는 주어졌고 남은 것은 종말뿐이다."[172] 살아 있는 자가 맞이할 것은 죽음 이외에 더 무엇이 있겠는가? 만유가 생성하므로 종말이 있다는 것은 당연하다. 단지 그때가 언제인가 하는 것인데, "더없는 고난의 과정은 역사 위에서 모두 시험되었다."[173]

동양인들은 역사의식이 순환적이지만 "서양인들은 종말론적인 사상을 가지고 있는데,"[174] 정말 세계는 멸망이냐 구원이냐 하는

172) 『길을 위하여(1)』, 졸저, 아가페, 1985, p.53.
173) 위의 책, p.236.

기로에 서 있다. 세상이 위기에 처하므로 하나님도 이 문제를 어떻게 해야 할지 고심하고 계신 것이 틀림없다. 인류는 이 같은 위기 상황을 실감해야 하며, 사태를 어떻게 대처해 나갈 것인가에 대해 고민해야 한다. 그래서 현대인은 알게 모르게 종말적인 의식 속에 사로잡혀서 세계적인 안정을 기하지 못하고 있다. 이왕 맞이하고야 말 종말이라면 종말에 대한 정보를 빨리 받아들여 불안과 두려움을 극복할 길을 찾아야 한다. 종말성을 확실하게 인식해야 당면한 상황을 헤쳐 나갈 지혜를 찾을 수 있다.

3. 세계의 종말 요인

세계에 가로놓인 상황들이 종말을 맞이하게 되니 대환란을 피하기 어렵다. 그러나 한편에서 보면 종말은 곧 천국을 위한 기초이기도 하다. 종말이 과연 어떻게 해서 도래하게 된 것인가 하면, 하나님이 강림을 이루심에 따라 창조 이래 주관된 섭리 역사가 마무리된 때문이다. 기대에 찼던 세계가 분열을 극해 생성을 마친 세계가 쇠락할 것은 당연하다. "세계의 본질이 분열을 다한 이 시기에, 당면한 때에 대해 안목이 있는 자는 누구라도 구원의 방도를 찾을 것인데, 천지 역사를 주관하신 하나님이 먼저 때의 임박성을 알고, 보다 높은 뜻으로 영광된 길을 예비하셨다. 그만큼 창조된 세계가 분열을 다하였다는 것은 다시 통합을 위한 조건이 형성되었다는

---

174) 『역사의 의미』, 칼 뢰비트 저, 이한우 역, 문예출판사, 1993, p.38.

것이라, 종말이 한편으로는 강력한 변화와 전환과 새로운 시작을
의미하기도 한다.

세상이 종말에 처한 것은 세상 자체가 우주적인 수명을 다한 것
이라기보다는, 생명력을 가진 세계가 자생하기 위한 일대 쇄신의
몸부림이다. 이런 와중에 세계 구원의 주된 대상인 인간이 하나님
을 떠나 있다는 것은 무엇을 의미하는가? 하나님을 떠나서 근본 궤
도를 이탈한 자들이 맞이하게 될 결과는?[175] 인간들이 오히려 종말
사태를 악화시킨 역할을 담당했다. 무한한 욕심과 권력을 휘둘러
공유해야 할 세계를 독점해서 향유하였다. 무엇을 위한 발걸음이고
역사적인 진보인 것인지 그 의미가 무색하다. 무한 생존 경쟁으로
인해 파멸이 눈앞에 내다보이는데도 인류는 과학이 가져다줄 장밋
빛 미래를 굳게 믿고 있다. 여기서 인류가 맞이한 종말의 주된 요
인이 추출된다.

종말의 극단을 인식한 자들은 바로 이 같은 해체 조짐이 새로운
질서를 요구하고 있다는 것을 알게 될 것이다.[176] 진실로 천지가
有한 바탕 본질로부터 연유된 것일진대, 종말은 끝이 아니라 새로
운 전환이다. 그렇기 때문에 새로운 차원에 선 종말 현상에 대한
획기적인 원리 정립이 요청된다.[177] 새 하늘과 새 땅을 맞이할 가
능성이 인류가 맞이한 종말을 시점으로 해서 활짝 열리리라. 하지
만 종말의 도래 사실을 인정하지 않는 자 혹은 끝까지 거부하는 자

---

175) 『길을 위하여(3)』, 졸저, 인쇄본, 1990, p.23.

176) 위의 책, p.187.

177) "오늘날의 문명이 새로운 문명 체제로 거듭나지 않으면, 인류 생명의 존속이 불가능
하게 되어 있는, 문명의 종말 현상이 극명하게 나타남." - 『증산사상중심의 인류갱생
철학개론』, 배용덕 · 황정용 공저, 태광문화사, 1995, p.45.

들은 그들이야말로 종말이 무엇이라는 것을 확실하게 깨달을 당사
자들이다.

4. 세계의 창조 한계

인류는 일찍부터 천지의 종말에 대한 우려의 소리를 들어왔는데,
이제는 정말 도래하고 말았다. 이전에는 현안 문제가 아니었기 때
문에 그 원인을 구체적으로 생각하지 않았지만, 지금은 왜 어떻게
해서 도래하게 되었는지 근본적인 이유를 알아야 한다. 긴박한 상
황이라 파헤쳐야만 대처할 방안을 강구할 수 있다. 그래서 그 원인
을 이 연구는 천지가 태초에 하나님으로부터 창조된 것으로부터
구하고자 한다. 창조가 무엇인지에 대한 것은 앞으로 시간을 두고
풀어 나가야 할 과제가 되겠지만, 우선 알아야 할 것은 창조야말로
세계의 종말 한계를 명확하게 한다는 데 있다. 창조 때문에, 창조
가 있었기 때문에 세상은 종말이 도래하고야 말았다. 창조를 최초
출발로 한 알파가 있었기 때문에 오메가도 있으리란 개념 풀이가
되겠지만, 그렇다고 종말을 전격 창조 탓으로 돌릴 수만은 없다.
그것은 만물이 창조됨으로 인해 자체가 한계성을 지닌다는 쪽으로
의미를 전향시켜야 한다.

즉 창조는 창조된 운용 범위 안에서 무한한 작용력을 지니지만
그것은 창조된 有限 세계 내에서이다. 有限 내에서의 無限이 천지
가 존재하고 있는 바탕 본의이다.[178] 창조되지 않은 無는 끝내 파

악할 수 없는 인식체일 뿐 아니라, 한계인 경계선까지 만든다. 그 경계가 어디까지라는 것을 알아야 창조된 실상을 제대로 가늠할 수 있다.[179] "말해질 수 있는 바가 무엇인가를 분명히 함으로써 말해질 수 없는 바를 보여주는 것이 철학이라고 했던가?"[180] 거꾸로, 말해질 수 없는 바를 분명히 함으로써[181] 말할 수 있는 것을 알 때, 無限 가운데서 有限한 창조 세계가 개안될 수 있다. 세계를 인식할 수 있는 것은 오직 有한 현상과 실체로부터이다. 가진 것 안에서는 부족함을 모르지만 없는 것은 가질 수 없다.

인간은 무한한 능력이 있다고 하지만 칸트처럼(『순수이성비판』) 이성의 기능과 인식 면에서 한계를 시인한 것이[182] 오히려 인류의 정신사에 획기적인 선을 긋기도 했다. 자존심을 훼손했다기보다는 세계가 처한 실상을 직시한 것이다. 세계는 처처에 한계성이 도사리고 있는데도, 이룰 수 없는 것을 이룰 수 있다고 착각한 교만이 종말을 가속화시킨 원인이다. 교만과 무지가 어떤 결과를 초래할 것이라는 것을 몰라서는 안 된다. 이성이 현상을 파악하는 절대 수단이라고 믿는 것은 정말 타당한 것인가? 세계는 자체로 만물을 창조할 능력을 가졌는가? 唯心은 세상의 법칙을 개조할 능력을 지녔는가? 다만 주어진 원리성을 따르고 있을 뿐이다.[183] 천지가 창조

---

178) 창조는 주어진 능력 안에서 완전한 것이다. 특별히 한계 지어 놓은 것이 창조된 제 특성으로 결정되었다.

179) 창조는 無限과 有限의 경계선상이요, 無限을 규정한 것이 창조이다.

180) 『불교 철학의 이해를 위하여』, 불교신문사 편, 대학문화사, 1984, p.76.

181) 존재의 한계 영역을 분명하게 설정함.

182) 『문화사』, 나종일 외 2인 저, 한국방송통신대학, 1991, p.247.

183) 세상이 唯心에 근거했다 혹은 唯物에 근거했다고 한 생각은 창조의 작용력이 밝혀지지 않은 상태에서 생성하는 세계를 이해한 커다란 양대 관점이다. 그러나 세상의 어디를 살펴보아도 唯心에 의한 창조의 작용력 근거는 발견할 수 없다. 하물며 唯物에

됨으로 인한 너무나도 명백한 한계성인데도 불구하고 인류의 정신사가 唯物論, 觀念論, 進化論, 無神論과 같은 사상과 주장들로 일색된 것은 세상이 종말에 처할 수밖에 없는 요인이다. 한계를 모른채 주장만 폈으므로 그것의 끝은 파국이다. 한계를 모르는 절대 의식이 각 분야에 걸쳐 종말을 자초하였다. 각 방면에서 종말론을 주장하고 있지만 실질적으로 파악해야 할 것은 자체로 영원할 수 없다는 한계 인식이다. 한때 왕성한 추진력을 발휘해 시대를 풍미했던 정치·경제·종교·학문·철학·과학·진리·제도·문명들이 생성을 다했는데도 알아차리지 못하고 허우대를 붙들고 있다.[184] 그래서 처음부터 우주의 생성에 관여하신 하나님이 이것을 지적해서 모든 한계성을 밝혀서 결정하려 하신다.[185]

한계성을 제대로 파악했을 때만 인류는 구원을 위한 대안책을 마련할 수 있다. 인간이 현실 안에서 이룰 수 있는 최고의 진리 수용 자세는 자체로서는 작용력이 없는(창조) 한계를 인식하는 것이다. 놓인 실존 상황을 간파해야 천지가 창조되었다는 사실을 인정한 진리와 함께할 수 있다. 한계를 모르는 종말이 세계를 침식시키고 있는 실상을 피부로 느낄 수 있다. 한계를 알아야 존재는 한계에 처하였더라도 그 한계를 통해 궁극을 보고 종말을 알 수 있다. 세계의 한계성을 인식하는 것은 곧바로 구원을 위한 첩경이다.

있어서랴?

184) 인류가 처한 가장 큰 한계는 세상 어디서도 천지가 창조된 원동력을 찾지 못한 데 있다.

185) 존재가 자기 한계를 인식하는 것은 또 한 차례의 생성을 완료해야 하는 차원적인 것이다. 고로 존재는 자체로서 완전하면서도 완전한 자체로서 한계를 지닌다.

5. 세계의 한계 종말

"현세는 불확실성의 시대로서 과학도, 철학도, 종교도, 학문도, 그 무엇도 확실한 진리성을 내세우지 못하고 있다."[186] 쉴 새 없이 발전을 이룩한 것 같은데 정작 그 내면을 들여다보면 무엇 하나 확실하게 다져 놓은 기반이 없다. 학문은 인간이 세계를 탐구하여 쌓은 거대한 인식의 체계인데, 산적된 지식들은 인간 사고를 폭넓게 하는 논리 전개의 수단은 되었지만, 그것으로 우주의 근원적인 본질에까지 이르지는 못했다.[187] 지성인들은 나름대로 전문적인 식견을 가지고 지식을 흡수한 통찰을 통해 論과 說을 내세웠지만 누구 하나 세계의 진심 본질과 진상을 드러내지는 못했다. 자연계에서는 과학이 개가를 올렸다고 하지만, 그것은 부분적인 영역에서의 성과일 뿐이다. 아직도 정신계 현상과 본질 분야는 미개척 분야로 남아 있어 자연계를 규명한 만큼 명철성과 체계 정립을 이루지 못했다.

현대가 핵이나, 환경오염 문제 등으로 몸살을 앓고 있는 것은 무엇 때문인가? 균형 잃은 물질문명의 지배가 가져다준 결과가 아닌가? 자연 과학이 터 닦고 있는 학문 영역과 세계관은 인류의 이상을 실현할 참다운 가치 질서를 공급하지 못하고 있다. 인류가 하나 될 수 있는 질서 회복은 미루어 둔 채 더 이상 지탱하기 힘든 자멸의 요인만을 적나라하게 노출시켰다. 세계관의 밑창을 드러낸 상태라, 생명 공학이란 겁 없는 불장난을 아무도 저지할 엄두를 못 내

---

186) 『길을 위하여(3)』, 앞의 책, p.319.
187) 위의 책, p.14.
　　지식은 분열된 본질 구조의 파편이라, 근원된 전체 본질을 통시하기 어려움.

고 있다.[188]

근세기에 와서 과학이 종교를 앞지르고 종교의 존폐를 거론하게 되었다는 것이 당면한 세계의 심각한 문제는 아니다. 중요한 것은 앞을 다투고 있는 사이에 자신들이 한계 종말에 도달한 사실을 자각하지 못한 데 있다. 왜 지금까지 문명 세계를 구축해 온 先天의 종교와 진리와 사상들이 미래의 세계를 이끌 더 이상의 참신한 방향성을 제시해 주지 못하는가? 추진력이 답보되어 썩어 가는가? 그 이유는 그들의 진리 뿌리가 어디에 있는가 하는 것을 추적하면 명백해진다.

당신은 하나님이 천지를 창조하신 뜻을 알고 있는가? 창조의 원리를 파악했는가? 세계의 핵심 본질은? 하나님의 존재 본체가 현현되지 않았는데 진리의 근원 뿌리가 밝혀질 수 있다고 생각하는가? 창조된 세계가 완성되었는가? 한마디로 말해 이 모든 것은 불가능하다. 이것이 세계가 고스란히 종말을 맞이할 수밖에 없는 이유이다. 하지만 하나님이 강림하셨다면? 당연히 모든 한계성은 극복된다. 그래서 先天과 後天이란 인식의 전환선이 생기게 된다. 아울러 세계가 왜 한계적인 상황에 처하게 된 것인지 이유도 밝혀진다. 인류는 하나님의 뜻을 알지 못했기 때문에 더 이상 세계 진전을 이루지 못했다. 실체를 증거하지 못하고 진리의 본질을 규명하지 못한 것은 실로 인간의 지성이 개오되지 못한 탓도 있지만, 하나님이 완전한 뜻을(의지) 드러내지 못한 데도 원인이 있다.[189] 칸트가 인간이 지닌 인식의 한계와 인식할 수 있는 대상(物自體)을 분명하게

---

188) 『기독교 사상』, 앞의 책, p.16.
189) 세상의 원래 지어진 창조 진리와 원리, 즉 창조성이 다 밝혀지지 못함.

구분 지었던 것은, 하나님의 존체가 드러나지 못한 상태에서 무궁한 생성 세계를 한꺼번에 파악할 수 없는 문제를 지적한 작업이다. 그러나 그것이 영원한 한계점일 수는 없는 것이라, 하나님의 실체가 드러나면 극복된다.

우리는 한계를 보므로 궁극을 보게 되고, 궁극이 다한 곳에서 구원의 길을 찾을 수 있다. 그래서 하나님의 본체가 드러나기까지는 깨달음이 주는바 차원적인 관점의 확보와 진리의 생성 주기가 완료되어야 했다.[190] 세상의 지식을 섭렵하는 것만으로는 궁극적인 본질에 대한 접근이 어려웠고, 본질을 직관하지 못해(피상의 세계에 머무름) 하나님의 살아계심을 증거할 수 없었다. 진리는 하나뿐인데, 만상의 궁극 원인이신 하나님을 인식할 길을 찾지 못하니까 알파를 알 수 없다. 알파는 창조에 있어 어떤 이유에서든 창조라는 원인성을 배제시킨 상태에서는 궁극인 실마리를 찾을 수 없었다. 알파를 초점 잡지 못한 상태에서는 파고들면 들수록 가설과 추측만 난무할 뿐이라, 미시 세계를 탐구하든 거시 세계를 탐구하든 세계가 어떻게 운행되고 있는 것인지에 대한 궁극 원인은 끝내 오리무중이다.[191]

창조와 하나님의 존재성을 무시·거부·추정한 상태에서 세운 진리들이 제반 세계적인 문제를 야기한 진원지이다. 일부 시대적인 요청과 역사적인 전환기에서 혼란한 사회를 구제하기 위해 발동된

---

190) 우리는 분열하는 시공의 한계를 초월할 수 있을 때, 무궁한 원인과 궁극이 함께하는 본질과 창조 세계를 목도할 수 있다.

191) 자연 과학자들도 그들이 탐구의 대상으로 삼은 물질의 구조와 제반 물리적 현상의 본질 파악에 있어서, 창조의 궁극성과 세계의 본질이 밝혀지지 않은 상태에서는 끝이 없다는 것을 알았다.

진리들이 있기는 하였지만, 대개는 부분적인 본질을 진리로서 형상화시킨 것이다(진리의 전모를 드러내지 못함). 운행의 주체 의지를 간파하지 못한 관계로 산적된 진리의 모호성이 한 차원 높은 단계 진입과 목적 실현을 방해하였다. 이런 상태에서는 성현일지라도 어찌 세계를 완성할 수 있는 궁극적인 진리상을 제시할 수 있었겠는가? 세계가 분열을 다하지 못했는데 어떻게 완전한 세계를 구현할 수 있겠는가?

"오늘의 세계적 맹세는 내일의 세계적 구조에 적합하지 못하다."[192] 진리는 영원하다고 하지만 진리 역시 생성하는 본질체로서 극(종말)을 다한 시점에서는 일대 쇄신을 이루어야 하는데, 오늘날에도 변함 없는 이 같은 진리에 대한 요구를 누가 충족시켜 주었는가? 그 무엇도 궁극적인 결론은 없으며, 일종의 說이고 論이며 관점일 뿐이다. 확신을 가졌다고 주장하는 진리관도 우주 원리의 절대성은 결여되어 있고, 제 가치관을 合一시키지 못해 전전긍긍한다. 진리는 "세계의 근간인데, 이 진리가 방향을 잃고 본질을 드러낼 가능성을 상실한 한계성이 그 바닥을 드러내었다. 그런데도 이 같은 징조를 좌시해 버릴진대, 세계의 종말은 기정사실화되고 만다."[193] 이유 없는 종말이 닥쳐왔겠는가? 그래서 세계는 구원을 위해 전혀 새로운 체계 수립을 필요로 하게 되었다.

---

192) 『길을 위하여(1)』, 앞의 책, p.174.
193) 『길을 위하여(3)』, 앞의 책, p.328.

6. 종교 진리의 한계 종말

"현재 지구상에는 기독교, 이슬람교, 불교, 힌두교, 유대교, 유교, 도교와 같은 종교 문명권이 있다. 이들 종교는 다시 인도 지방의 아리안 족에 의한 힌두교와 불교, 중국 지역에서의 도교와 유교, 그리고 중동 지역의 셈족에 의한 유대교, 기독교, 이슬람교로 좁혀진다."[194] 오늘날까지 인류 역사와 문화와 개개인의 의식을 지배하고 있는 거대한 실체들이다. 예나 지금이나 종교는 삶의 궁극적인 관심사로서 인간 경험의 행위에 관한 물음들에 대해 답해 왔다. 시대와 사회에 따라 형태가 다르기는 하지만 제단을 쌓고 신전을 짓고 예배 의식을 가지는 등의[195] 문화 양식은 어디서도 볼 수 있는 활동상이었다. 왜 인간은 종교 활동에 심혈을 기울이고 정열을 바쳤던 것인가? 시대를 초월해서 결코 버릴 수 없었던 종교의 본질은 무엇인가? 왜 인간은 신앙을 지키고 믿음을 수호하는가? 그것은 바로 생사여탈의 문제를 다룬 진리를 종교가 거머쥐고 있기 때문이다.

죽음은 인류가 피할 수 없는 실존 문제이다. 일부에서는 종교 진리의 비합리성, 신화성, 死神性을 들어 존폐 문제를 거론하고 있는 실정이지만, 인간에게 고뇌와 고통이 있고 불가항력적인 죽음이란 그림자가 드리워진 한, 神을 관념의 그림자로서 간주하든, 천국을 가상의 피난처로서 여기든, 종교 진리가 인간의 생사 문제에 대해 관여된 특수성은 무시하기 어렵다. 지극히 정신적인 인간으로서 그

---

194) 『기독교 사상』, 앞의 책, p.34.
195) 『주역을 읽으면 미래가 보인다』, 박태섭 저, 선재, 1999, p.12.

정신이 안주해야 할 영혼의 왕국 건설 요청은 불가피하다. 그러다 보니 절대적인 찬미와 믿음이 상식적인 판단마저 가로막는 폐해를 낳았다. 자기 종교와 진리와 추종하는 神만 절대적이라는 맹신에 사로잡혀 세계적인 대립과 투쟁을 불사했다. 언젠가는 인류를 하나 되게 하고자 노력했던 것이 성현들이 제시했던 교의일진대도, 후세 인들의 맹신된 추앙 행위가 성현의 큰 뜻을 거슬러서 분란을 조장하고 있다. 인류가 하나 되기 위해서는 제반 사태를 객관적으로 볼 수 있는 안목이 필요한 것이며, 거대 종교가 지닌 진리로서의 궁극성과 한계성을 직시함으로써, 종말에 처한 오늘날 그들이 과연 인류의 미래를 책임질 수 있는 주체 세력으로서 업그레이드될 수 있는 것인가를 진단해 볼 것이다.

우선 비교해 볼 것은 기독교, 불교 할 것 없이 독자적인 문명을 이룬 세계적인 종교군만 해도 7개가 된다. 이들은 한결같이 나름대로는 우주의 진리성을 대변하고 있고, 유일한 사명자 혹은 구원의 담당자 혹은 만물의 근원된 생성 본질을 覺한 진리로서 유토피아적인 미래상을 가지고 있다.[196] 그런데도 그것을 구체화하기 위한 면에 있어서는 다양한 모습들이라, 이것을 비교하는 입장에서 보면 대치된 모순이 역력하다. 종교 진리는 인생과 인류의 미래를 책임진 진리인데, 편 가름에 의해 결정되어서야 되겠는가? 무언가 참신성이 있어서 시대와 역사는 주도했지만, 한편에서 보면 분열성과 제한성이 있다. 나름대로 궁극성을 엿볼 수는 있었더라도 그들 진리가 생성할 당시에는 세계가 지역적으로 고립되어 있었다. 거기에

---

196) 先天에서는 세계의 알파와 오메가를 몰랐기 때문에 자신들의 신앙, 진리, 교리가 모두 절대적이라고 주장할 수 있었음.

다 오랜 습속과 문화적인 정착이 다양한 가치관을 고착화시켜 버렸다.

그러나 종교 진리도 세계적인 바탕 위에서 분열하는 것일진대, 그렇게 생성시킨 통합 뿌리는 반드시 있다. 그래서 각 종교마다 시대적인 요청에 따라 면모를 달리한 역사가 있었다. 소승으로부터 대승 운동을 전개했던 불교, 송유 - 宋儒의 주도로 선진유교로부터 새로운 패러다임을 구축했던 주자학, 기독교는 유대교, 가톨릭, 신교로의 변천 과정이 있었다. 이 같은 쇄신 노력이 있었는데도 불구하고 세계가 종말을 맞이하고 말았다면 그 책임은 어디에 있겠는가? 역할이 크면 클수록 책임도 큰 법이라, 거대 종교들이 구원을 표방했으면서도 세계가 강력하게 요구한 통합의 몸부림을 외면한 이상, 그 책임을 면하기는 어렵다. 그들은 집권 권력에 편승하여 봉건사회를 유지하는 이데올로기를 제공했을 뿐 아니라, 교주를 세속 권력을 가진 왕보다도 더 존귀한 法王으로 받들면서 만대에 걸쳐 영화를 누렸다. 하지만 솔로몬 왕과 같은 영화라도 얼마나 지속되었던가? 진시황의 천하 권력은? 꽃피웠던 종교시대도 막을 내리고 말았다. 종말을 맞이한 때에 무슨 여력이 남아 있어 다시 부활을 꾀하겠는가? 미련이 남았다면 그것은 종말적 한계성을 인식하지 못한 데서 온 착각이다. 옛 영화를 붙들어 보지만 죽은 자는 다시 살아나지 못한다. 위기에 처한 인류를 구원하고자 하지만 더 이상 힘이 없다. 그루터기가 할 일은 빨리 썩어져서 새로운 인자가(문명) 돋아날 수 있도록 밑거름이 되는 것뿐이다.

불교는 참으로 고통에 찌든 중생 구제를 위해 전력을 다한 종교인데도, 오늘날은 교착 상태에 빠져 있다. 공자님이 동양의 전통

사회에 가치관의 집을 지었을 때는 집집마다 경 읽는 소리가 끊이지 않아, 그 道가 曾子에게 전해지고, 子思, 孟子……, 周敦頤, 程頤, 程灝, 朱喜와 같은 현인들에게 전수되었으며,[197] 주석서도 수없이 쏟아졌다.[198] 유교가 국가의 통치 이념이 되었을 때는 지적 엘리트들이 앞을 다투어 입문하고자 했던 출세의 발판이기도 했다. 그런데 지금은? 인적이 끊긴 지 오래된 집처럼 잡초만 무성할 뿐이다.

기독교는 복음이 땅끝까지 전파되면 기다린 임(재림)이 오시리란 믿음이 있어 일대 부활을 기대하고 있지만, 당시에 땅끝이라고 생각한 것은 사도 바울이 마지막 선교 전략의 목표로 삼은 스페인 정도이다.[199] 바울이 복음을 전파한다는 것은 사실상 목숨을 건 대모험이었다. 그러나 그때는 생명을 바쳐서라도 선교 전략을 세워야 할 필요성이 절실했다. 主 그리스도가 인류의 죄악을 대속해 희생한 역사적 순정을 신문을 통해 보도할 수 있었겠는가? 뉴스를 통해 알릴 수 있었겠는가? 발로 걷고 직접 입으로 전파하지 않으면 안 되는 순교자적인 사명이 절실했다. 그러나 지금은 어떠한가? 월드컵과 올림픽과 같은 대스포츠 제전들을 온 인류가 동시에 관전하고 있다. 그리스도의 구원 목적을 알지 못해 복음이 전파되지 않는 것이 아니다. 그렇다면 땅끝이란 다름 아닌 복음의 전파력이 지닌 한계성의 끄트머리이다. 복음은 이미 땅끝까지 전파되었으며, 그 결과 복음의 진리력이 한계성에 달했다. 그래서 예수의 재림이 임박한 것인지도 모른다.[200]

---

197) 『성리제석』, 국제도덕협회(일관회), 삼남교육출판사, 1989, p.30.

198) 『주역을 읽으면 미래가 보인다』, 앞의 책, p.12.

199) 로마서, 15장 20절, 23절. ─『민중과 성서』, 앞의 책, p.44.

200) 복음이 한계성에 달한 이것이 오늘날 예수가 재림해야 하는 이유이고 때임.

복음이 언제까지 거대한 중국과 동양의 유교 문명권을 섭렵할 수 있다고 생각하는가? 공통된 뿌리를 지닌 이슬람 세계권을 형제애로 포용할 수 있을 것인가? 하나님이 어느 세월에 수천 년간을 걸쳐 인도인들의 삶의 의식 자체가 되어 버린 힌두이즘의 神이 될 수 있겠는가? 기독교인들은 복음이 지닌 이 같은 한계력과 땅끝에 이른 실상을 직시해야 한다. 기독교는 하나님을 믿음에 따른 구원의 증과성을 원리적으로 밝히지 못했을 뿐 아니라, 창조와 하나님을 진리적으로 증명하지 못하였고, 설상가상 지구상의 어떤 종교보다도 배타적이라는 비판을 받고 있다. 섭리상 더 이상 구원의 역사를 창출할 여력이 없다. 하나님이 정말 세계 역사를 주관하신 분이라는 것을 섭리적으로 증명할 수 있는가? 천지를 창조한 원리를 제시할 수 있는가? 없다면 복음이 도달한 한계 종말은 분명하다. 그리고 이것은 종교 진리들이 어김없이 안고 있는 실태이다. 제각각 우주의 모상을 엿보기는 하였지만, 근거를 제시하지 못해 종말에 도달한 과제를 해결하지 못했다. 종교 진리는 만인에게 공감이 갈 수 있도록 하는 통일성이 없는 미비점이 있다.[201] 그런데도 한계력은 은폐한 채 절대성만 내세웠다. 하나님이 강림하셔서 모든 것을 해결하실 것을 기다렸다는 말이다.

결론은 분명하다. 믿음의 등불을 준비하지 못한 신부는 신랑을 맞이할 수 없다. 기존 종교는 종말을 예고하여 놓고서도 정작 그때를 알아차리지 못한 장본인이다. 때를 예비하지 못한 그들은 종말에 처한 인류를 구제할 수 없다. 바로 이 같은 상황에 대처하기 위해 하나님이 직접 강림하셨다. 그렇다면 인류는 이 같은 지상강림

---

201) 『기독교 사상』, 앞의 책, p.12.

사실을 어떻게 받아들일 것인가?

7. 선천 문명의 한계 종말

현대 문명의 대립상과 문제점을 일컬어서 증산 사상에서는 상극 – 相剋이란 말을 썼다. 끊임없는 투쟁과 살육을 되풀이한 것이 지난 날의 역사이다. 인류 문명의 순기능인 이법의 근본은 상생 – 相生인 것인데 이것을 거부하고 상극으로 치달았다는 것은, 그렇게 해서 極에 도달하고 만 것이 종말이다.[202] 누구는 상생의 가치를 몰라서 상극을 일삼았을까만, 상생을 표방했는데도 세계의 본질이 분열된 관계로 대치된 국면을 벗어나지 못했다.

근원된 원인 진단이 잘못되었다면 어떻게 종말이란 난치병이 치유될 수 있겠는가? 본질이 그러할진대, 갱생의 철학을 내세우는 등 무엇을 처방하더라도 상극을 상생으로 돌릴 수 있는 진리력에는 한계가 있다. 종말성을 감지한 착안은 가상하지만 종말에 대한 핵심 된 진단은 잘못되었다. 그렇다면 누가 정확한 진단을 내릴 것인가? 그 대상은 개개 분야가 아니라 인류 문명 전체이다. 문명도 창조 이래로 분열적인 속성을 지녔을진대, 만물의 생성을 주관하신 하나님만 현대 문명의 종말 원인을 한눈으로 볼 수 있다.

그 원인을 이 연구에서는 하나의 단언된 전제로서 직파하고자 한다. 물론 다시 부언은 있겠지만, 세계가 창조 이래로 분열하여(창

---

202)『증산사상중심의 인류갱생철학개론』, 앞의 책, pp.45 – 46.

조의 목적 실현을 위한 과정임) 극에 달한 지금은 그만큼 분열성을 극복할 수 있는 전기를 마련해야 한다. 통합은 종말에 처한 세계가 구원되기 위한 비상 탈출구이자 大勢에 따른 하늘의 뜻이다. 그런 데 분열된 하늘 아래서 수장 역할을 했던 先天의 거대 문명체들이 통합을 이루어야 할 때에 정작 세계의 규합 능력을 상실해 버렸다. 오히려 온갖 치졸한 방법을 동원해 경쟁 대상들을 제거하는 방법 으로 명맥을 유지하고 있다. 그 야수와도 같은 실체가 서구 사회가 구축한 문명이다. 극소가 규합한 집중력으로 극대를 삼켜 버린 괴 물이다. 그런데도 자기보다 몸집이 큰 문명 집단은 삼켜 버릴 수 있었지만 끝내 하나 되게 하지는 못했다. 야수성의 기질만 마음껏 발휘한 것이 서구 사상이고 제도이며 종교, 문화, 학문, 역사이 다.[203] 그 야수성의 말발굽 아래 있는 것이 현대 문명이다.[204] 그래 서 종말을 맞이한 시점에서는 先天 문명 중 가장 큰 충격적인 허 물어짐이 예상되는 것도 바로 이들 문명이다. 재난을 당해도 가진 것이 없는 자는 더 이상 잃을 것이 없듯, 여타 문명은 이미 서양 문명의 위압에 못 이겨 짓밟힌 역사를 가지고 있다. 그만큼 총체적 인 종말의 진원지는 서구 문명이라, 그로부터의 파괴와 애통이 전 체 세계로 파급되리라.

이 같은 퇴진에 대해서 실정을 통감한 것은 누구보다도 그들 자

---

203) 토인비는 문명 몰락의 원인 중 하나로서 "사회 전체에 사회적 통일성 내지는 정치적 통일성이 상실되는 것을 들었다." - 『역사철학』, 최재희 저, 청림사, 1975, p.130.

204) 토인비에 의하면, "우리가 알고 있는 서구 문명 이외의 모든 문명은 현재 죽어 없어 졌거나 혹은 죽어가고 있거나 그 둘 중의 하나이다(『역사의 연구(Ⅰ)』, 토인비 저, 노 명식 역, 삼성출판사, 1983, p.618)." "저지당하지 않고 완전히 성장한 스물한 개 문명 가운데서 현재 살아남아 있는 일곱 개의 문명 중 서구 문명 이외에는 모두 거의 다 죽어가고 있다(위의 책, p.25)." 그러므로 종말에 따른 전격적인 타격 대상은 현재 살 아남아 있는 서구 문명뿐임.

신이다. 神이 죽었다고 외친 니체라는 철인,[205] 『서구의 몰락』을 저술한 시펭글러,[206] 총체적인 문명 사관의 진단과 비평을 통해 문명의 생성과 몰락 문제를 부각시켜서 일반적인 원리 근거를 제시했던 토인비 등등. 종말을 맞이한 입장에서 보면 얼마나 실감 있는 지성적 안목이었던가 하는 것을 알 수 있다.

그러나 비극적인 운명의 도래에 대한 진단은 자기 비하와 자책에 따른 포기인 것만은 아니다. "서구 사회의 몰락에 대한 통찰은 세계사를 숙명적인 것으로 파악한 비관주의적인 성격이 있기는 하지만",[207] 그만큼 숙고한 통찰이고 준엄한 것이다. 그런데도 제시된 몰락에 대한 원인 추출은 오히려 단순하기조차 하다. "죽음이란 生의 숙명인데 그 같은 生의 철학에 근거했다는 것(시펭글러)이며",[208] 다른 문명들처럼[209] "서구 문명도 결국 그 이전의 다른 문명

---

205) "니체는 인간 문화의 지속적인 몰락을 우려하고, 몰락 이전의 원상태로의 회복을 소망하였던 이른바 문화 염세주의자이다." -『니체의 초인 사상에 대한 연구』, 나상순 저, 원광대학교대학원 서양철학전공, 석사학위논문, 1993, p.47.

206) "시펭글러의 주저인 『서구의 몰락』은 그 제목이 1912년에 초안되었다. 그리고 마침내 1918년 4월 20일 제1권이 세상에 나왔다." -『서구의 몰락』, 시펭글러 저, 박환덕·송동준 해설 및 역, 대양서적, 1980, p.25.

207) 『서양사학사』, 이상신 저, 청사, 1984, p.812.

208) 위의 책, p.812.
그러나 그것은 그렇게 단순할 수 없는 "모든 문화의 생애는 형태상 동일한 것, 또한 모든 문화 활동은 같은 평행 단계에서는 같은 정신적 원리의 동일한 표현"(『서구의 몰락』, 제1권, pp.162 - 163, pp.66 - 67)이라는 문화 철학에 근거했다. 그래서 아직 종결되지 않은 역사의 제 양상을 그 유형·템포·의미·결과 등에 따라 결정할 수 있다고 하여, 실로 다음 세기에 서양이 몰락할 것을 예언하였다(『역사학 입문』, E. 베른하임 저, 박광정 역, 범우사, 1988, p.53).
그는 문화를 하나의 유기체로 보고, 모든 유기체가 성장하고 번영하고 몰락하듯 모든 문화도 몰락한다고 결론짓고 있다. 세계사의 형태에 있어서 문화의 불가피한 붕괴는 문명으로의 이행이며, 서양에 있어서는 19세기에 이 이행이 수행되고 있다(위의 책, p.26).
"온갖 이루어진 것은 허무한 것이다. 허무한 것은 다만 민족·언어·인류·문화만은 아니다. 유스티니아누스시대에 이미 로마인이 존재하지 않은 것처럼, 앞으로 수 세기 동안에 서유럽 문화도 없어지며, 독일인·영국인·프랑스인도 없어질 것이다(위의 책, p.225)."

들이 간 길을 가야 할 것인가에 대한 시사였다."210) "왜 문명들은
모두 망할까? 근대 서구 문명도 헬라스 문명이 그러했듯, 같은 운
명에 빠지고 말 것인가?"211) 아니면 "잘못을 돌이켜 자신의 운명을
극복할 자체 능력을 지닌 것인가?"212)

　몰락이 우려되는 시점에서는 여러 가지 가능성을 점쳐 볼 수 있
지만 지금은 역사가 이미 종말을 맞이한 상태이다. 세상과 大勢는
인간이 계산한 대로 운행되지 않는다. 서구 문명이 先天 문명의 대
미를 장식할 것이 분명한데, 이 大勢를 누가 거역할 것인가? "서구
문명을 포함한 어떤 문명도 멸망할 가능성을 지녔다는 사실에 대
해"213) 그 준엄한 결과를 이제는 직접 현실 위에서 맞이하는 것만
남았다. 참으로 일관되게 몰락을 예고하였고, 사전에 진단하였는데
도 불구하고 그들은 무엇을 대비하였는가? 20세기에 접어들면서
유럽에서는 '현대 문명의 위기'라는 말을 자주 들먹거렸고, 제1차
세계대전 후, 특히 30년대에는 더욱 심각했다. 인류가 진보하리라
는 사실을 믿어 의심치 않았는데 느닷없이 들이닥친 전쟁, 세계 공
황, 파시즘을 비롯한 전체주의의 대두, 2차 세계대전 등등. 그래도
그것은 문명의 해체 징조라기보다는 20세기 후반의 자유와 평등에

　"서양에는 1800년 이후 몰락의 기운이 돌기 시작하였고, 200년 내지 300년 내에 운
　명이 최종적으로 결정될 것이다. 이러한 몰락의 확고한 징표는 추상적인 개념과 수학
　적인 도식을 가지고서 삶의 진정한 근원으로부터 우리 자신을 완전히 떼어놓는 현대
　의 합리주의이다." - 『생철학』, Johannes Fischl 저, 백승균 편역, 제1장 3절, 시펭글러.
209) "일정한 시기가 경과하면 반드시 우주적 환경이 쇠퇴하기 때문에 문명사회도 몰락한
　　다는 설(토인비)." - 『역사철학』, 앞의 책, p.131.
210) 『역사의 연구(Ⅱ)』, 앞의 책, p.301.
211) 위의 책, p.442.
212) 위의 책, p.301.
213) 위의 책, p.398.

의한 제도의 확산과 눈부신 과학 문명의 발전에 힘입어 새로운 시대로 전환될 전조로서 인식되기도 했다.[214] 세계 역사의 끝을 인정하지 않았다.

만물은 힘차게 생성할 때가 있고 소멸할 때가 있는 법, 하늘 높이 올라간 화살은 최고도에 이른 절정의 순간에서 선회한다. 영원하기를 바라지만 生滅이 있다는 것은 만물의 벗어날 수 없는 법칙이다. 주위를 둘러보라. 문명은 발달한다고 하지만 극도로 분열되어 버렸고, 진리는 도맥이 끊어져 호흡을 멈춘 지 오래다. 낙화한 꽃을 두고 꽃이 피었다고는 하지 않으리라. 현대 문명은 과학을 주축으로 해서 낙화의 시점에서 만개된 꽃이다. 그렇게 해서 피어난 문명이 활짝 피었다가 지고 나면, 그때서야 구원을 위한 통합 문명이 싹트리라.

그러므로 현대 문명은 반드시 사라져야 할 멸망의 가증한 대상 요인이다. 그것은 죽음을 앞둔 자의 신음 소리이고 절규이며 처절한 발버둥이다. 그런데도 이 같은 위기 신호를 누가 귀담아 듣고 있는가? 시펭글러가 『서구의 몰락』을 발표한 이후 망상에 찼던 히틀러는 분노해서 그를 감옥에 가두었다는 이야기도 있지만, "그래도 지구는 돈다(갈릴레이)."라는 명구처럼, 세계의 위기는 멈추지 않고 진행되었다.

1922년 『인류의 마지막 날 – 크라우스(K. Kraus)』, 28년 뒤인 1950년에는 가르디니(R. Guardini) 교수가 『근대의 종말』을, 미국의 사회철학자 다니엘 벨(Daniel Bell)이 『이데올로기의 종언』을, 1989년에는 미국의 일본인 2세 후란시스 후꾸야마가 『역사의 종말』을,[215]

---

214) 『문화사』, 앞의 책, pp.366 – 367.

그리고 소설 『25시』의 작가 게오르규(Georgue)는 현대인을 일러 "구제할 수 있는 시간에서 한 시간이 더 지나가 버린 인간"[216]이라고 판단하지 않았던가? 인류가 종말을 향해 치달은 숨 가쁜 일정의 확인이다.

그런데도 우리는 멸망의 가중한 몰락 상태를 현실적인 안목으로 목격하고 있는가? 이스라엘의 성전 파괴 역사가 그러하듯, 일단 해체되어 버린 문명적 실체는 구심점을 되찾기 어렵다.[217] 해체의 조짐을 당장 실감하고 있지는 않지만 몰락할 조건은 모두 구비되어 있다. 서구 문명이 지향해 왔던 바는 神權 문명인데 아예 건설해야 할 神의 도성으로부터 멀어져 버렸으니, 이것이 몰락을 자초한 이유이다. 神을 추종했으면서도 자체 지닌 문명적 요소로써는 神을 이해할 방도가 없었다는 아이러니……. 여기에 서구 문명이 지닌 한계가 있다.

그래서 진단해 보면 하나님의 섭리 목적은 노정되어 있는 것인데, 그들이 구축한 문명 양상은 오히려 有神的인 근거들을 제거해 버렸다. 神은 초월적, 통합적, 주체적인데 서구 문화는 분열적, 분석적, 객관적인 진리 성향을 선호했다. 그들이 자긍심을 가지고 있는 과학 기술 혁명 역사라는 것이 唯物論的인 세계관과 無神論을 만연시키는 데 기여한 것이라,[218] 사고방식과 학문적인 전통들이

---

215) "『위기가 닥치고 있다』(밀, 1859)→『비극의 탄생』(니체, 1872)→『서구의 몰락』(시펭글러, 1918)→『인류의 마지막 날』(크라우스, 1922)→『근대의 종말』(카르디니, 1950)→『이데올로기의 종말』(다니엘 벨, 1960)→『역사의 종말』(후란시스 후꾸야마, 1989)." - 『증산사상중심의 인류갱생철학개론』, 앞의 책, pp.63 - 65.
그리고 2010년, 이 연구에 의해 드디어 역사적인 『세계의 종말 선언』이 있게 됨.

216) 『25시』, 게오르규 저, 윤응서 역. - 위의 책, p.64.

217) 『민중과 성서』 앞의 책, p.170.

96 세계의 종말 선언

하나님이 이루고자 하신 섭리 노정에 대해 온통 역기능성이다.

우리는 창이 있는 쪽을 향해 바깥을 내다본다. 서양이 세운 학문과 전통은 나름대로 뿌리를 지니고 있는 것은 사실이지만, 한편으로는 오직 한쪽으로만 나 있는 창을 향한 것과 같다. 사방을 다 볼수 없다. 서구는 근대 사회를 구축하는 과정에서 "자유를 향한 인간의 근원적 욕구를 제도적, 이념적으로 승화시키기는 했지만",[219] 건실한 추구와 노력에도 불구하고 인류의 이상을 실현할 유토피아를 건설하는 면에서는 회의가 앞선다. 애써 제시된 모델들이라는 것이 종말성을 조장한 근대 사상들인데, 어떻게 인류를 구원할 통합 사상을 창출할 수 있었겠는가? 투쟁과 실험을 통해 추출한 사상과 이념들이 남김없이 종말 문명을 만개시킨 밑거름으로서 소모되어 버렸다. 정열을 바쳐 구축한 현대 문명이 인간성을 파괴하는 삭막한 요인이 되어 버렸는데, 그들이 인류에게 보일 것이 또 무엇이 있겠는가? 종말에 처할수록 더한 진리력이 필요한데, 남아 있는 진리 에너지가 없다. 그래서 인류는 막다른 골목에 다다랐다.[220] 참으로 그러한가? 현대 문명이 아무런 하자가 없고, 하나님의 창조목적에 부합한 섭리의 완결체라면 이 연구가 밝히고자 하는 모종의 역사는 대두하지 않아도 되리라.

그런데도 예비된 것은 전통적인 동양 문화이라, 바로 그곳에 종말을 맞이한 인류를 구원할 진리 에너지가 비축되어 있었다. 하지만 동양도 아직은 선현들이 일군 정신 경지를 극복하지 못한 상태

---

218) 『과학기술혁명 입문』, 이창수 역, 동녘, 1990, p.22.

219) 『서양윤리 사상사』, 최재선 저, 서울대학교출판부, 1981, p.239.

220) 서양이 전통적으로 뿌리내린 이념이 만개한 꽃으로 피어난 것이 현대 물질문명일진대, 이로써 그들은 역사라는 무대에서 보일 것을 다 보이고 이룰 것을 다 이루었다.

이다.[221)

좌뇌와 우뇌는 그 기능적인 특질이 달라서 조화를 이루면서 발달해야 한다.[222) 동양과 서양은 여러 면에서 그 역할이 대조되고 있는데도 한쪽의 특질만 비대하게 사용해 파국을 초래했다. 그러므로 동·서양이 균형 잡힌 조화를 이루기 위해 통합되는 것은 구원을 위한 첩경이다. 그런데도 아직까지는 동양 자체가 그만한 비상진리력을 비축하고 있다는 사실을 모르고 있다. 그래서 바야흐로 인류 역사를 주관하신 하나님이 엄밀하게 예비해 둔 지혜의 빗장을 푸시리라. 권능에 찬 지혜를 쏟아 내시리라. 인류 사회가 원한 모든 요구에 부응하시리라.

---

221) "지금의 현대 문명사회에서 물질적·경제적 성장은 급속도로 진보되어 왔지만, 정신문화는 답보 상태를 면치 못하고 있다." - 『사회철학과 변증법』, 강영계 저, 참꼴, 1989, p.2.
222) 『정신문화와 두뇌』, 송준만 저, 교문사, 1981, p.212.

1. 종말의 도래 선포

　지금으로부터 이천여 년 전, 유대 광야 요단 강변에서는 "회개하라 천국이 가까웠느니라."[223]고 외친 자의 소리가 있었다. 그는 약대 털옷을 입고 허리에 가죽 띠를 두르고 메뚜기와 석청으로 연명한 세례 요한이었다. 구약의 말라기 이래 약 400년간의 침묵을 깨고 인류를 죄악에서 구원할 '메시아'를 예비한 先知者이다. 그 선구적인 외침과 예비가 있은 이후 세상은 어떤 역사를 맞이하였던가?

---

223) 마태복음, 3장 2절.

세례 요한은 하나님의 성령과 불이 함께할 神國의 도래를 대비해서 마음을 바꾸고 생활을 온전하게 할 회개를 권고했다. 神의 나라가 오리란 자각은 뒤이어 주인공이 된 예수 그리스도도 마찬가지로, 神國이 도래할 때의 임박성을 알린 시대의 아들들이었다.[224]

그리고 이천 년이 지난 오늘날 길은 이 연구를 통하여 세례 요한이 자각하고 느꼈던 것과 동일한 사명 의식과 판단을 가지고 만 역사 앞에서 종말의 도래 사실을 정식으로 선포하고자 하나니, 이 선포는 선언된 순간부터 아무도 막을 수 없는 하나님의 준엄한 大勢(뜻)가 되리라. 아무도 죽음을 원하지 않듯 누가 역사에 마지막이 있길 바라겠는가만, 깨우쳐도 깨우쳐도 깨닫지 못하는 세태에 대해 역사의 종말 시한을 최종적으로 결정하신 분은 하나님이시다.

> "종말은 모호하게 오는 것이 아니다. 만인이 통곡하여 마지않을 때, 마치 善人이 자신의 義를 의심치 않듯 惡人이 자신이 저지른 죄업을 자인함으로써 종말은 확실하게, 너와 나의 양심 속에서 판명될 것이다."[225]

하나님은 인류가 저지른 죄악의 구렁텅이 위에서 확실한 메시지로써 종말이 도래한 사실을 만상 가운데 선포하셨다. 누구도 종말 상황은 느끼고 있었지만 정작 선포되었다는 말을 듣고 보니 갑자기 철퇴를 맞은 기분이다. 본인은 앞에서 종말론을 개설하고 그 한계성을 지적하였지만 그것은 종말에 대한 세계적인 인식 상황을 개괄한 형태라, 지금은 선포할 수 있는 준비를 갖추어서 천명하

---

224) 『불타와 그리스도의 비교 연구』, 證谷文雄 저, 임학산 역, 지성기획, 1988, p.55.
225) 『길을 위하여(1)』, 졸저, 아가페, 1985, p.50.

게 된 정식 선포이다. 그 절차에 있어서 하나님의 뜻을 선포하기 위해서는 정당한 자격을 갖춘 자가 있어야 하기 때문에 하나님은 본인을 먼저 先知 엘리야와 같은 사명자로서 불러 세우셨다. 왜 이 스라엘 민족이 지켜 온 전통 속에서조차 잊힌 역사 방식을 오늘날 다시 부활시켰는가 하면, 이 시대가 그 같은 先知者를 필요로 하는 종말기를 맞이했기 때문이다.

본인은 왜 길을 찾아 헤매었고 사명을 구하고자 한 목적을 위해 진력했던가? 그것은 스스로 가치 있는 삶을 추구하고자 한 실존상의 문제였지만, 알고 보면 삶을 호흡하고 있는 이 시대가 절실하게 요청한 것이기도 했으니, 시대 자체가 사명을 필요로 한 종말기를 맞이했다. "문명의 종말적 상황이 심각할수록 비례해서 세상은 위대한 사상가·종교가를 필요로 했다."226) 통상적으로는 모든 문제를 해결할 성인의 탄생을 기대했다.227) 末世에는 성인의 出世가 강력하게 요구되는 시대이다. 그런데도 이 같은 때를 위해 천지를 주재하신 하나님이 준비하신 역사는 엉뚱한 데가 있다. 모두 까마득하게 잊어 전혀 가능성이 없어 보이는, 한 예언을 실현시키는 것을 통해서이다.

先知者 가운데 한 사람인 "아모스는 전문적인 先知者나 종교 제의적인 관리가 아닌데도 평범한 목축인으로서 하나님으로부터 소

---

226) 『법화경과 신약성서』, 민희식 저, 불일출판사, 1987, p.48.

227) "孔子가 유교를 펴게 된 동기는 그가 몸담았던 춘추시대의 周왕실의 강기가 점점 이완되어져 쇠퇴일로를 걷게 되므로, 치국의 道는 나날이 쇠미하여 邪說과 폭행이 횡행하고, 심지어는 신하가 임금을 죽이고 자식은 아버지를 죽이는 지경에까지 이르게 되었다. 이에 孔子는 세상 사람들을 깨우치게 하려고 천하를 주유하면서 인심을 수습하고 사회를 바로잡아 천하를 태평케 하여 인류의 안녕과 행복을 증익하려 했으나……." - 『퇴계의 양기와 노장의 양기의 차이』, 최승호 저, 경북대학교 퇴계연구소 (한국의 철학), 1988, 논문, p.16호.

명을 받아 당시 이스라엘의 사회적 부패와 불의에 대항하여 하나님의 메시지를 전하면서 임박한 이스라엘의 종말을 선언한 실례가 있다."[228] 그 같은 사역을 기록한 『아모스』는 신·구약 성경 중에서 이스라엘의 종교적, 사회적, 정치적 부패를 지적하는 데 있어서 다른 어떠한 先知書보다 날카롭고 또 광범위한 메시지를 남겼다.[229] 마찬가지로 하나님이 이 시대에 사명자를 세워 종말을 선언케 한 것은 세상의 종말 상황을 세세하게 인지시켜서 모종의 메시지를 밝히기 위해서이다.

그러므로 종말을 맞이한 원인 제공은 전적으로 세상과 타락한 인간에게 있지만, 그 위험 수위와 한계성을 직시해서 총제적인 때를 판단한 분은 하나님이시다. 인간은 한 치 앞을 내다볼 수 없는 몽매한인데, 하나님은 시공을 앞서 만물의 시종을 꿰뚫은 혜안자이시다. 종말 상황을 결단해서 선포하심은 세계 역사를 관장하신 분으로서의 당연 사역이다. 세계가 멸망을 향해 치달게 된 일대 분수령의 때를 판가름하셨다.

따라서 이 같은 결정을 받아들이는 입장에서는 늦다고 생각하면 그만큼 늦은 것이 되고, 빠르다고 생각하면 그만큼 빠른 것이 된다. 인간에게 아무리 지혜가 있다 해도 하나님의 혜안만큼 앞설 수는 없다. 선언 메시지를 접하자마자 사태의 심각함을 인식한 자는 이 땅의 어떤 영혼보다 종말의 도래 사실을 빨리 간파한 자가 된다. 하지만 역시 우려되는 바는 "만군의 여호와가 이르노라. 보라 내가 내 사자를 보내리니 그가 내 앞에서 길을 예비할 것이라."[230]고 알

---

228) 『아모스의 메시지의 연구』, 김인환 저, 논문, pp.27(3).
229) 위의 논문, pp.25(1).

렸는데도 이것을 받아들이지 않는다면?[230][231] 언제든지 先知者의 외침이 있다면 그 다음은 하나님이 역사하실 때가 되었다는 뜻이다. 인류는 이것을 알아야 한다. 先知 엘리야가 도래함으로써 하나님이 역사하실 조건이 충족되었다.

우리는 이성적인 통찰로써 인류가 맞이한 위기 사태와 재앙을 판단할 수는 있다. "최근 들어 심각한 문제로 등장하고 있는 천연자원의 고갈과 공해로 인한 환경오염, 발전도상국에 있어서의 폭발적인 인구 증가, 군사 기술의 진보에 의한 대규모 파괴력의 위협 등등."[232] 하지만 이 같은 환경의 조건 악화만으로 세계가 마지막 때에 이르렀다고 생각하지는 않으리라. 그래도 유효 기간은 있을 것이고, 위기를 극복할 능력과 지혜를 인간들은 가지고 있다고 믿는다. 하나님의 준엄한 선언이 세례 요한의 선포 메시지처럼 소진되어 버릴 공산이 크다. 그런데도 역사적인 선례는 어떤 결과를 안겼던가? 세례 요한은 당시의 분봉왕 헤롯에게 목을 베여 죽음을 당했어도 하나님의 독생자가 새 시대를 연 사실은 이루어지고 말았다. 하나님이 선포하신 종말 선언은 세상 무엇으로도 부인할 수 없는 단호한 결정이다.

세상 질서가 한계 상황에 도달해서 신음하고 있다면 누구라도 나서서 매듭지을 것을 매듭짓고 구원할 자를 구원할 수 있는 대책을 강구하리라. 문명과 역사도 이 모든 것을 판가름할 권한자는 있어야 한다. 하지만 先天의 한계 영역 안에 있는 어떤 자도 진리 영

---

230) 말라기, 3장 1절.
231) 『세계역사의 대 심판(상)』, 김영섭 · 김암산 계시수록자, 남궁문화사, 1994, p.132.
232) 『인류의 위기』, 로마클럽 공저, 김승환 역, 1972, p.237.

역도(불교, 유교, 기독교······), 그들이 가진 세력 판도와 보유한 능력으로써는 종말 상황을 수습해서 시대를 마감할 힘이 없다. 세계가 총체적으로 위기를 맞이했는데도 이것을 근본적으로 해결할 힘이 없다. 너나 할 것 없이 세계관의 혁신을 부르짖지만 그 영역이 너무 방대해 어디서부터 손을 대야 할지 엄두를 못 낸다. 그래서 하나님이 직접 나서서 종말 사역을 주재하셨다.[233)

본인은 모든 사실을 판단한 것일 뿐, 때에 대한 정보는 하나님이 알리셨다. 때는 쉽게 도래하는 것이 아니지만, 일단 모든 것이 준비되었다면 그것이 바로 때이다. 예견하는 과정에서는 고뇌와 진통이 따랐더라도 이제는 명확해졌다. 세계의 有神的 상황이 증거되고 하나님의 창조 섭리가 밝혀졌으며 하나님이 천고 이래의 창조 본체를 드러낸 지상강림 역사가 완수되었다. 제자들이 질문한 '때'와 '기한'에 대해서 예수는 "그날과 그때는 아무도 모르나니 하늘의 천사들도 아들도 모르고 오직 아버지만 아시느니라."[234)라고 하셨듯, 인류가 세기를 더해 궁금하게 여긴 때와 기한의 문제가 하나님이 이 땅에 강림하심으로써 밝혀졌다.[235)

하나님이 종말을 선포하셨다는 것은 그만큼 하나님이 역사의 전면에 나섰다는 것이다. 세속의 정한 시기를 끝내고 직접적인 주권 시대를 여시겠다는 뜻이다. 재차 강조하지만 지금은 종말이 임박한 것이 아니라 종말이 선포된 상황이며, 종말성이 진행되고 있는 상

---

233) 하나님이 마무리를 이루지 못할진대 만상 가운데서는 누구도 천지 시공을 갈무리할 자가 없음.

234) 마태복음, 24장 36절. - 『때와 기한에 관한 종말론적 고찰』, 김성영 저, 성결신학연구, 제4집, 1999, 논문, p.42.

235) 오직 아버지만 아시는 그때와 기한 밝힘 사역을 이 연구가 세계의 종말 선언을 통해 수행하고 있는 중임.

태이다. 세상은 이미 종말을 맞이했다. 심판의 때가 당도했다. 그런데도 가증한 심판을 피부로 느끼지 못하고 있는 것은 이 연구가 아직 구체적인 절차와 기준을 세우고 있는 중이기 때문이다. 하나님이 창조 이래 섭리하신 역사의 연자매는 천고 이래로 쉼 없이 돌았나니, 속도가 느린 것 같아도 종말은 어김없이 찾아왔으며, 송두리째 '심판'이란 운명적인 과정으로 빠져들고야 말았다.[236] 종말→심판→대환란. 모든 면에서 결실과 심판과 구원이란 삼박자 역사가 동시에 작용하리라. 재림→구원→시온의 영광 실현……[237] 아득했던 때가 당도하고 보니 그 진행 속도가 숨이 가쁠 정도로 초고속도이다.

2. 때에 대한 세계 인식적 판단

인류가 종말을 맞이한 시점에 있어서는 세계 인식적인 관점에서 왜 어떻게 하여 종말을 맞이하게 되었는지에 대한 원인을 정확하게 직시할 필요가 있다. 인간이라는 種은 고도한 정신 작용과 이성을 가진 동물로서 격조 높은 고등 문명을 건설한 주인공인데, 목전에 다다른 종말 상황을 간파하지 못하다니! 인류 역사는 천고 이래로 끊임없이 생성하였고 그 발자취가 어김없이 경과적이었는데도 한 치 앞을 내다보지 못한 당달봉사였다니!

---

236) 『하나님의 마지막 말씀』, 도널드 그레이 반하우스 저, 강정보 역, 기문, 1985, p.17.
237) 『세계섭리론』, 졸저, 인쇄본, 2004, p.848.

"예지를 발할 수 없는 경험된 인식은 무익한 정신 작용일 뿐, 끝
　내 미래의 일에 소심하고 눈앞의 이익에만 집착한다."[238]

　이처럼 현실에 대한 집착과 집단적인 무지가 결과적으로 종말을
초래했다. "이 순간에 눈뜨지 못하고 오늘 깨지 못하면 미래에 있
어서도 눈뜨지 못하고 끝내 깨닫지 못할 것은 자명하다."[239] 이 순
간에 깨어 있지 못한 자는 존재하지 않은 자와 마찬가지며, 깨어
있지 못하면 미래가 보장되지 않는다.[240] 인류가 지난날 겪은 수많
은 세월과 역사는 그냥 그렇게 흘러가는 것으로만 알고 있을 뿐,
종말 문제에 대해서는 관심이 없다. 그래서 세월이 인간을 기다리
지 않듯 종말도 인류 역사를 더 이상 기다리지 않았다.

　　"오늘은 항시 미래의 근심이 머무는 곳, 지금은 언제나 괴롭고 괴
　로운 순간은 고통스럽다. 그러나 미래를 짊어진 오늘, 인류는 그 미
　래를 위해 지혜로운 양식을 준비해야 한다."[241]

　종말을 맞이한 시점에서 볼 때, 인류는 지난날 神의 영광을 위하
여 무엇을 준비하였던가? "때를 기다리는 최종의 철학은 구원을 위
한 기구(준비)뿐이다."[242] "무엇을 준비하면서 때를 기다리는 자와
그렇지 못한 자의 심정을 비교해 보라."[243] 인류는 과연 종말이 도
래할 때까지 무엇을 준비하였는가? 세상이 평화롭고 죄악이 없으며

---

238) 『길을 위하여(1)』, 앞의 책, p.22.

239) 위의 책, p.22.

240) 위의 책, p.17.

241) 위의 책, p.17.

242) 위의 책, p.46.

243) 위의 책, p.55.

종말이 없다면 누가 지난날의 잘잘못을 탓할 것인가? 그러나 세계가 분열을 극한 末世的 시기에, 그래도 당면한 시대에 대한 안목이 있는 자라면 누구에 의해서건 때에 대한 통찰은 있어야 한다.

기독교의 세계복음화 기대와 때의 도래에 대한 믿음은 마치 드라마틱한 영화를 보는 것 같다. 唯物論 사상을 극복해야 하는 등, 無神論이 교회 문턱까지 침범했는데도 이 같은 과제는 해결하려 하지 않고……. "어디를 둘러보아도 천지 물상 가운데 때를 판단할 기준 하나 없다."[244) 때를 놓치면 놓칠수록 고통이 따르는 법인데, 세상이 이래서는 안 된다. 지금은 어둠을 방관할 때가 아니다. 이 시대는 어둠의 시대, 지금은 너무 늦은 때이다. 깰 때가 되었는데 깨고 보니 정말 종말이 도래하고 말았다. 손님을 기다리는 주인은 문살 밖을 살피는데, 하물며 믿음 있는 자와 깨달음을 얻은 자들이 종말의 징조를 몰라서야!

그러나 다시 한 번 살펴보면 때에 대한 판단이 쉽지 않다는 것은, 그들은 하나님이 부여하신 특별한 사명이 없었기 때문이며, 때에 대한 세계 인식적인 노력이 없었기 때문이다. 하지만 본인은 "길 가는 사명자요 시공의 알파와 오메가를 판단한 자로서"[245) "미력하나마 세계 판단의 여지를 지녔다."[246) "조용히 앞길을 예감하고 기도하는 자세로 하나님이 정하신 때를 기다렸나니, 세상 사람들이 다 거부해도 본인은 끝까지 길을 지킨 고뇌로운 진리 추구의 과정을 걸었다."[247) 세상이 아무런 변화가 없고 종말이 없다면 본

---

244) 위의 책, p.196.

245) 위의 책, p.185.

246) 위의 책, p.248.

247) 『길을 위하여(2)』, 졸저, 인쇄본, 1986, p.12.

인 역시 굳이 길의 신념을 고집할 필요가 없다. 그러나 하나님은 분명 장차 닥칠 그 무언가를 위해 길을 인도하셨고, 그렇게 추구하여 믿었던 대로 종말이 도래하고 말았다.

때에 대한 판단은 세계 인식적인 판단 안목에서 세계 본질의 생성성을 大觀해야 하는 고도의 종합적인 통찰을 요한다. 부분적인 판단으로서는 온갖 징조를 접하고서도 판단이 유보적이다. "末世가 되면 처처에 기근이 일어나고 난리가 빈번하며 지진이 일어난다고 했는데 지금이 그때인가?"248) 전쟁, 테러, 자살, 환경파괴, 세상이 온통 춘색 – 春色의 도락으로 물들어 있는데 아무도 저지할 수 없다. 세태를 눈으로 보고 확인하고 있으면서도 지금이 그때인가를 묻는다면 달리 대답할 기준이 없다.

"성서는 모든 사람들이 하나님께 불충할 때 심판의 날이 임한다고 밝혔다. 신약 성서에서는 예수가 산 자와 죽은 자를 심판하러 오시리라 했고, 마가와 누가 복음 중에서는 벌써 末世가 시작된 종말 사상이 엿보인다. 구약에서는 역사상 위기가 닥칠 때마다 하나님의 심판이 있고 하나님의 나라가 임할 것을 강조하였다."249) 때에 대한 판단 근거가 소상하게 제시되어 있는 것 같지만 드러난 정황을 다 대입해 보아도 확실한 결론은 낼 수 없다. 성경에 기록된 징조도 때와 시기에 대한 기준이 모호한 것은 마찬가지다. 자가 있어야 하는데(측정) 자가 없으니까 지레짐작뿐이다.

"현대 과학은 아무리 논리적이고 이론적으로 타당성이 있더라도 실험을 통해 증명하지 못하면 받아들이지 않는다. 그래서 현대인은

---

248) 『종교신앙의 철학적 해석』, 신상형 저, 논문, p.133.
249) 『최후의 심판의 비전에 대하여』, 고소응 저, 논문, pp.27(7).

감각 기관으로 경험할 수 있는 것만 믿고 그것들에 더 많은 관심을 기울인다. 이것이 反形而上學的 경향, 물질주의적 경향이며",250) 세계의 본질이 분열을 극한 말단화의 증거이다. 그런데도 지성들은 知的 과보가 쌓아 올린 문명적 패턴인 것으로 여기지 세계의 形而 上學的인 본질을 거부한 데 따른 결과로 보지 않는다. 시대의 변환 본질을 직시하지 못하는 것은 그 같은 징조를 판단할 수 없는 장애가 있기 때문이다. 그래서 한결같이 변천하는 시대의 조화 앞에서 고지식하기만 하다.

하지만 "이 시기를 보라. 지금은 분명 구시대의 장막이 걷히고 새로운 시대의 장이 펼쳐질 대변환기에 직면하였다. 너희는 내일에 이 세상이 어떻게 변환될 것인지를 아는가? 본인은 바로 그 다가올 미래를 위해 오늘을 철저하게 소외당하고 있는 영혼자이다. 길을 바르게 예비하지 못하면 그 새로운 시대의 장과 구원의 역사를 펼칠 수 없다. 기도하고 깨어서 이 시대의 마지막 일각까지 지켜보아야 한다."251)

본인은 하나님께 간구한 구도자적 인식과 주어진 은혜가 있어서 창조 이래로 하나님이 주관하신 세계 역사의 섭리맥을 일관할 수 있게 되었는데,252) 이것이 세계 인식적인 관점에서 종말이 도래하게 된 때를 판단하게 된 근거이다. 성현들도 미처 보지 못한 안목이라 하나님만 지닌 통합적 안목, 즉 세계 역사를 일관한 역사에 근거한 정확한 판단이다. 사실 예수가 2,000년 전 임박한 때를 예

---

250) 『철학의 발견』, EBS 교육방송 기획·제작·방송, 삼화출판사, 1993, p.147.
251) 『길을 위하여(2)』, 앞의 책, p.17.
252) 2004년, 『세계섭리론』의 저술.

고했을 때도,[253) 혹은 佛陀가 뭇 중생을 고통의 늪으로부터 구제키 위해 해탈이란 증과를 의욕적으로 제시했을 때도, 멸망으로부터의 구원이란 대전제는 순숙되어 있지 않았다. 예수 역시 초림 시의 모티브는 인간의 실존이 처한 죄악으로부터의 구원과 천국에 대한 메시지, 사랑의 복음을 전파하는 것이 과제였고 佛陀는 수행적, 도덕적 계율성과 세상 인식과 차원이 다른 覺의 세계가 존재한다는 것을 신념으로 강조한 정도이다.

예수의 구원 사역은 전 시대를 판가름한 종말사적 가치를 지니기는 하되, 주어진 말씀은 역시 미래지향적인 것이었다. 세계 역사가 추진된 섭리 면에서 볼 때, 예수는 하나님의 창조 목적과 세계를 위해서 보다 건강하게 생성 본질을 촉진시킬 필요가 있었으며, 신선한 진리를 공급하고자 한 입장이다. 그러나 종말이 선포된 상황에서는 여건이 다르다. 때를 넘어서 버린 末世的 징조는 더 이상 징조가 아니다. 末世로 말미암은 결과 현상이다. 현생 인류는 이미 도를 넘어 버린 종말 상황을 만끽하고 있는 상태이다. 그래서 아무도 못 말린다. 正位 질서가 무너져 버렸다.

현 세상은 孔子나 佛陀나 예수가 이루기를 원했던 正位 질서가 아니다. 正本位로서의 진리는 영원히 소멸되지 않는다. 그렇다면? 세상 질서가 타락으로 말미암아 허물어졌다면 그것은 다시 세워야 한다. 그래서 하나님은 先天의 허물어진 일체 질서를 마무리해서 매듭짓길 원하셨다. 그 이유는 장차 도래할 시온의 영광을 위하여, 새 하늘의 질서를 펼치기 위해서이다. 시대를 종결지을 것을 결정

---

253) "때가 찼고 하나님 나라가 가까웠으니 회개하고 복음을 믿으라." - 마가복음, 1장 15절. -『붓타와 그리스도』, 구스타프 멘숑 저, 변선환 역, 종로서적, 1987, p.112.

하셨다. 따라서 종말의 선포는 임박한 역사를 펼치기 위해서 하나님이 역사 위에 쏘아 올린 첫 신호탄이자, 수순을 밟기 위한 본격적인 절차이다. 지금은 급변한 세상이라, 하나님이 강림하시고 재림 역사까지 맞물려 있어 천지 역사가 더 이상 자기 자리를 차지하고 있을 수 없다. 순간순간 판단하고 결정하지 못하면 떠밀려서라도 옮겨져야 할 형편이다.

그러므로 종말의 도래 선포는 하나님이 결정하신 뜻의 선포 역사이기 때문에 하나님의 신실한 뜻을 받드는 자들에게 있어서는 구원될 여지를 남긴다. 십자가는 믿지 않는 자들에게는 한낱 나무 막대기일 뿐이지만 믿는 자들에게는 구원의 확실한 증표가 되었듯, 종말의 선포 역사를 받드는 자들에게 있어서는 선택의 여지가 있지만 그렇지 못한 자들은 자신이 몸담은 세계 질서의 침몰과 함께 멸망하고 말 것이다.

하나님이 밝히신바 현시점은 천고 이래로 역사된 섭리를 완성하기 위해 정리를 서두르고 있는 때이다. 부정적인 측면에서는 파멸이고, 긍정적인 측면에서는 젖과 꿀이 흐르는 가나안을 목전에 둔 상황이다. 『민수기』에 기록된 대로 이스라엘 민족은 광야에서 40년을 어떻게 보냈던가? 탈출은 성공했지만(출애굽), 목적지에 도달이 안 되자 하나님을 원망했다. 그래서 우상을 세우고 배역하므로 불뱀을 모아 이스라엘 백성들을 징계키로 결정하셨다. 40년 동안을 함께하였고 죽을 고생을 하였는데 가나안이란 약속의 땅에 발을 들여놓으려 함에 있어서는 시험과 심판이 있게 되었다. 전에 지녔던 근성이 남아 있어서는 결코 새 땅에 발을 디딜 수 없는 신실한 백성에 대한 선택 작업, 그것이 하나님이 인류의 역사 앞에서 종말의 도래 사실을 선언하게 된 진정한 뜻이다.

새 땅, 그 약속의 땅으로 들어가기 위해서는 전 시대의 마감 작업이 불가피하다. 새 땅, 새 질서가 목전에 다다른 만큼, 종말 선언과 인류 심판이란 소용돌이는 피할 수 없다. 파멸과 구원이 교차되는 지점이다. 그래서 하나님은 때를 밝히신 것이며, 정확한 역사의 맥락을 짚어주셨다. 사안이 중요한 것인 만큼 하나님은 온 인류가 어떤 상황에서도 바라보고 판단할 수 있는 확실한 푯대를 세우시리라. 마지막 가나안을 향한 여정에서 모세가 세웠던 구원의 푯대, 이후 십자가 구원의 예표가 된 '놋뱀 사건'이 그 예이다. 종말은 선포되었고 이제 이 연구를 통해 그 같은 푯대까지 세워지게 되면? 인류는 모든 때에 대한 판단을 더 이상 좌시할 수 없다. 그 역사적인 때가 지금이다. 이스라엘 백성이 홍해 바다를 건넌 것도 만나를 먹은 것도 좋지만, 요단강을 건너지 못하면 복지의 땅에 다다를 수 없었듯…….

3. 종말의 시대 전환성

종말은 천지 만상이 모든 면에서 마지막 끝에 다다랐다는 뜻이다. 그래서 종말을 맞이했다는 것은 지금까지 계속되어 온 일이나 사건, 역사가 끝나게 되었다는 말이다. 인생이 종말을 맞이했다면 그것은 죽는다는 것 외 다른 뜻이 없다. 그렇다면 오늘날 내려진 종말의 선포 의미는? 말 그대로 천년만년 지속되었던 인류의 존재 역사가 끝장이 나버린다. 즉 멸망을 맞이한다는 뜻이다. 하지만 이것은 특별히 놀랄 일이 아니다. 어김없는 자연의 섭리적 귀결이다. 그런데도 천지 만물의 끝날 날이 도래한 것이라면 우리는 정말 어떻게 해야 하는가? 서둘러 구원을 위한 돌파구를 찾아야 한다. 아니 돌파할(구원) 길이 있다면 종말이 아니지 않는가? 자칫 오해가 있을 수 있기 때문에 종말의 도래 사실은 확실하게 주지되어야 할 필요가 있다.

살펴보면 종말 사상은 항상 세상 끝날 날을 부르짖음과 동시에 구질서에 대처할 새 질서를 병행해서 주장한 경우가 허다하다.[254] 이 연구도 세계의 종말을 선언했다는 것은 오히려 새 질서를 제창하기 위해 밟게 된 불가피한 수순 절차이다. 역사적인 예를 보더라도 "연개소문은 고구려의 신흥 귀족들의 이익을 대변한 도교를 수입하는 과정에서 유교, 불교, 도교 등 기타 모든 교학의 장점을 취하여 새로운 교학을 세우고자 했으며, 조선 철학 사상에서 낡은 지배 사상에 반대하여 새로운 사상을 전개하고자 했을 때도 흔히 볼 수 있는 현상이었다."[255]

하지만 이 연구가 전개하고자 하는 종말의 시대 전환적 개창 메시지는 구질서가 질서로서의 생명력을 다하면 그때서야 진가를 발휘할 길로서의 성격이 짙다. 파멸하게 된 문명 세계를 극약 처방으로 살려낸다는 의미가 아니다. 바다에서 배가 암초에 부딪혀 침몰하게 되었다면? 바닷물이 쏟아져 사람들이 살려 달라고 아우성일

---

254) 진보 세력이 보수 세력을 몰아내기 위해서는 기존 질서를 무너뜨리는 수순을 밟는다. 자기주장을 관철하기 위해서 末世 운운, 혹세무민한 경우가 허다함.

255) 『조선철학사 연구』, 편집부 엮음, 광주, 1988, pp.27 – 28.

텐데 아무런 구조 방책이 없다면? 그런데 다행히 가까운 섬에 배가 정박하고 있었다면? 이 연구가 바로 그와 같은 역할 수행이다. 장차 닥칠 심판과 환란을 대비한 새 질서의 구축 작업이다.

맞닥뜨린 한계로 인해 급기야 함몰하고야 말 기존 질서에 대해서 이에 대처할 수 있는 새 하늘과 새 땅과 새 가치 질서를 가동시킬 수 없다면 종말은 필연적이다. 멸망으로 갈 자는 멸망으로 가고 말 것이라, 하나님이 마련하신 구원의 새 질서에 동참하는 자들에 한해서 "종말은 곧 천국을 위한 시작이고 기초가 된다."256) 선택된 의미에서만 "末世는 역사의 끝이 아니라 새로운 시작을 내포한다. 先天은 後天을 성립시키는 전제 조건이 된다."257)

"종말이란 개념이 세계 파멸과 신천지의 전개란 두 관념을 저변에 두고 있다고 할 때, 파멸은 그냥 허물어지는 파멸이 아니라 하나님이 의도하신 최후의 날 도래와 그때에 이루어질 神的 심판, 그리고 그에 따른 응분의 보답이란 제 관념이 있다. 즉 신천지는 이 것을 개관할 神的 존재자의 出世 관념이 뒤따른다."258) 심판에 의해 파멸과 신천지로의 길이 확연하게 갈라진다.

神에 대한 주재 관념이 없었던 동양에서도 시대적인 대전환점을 일컬어 '개벽'이란 개념을 사용해서 세계에 대한 시간 개념을 순환적인 것으로 인식했던 것은(末世→개벽) 마찬가지다. 세계 역사는 의미도 목적도 없이 순환만 하는 기계론적인 체계가 아니다.

한편 기독교에서 말한 창조 역사관은 시작과 끝을 분명히 한 직

---

256) 『길을 위하여(1)』, 앞의 책, p.79.
257) 『인류의 이상세계와 지상천국의 건설』, 효재호 저, 대순사상총서, 논문, 2002, p.1.
258) 『종말론의 이해』, 장병길 저, 논문, p.1.

선적인 시간관이라, 神의 의지가 역사를 관장한 목적성을 뚜렷하게 하였는데,[259] 이 같은 역사관이 있어 우리는 신천지로 이어질 종말의 개념을 정초할 수 있게 되었다.[260]

無神論的인 바탕에서 개안된 唯物史觀에서는 "사물에는 자기 유지와 자기 파괴의 모순된 두 성능이 있어 후자가 전자를 멸망케 하는 것을 발전이라고 했다. 항상 앞의 것을 부정함으로써만 새로운 것이 탄생한다."[261]라고 하였는데, 이것은 약육강식이 지배 법칙인 동물의 세계에서나 적용될 주장이다. 아무리 종말적인 질서가 종막을 고한다 해도 창조된 질서인데 단번에 끝장날 리는 없다. 역사가 창조로부터 출발된 것인 한, 근원을 이루고 있는 창조 뿌리는 영구하기만 하다.

그렇다면 도대체 무엇이 종말을 맞이한다는 것인가? 그것은 창조 이래 생성을 거듭해 온 先天의 분열 질서가 통합 체제로 바뀌면서 이전과는 차원이 다른 문명 시스템으로 전환된다는 뜻이다. 질서가 통합된 시스템이 되면 이전의 분열 시스템은 아무 소용이 없다. 도무지 구조적으로 맞지 않게 되어 종막을 고할 수밖에 없다. 생각하고 믿었던 일체의 진리적 기준과 신앙 형태와 신념, 가치관, 제도가 패턴(양식)을 바꾸지 않고서는 살아남을 수 없다. 통합 체제에

---

259) 위의 논문, pp.126 – 127.
　　"末世와 개벽은 돌고 도는 순환적인 시간관을 가진 동아시아 문화권에서 형성된 개념들이고, 창조와 종말은 직선적인 시간관을 가진 서구 문화권에서 형성된 개념들이다." – 『인류의 이상세계와 지상천국의 건설』, 앞의 논문 p.10.

260) 순환론적인 역사관과 직선적인 역사관은 어느 시점에서 모종의 전환과 매듭이란 모티브를 가지며, 그 결과 각각 새 질서와 신천지를 맞이하게 된다. 양자 모두 구질서는 껍데기를 남기는 파멸이 있고 새 질서는 알맹이를 제공한다는 측면에서 역사의 도래 결과는 결국 같다.

261) 『불교・기독교・공산주의』, 정태혁 저, 동국대학교 불전간행위원회, 1985, p.105.

수용되어 새 세계를 주도할 역군이 되게 해야 한다.

先天의 분열 질서를 통합해서 새 질서 체제로 전환시킨다는 것은 사실상 증산도의 '원시반본'이라는 개념과도 통한다. 이것은 "천지 만물과 주인공인 인간이 생명의 근원으로 복귀하는 것, 근본 자리로 돌이키는 것, 우주 생명이 道의 근원인 無極의 통일 상태로 복구, 생명의 옛 고향으로 환원하는 것을"[262] 이상으로 삼는다. 하지만 복귀라든지 귀환, 환원이라는 시스템은 쉽게 도용할 수 없다. 그렇게 하기 위해서는 창조 이래의 생성 시스템을 갈무리할 수 있는 에너지를 동원해야 한다. 이 같은 난제를 누가 해결할 수 있다고 생각하는가? 창조 이래 세계의 생성 역사를 주관하신 하나님이시다. 삼라만상은 하나님의 통합 본체를 바탕으로 해서 창조되고 분열되었다. 그렇다면 그 낱낱의 과정을 고스란히 간직해서 반본시킬 수 있는 분은? 반본해서 귀환시키려 하는 목적지는?

그래서 기독교는 하나님이 인류 역사를 주재하신 목적의 섭리적인 일환 면에서 종말을 변혁과 더불어 회복(Restoration)이란 뜻으로 해석하기도 했다. 시온성은 언젠가는 인류가 돌아가서 예배드려 마땅한 처소, 하나님이 거하여 계신 성소이다. 시온은 통상 흩어진 이스라엘 민족이 하나 되어 돌아가야 할 고향이자 거룩한 언덕으로 여긴 선망의 대상이지만, 이제는 분파된 인류가 하나 되어 예배드려야 할 성소, 곧 하나님과 함께해야 할 선망의 처소이다.[263] 하나님이 창조한 세계를 온전히 통합하심으로써 인류는 반드시 시온의 영광을 만끽하게 되리라. 하나님이 천지 역사를 주재하신 원래

---

262) 『증산도의 진리(요약본)』, 증산도 본부, 집현재 엮음, 2003, pp.126 – 127.
263) 『구약성서의 종말론』, 김찬국 저, 논문, pp.102, 104.

목적은 시온성으로의 복귀, 귀환이다. 신천지를 예비하기 위해 하나님은 천지 물상과 人心이 창조된 목적을 떠나 멸망으로 분열할수록 세계를 공고하게 다져 인류를 융합된 차원 세계, 통합 세계(구원)로 이끌기 위해 노력하셨다. 서구의 몰락에 즈음한 東西 문명의 합일점 모색과 지구촌의 통합 문명 체제를 대비하셨다. 만인이 납득할 수 있는 구원의 진리를 창출하기 위해 종교 진리의 세계원리화를 도모했으며, 분열된 가치를 통합 질서로 전환시켰다.

그런데도 인류가 현 세태를 末世로 인식하지 못한다면 애써 마련해 놓은 구원의 가교라도 소용이 없다. 분열 문명 체제가 통합 문명 체제로 전환, 계승될 수 없다면 유구했던 인류의 생성 역사도 그것으로 끝이다. 현 세태는 더 이상 아무런 희망을 주지 못하나니, 그렇다면 남는 것은 파멸뿐이다. 그만큼 막다른 골목에 서 있는 先天 문명의 활로를 터는 데 있어서 이 연구가 짊어진 사명 역할은 막중하다.

나는 외롭더라도 혼신을 바칠 사랑과 인생 목적과 반드시 이루어야 할 진리적 이상이 있다. 나는 좌절하지 않을 것이며, 미래의 인류를 위하여 천 년의 통합 문명 기반을 터 닦으리라. 종말이 세상의 끝이 아니라, 온 인류가 노력해서 맞이할 수 있는 신천지에 대한 시대 전환성의 의미가 되도록 노력하리라.

4. 종말의 세계 원리적 근거

자연 현상에 법칙성이 있는 것을 근거로 역사학자들은 역사에서의 법칙성 유무를 놓고 논란을 벌였다. 물론 자연 현상과 역사는 비교하기가 곤란한 면이 있지만, 서구의 지성들은 애써 그들이 장점으로 생각한 자연 탐구 方法論을 동원해서 일회적인 사건들인데도 불구하고 역사에 진보, 진화, 변증법적인 발전법칙을 적용하려고 하였다. 만상 가운데 因果律이 적용되지 않는 예외 대상이 있을까만, 토인비는 그의 방대한 문명 비평사적 저술인 『역사의 연구』에서 "모든 문명은 발생→성장→쇠퇴→해체란 진행 틀을 피할 수 없다고 한 법칙적 성쇠 결정론"[264)을 주장했다. 어느 정도 보편성을 확보한 문화권에서 호흡하고 있는 사람들은 자기가 속한 시대가 유구해 온 것처럼 느낀다. 그런데 여러 역사를 연구해 보니까 꼭 그렇지만도 않더라는 것, 풍미했던 문명권일지라도 결국 영고성쇠-榮枯盛衰란 생멸 루트를 따르고 있었다는 것인데, 이 같은 역사의 생멸성은 상식을 크게 벗어나지 않는다. 그리고 역사를 보고 판단하는 데 있어서도 자료의 충실성에 따라 혹은 동일 자료를 놓고서도 보는 관점에 따라 판단에 유동성이 있다.

E. H. 카아 같은 학자는 "역사는 현재와 과거 간의 끊임없는 대화의 연속 가운데 있다."[265)라고 했다. 요점은 역시 어떤 원인에 의해서건 역사는 이미 표변화되고 결정되어 버린 사건의 연속체들이

---

264) 『역사의 연구(Ⅰ)』 토인비 저, 노명식 역, 삼성출판사, 1983, p.20.
265) 『역사란 무엇인가』, E. H. 카아 저, 박영준 역, 우암출판사, 1982, p.69.

라는 데 있다. 역사가 어떻게 과거 속에서 미래로 진행되고 있는가를 생각해 보면, 결국 그렇게 드러난 역사 이면에서 작용된 법칙성 여부가 문제가 된다. 보이는 것을 바르게 볼 수 있는 안목도 있어야 하지만, 종말의 세계 원인적인 근거를 밝히고자 하는 입장에서는 역사의 이면에 있는 보이지 않는 본질성도 파악할 수 있어야 한다. 인류 역사에 어떻게 해서 종말이 도래하게 되었는가? 이 문제는 지금까지 드러난 사실들만의 나열로써는 판단이 안 된다. 드러난 역사는 이성으로 통찰할 수 있지만, 종말은 그와 성격 자체가 다른 하나님의 뜻과 결정에 따른 시대 전환적인 가름이다. 그렇다면 어떻게 해서 하나님의 뜻을 알 수 있는가? 그것은 하나님이 천지를 창조하셨기 때문에 그렇게 창조된 제 사물 현상의 본질적 특성을 규명할 수 있어야 종말의 도래 근거를 찾을 수 있다.

그런데 이 같은 본질성을 직시할 수 있는 안목이 서구의 知的 전통 가운데서는 세워지기 어려웠지만 동양에서는 내면의 形而上學的인 생성 실체를 간파할 수 있는 方法論을 수행을 통해 개척해 놓았다. 쇼펜하우어는 "역사는 시작도 없고 끝도 없으며, 방향도 목적도 없고 특히 법칙성을 갖지 않는다."266)라고 하였다. 실상이 이러하므로 서구의 지성들은 천만 년 창조 역사를 꿰뚫을 수 있는 道의 깨달음 창구를 동양의 知的 전통 속에서 별도로 구해야 했다.

즉 인도 사상은 "현상 세계는 변화하지만 브라흐만은 상주하는 실체이다. 시간적 · 공간적으로 한정되지 않고 자체 절대 · 무차별적인 것이어서 개념적 한정을 초월한다. 차별상, 다양성이 브라흐만 속에는 속하지 않으며, 현실적으로 경험되는 현상 세계의 차별

---

266) 『현대철학의 이해』, 강대석 저, 한길사, 1991, p.24.

상은 브라흐만에 근거한다."[267]고 했다. 온갖 것이 차별적이고 변화하는 것인데 그렇지 않는 브라흐만, 즉 본질적인 실체가 있다는 것은 의아한 주장일 수도 있지만, 인류의 知的 체제는 바로 그 상주 불변한 초월적인 실체를 볼 수 있는 인식 시스템을 갖추어야 구원된 문명 체제를 구축할 수 있다. 역사(현상)라는 것은 자체만으로는 추진될 수 없는 미완성작이라는 사실을 알아야 한다. 나무는 드러난 가지와 잎사귀가 전부가 아니듯, 삼라만상도 바탕이 된 근거 뿌리를 가지는데, 이것이 본질이다. 본질은 무형의 작용 특성을 가진 실체로서 제 현상의 법칙성을 규정한다. 이 같은 실체성을 정확하게 추적해야 세계를 이해할 수 있는 길을 튼다.

네루는 2차 세계대전이 끝나기 전에 타계한 인도의 정치인이다. 그는 인도인들이 세계 역사에 대해 눈뜨게 할 목적으로 『세계사 편력』이란 역사책을 저술했는데,[268] 진술된 사건의 전개는 2차 세계대전이 끝나기 전까지였다. 그런데도 지금 보면 그가 펜을 놓으면서 전망했던 현대 역사가 큰 대차 없이 진행되었다는 사실을 발견할 수 있다. 마치 베어진 무를 들이대면 꼭 맞듯, 펜을 놓은 시점에서 내다본 역사 안목과 그가 겪지 못한 이후의 역사가 그대로 연결된다. 만약 역사가 아무런 목적도 방향도 없는 것이라면 갖가지 돌출 상황의 연속뿐일 것이다. 선을 곧게 긋기 위해서는 자라는 유도 기준이 필요하다. 역사도 본질의 생성 패턴이 있기 때문에 그 진행에 있어서 분명한 방향성이 있다. 하나님이 주관하신 뜻과 의지가 개입되어 있어 인류 역사는 한 치의 오차도 없이 창조 목적을

---

267) 『인도사상의 역사』, 高崎直道 저, 정호영 역, 민족사, 1988, p.131.
268) 『세계사 편력』, J. 네루 저, 장명국 역, 석탑, 1982.

실현하는 방향으로 진행되었다.

만상 위에 창조라는 역사가 있는 이상 언젠가 그 결말이 도래하리라는 것은 만세 전부터 결정된 본질적 규칙이다.[269] 만상이 본질의 생성으로 존재하였고 분열함으로써 지속된 것일진대, 生이 있어 滅이 있는 것은 당연하다. 세월이 흘러 부모가 돌아가시게 되면 그때서야 자식들은 인생에 생멸이란 준엄한 법칙이 있다는 것을 실감한다. 인도 사상은 변하는 현상에 대해 본질이란 실체를 無變, 不滅한 초월 실체로서 부각시켰듯, 본질은 그야말로 바탕이 된 뿌리이라, 만상의 존재를 유지시키기 위해서 끝없는 생성을 모토로 했다. 생성으로 분열이 촉진되어 존재된 특성을 드러낸다. 각자 一太極을 가짐과 동시에 統體 太極과 일체된다. 창조를 이룬 바탕성답게 본질은 영원히 有함을 유지하기 위한 시스템으로서 운위된다. 생성 운동은 극(太極)이 양의(陰陽) 됨과 동시에 알파와 오메가가 맞물려 있어 끝이 없다. 분열하는 힘으로 통합되고 통합하는 힘으로 분열되어 영원, 불멸, 常住된 근본 바탕을 이룬다.[270]

차치하고, 역사라는 현상도 예외 없이 이것을 근거 짓는 본질의 작용성을 인정하고 들어가야 역사가 지닌 생성 특성을 간파할 수 있으며, 현상적으로는 生滅이 확고하면서도 본질적으로는 분열성이 통합되는 주기적 전환성을 알게 된다(극이 바뀜). 이때 분열로부터 통합으로 전환되는 과정에서 역사가 차원적인 승화를 이룬다. 차원은 서구에서 사변적·수학적으로 접근한 그런 시공간적 개념이 아

---

269) 창조는 세계의 종말적 한계를 명확히 한다.
270) 선뜻 이해가 안 가겠지만, 이 같은 인식 정착은 본인이 저술한바 세계의 천지창조 사실을 증거한 『세계창조론』(1998년)의 저술에 근거한 것임.

니다. 본질은 형상이 없는 形而上學的 실체이자 존재 내 본질이라, 분열 상태든 통합 상태든 有한 바탕체로서는 언제든지 常住함 자체이다. 그러면서도 생성으로 인해 끊임없이 변화하는 것은, 본질이 바탕체로서 존재하기 위한 생명 호흡 작용이라고 보아도 무방하다. 이 같은 생성 운동으로 인해 우주 본질이 오늘날 만상과 역사로 하여금 변화의 극을 노출시킨 종말을 맞이하게 하였다.[271]

한때 왕성한 추진력으로 시대와 문화를 풍미했던 정치, 경제, 종교, 학문, 철학, 과학, 진리, 제도, 이념, 사상 등등. 펼쳐 놓고 보면 가히 문명의 잡화상을 차려 놓은 것 같기도 한데, 이 같은 전적들을 근거로 서구의 지성인들은 역사가 진보하느니 문명이 발달하느니 하는 어구를 사용하였다. 하지만 그것은 창조 시 이미 모든 것을 구유한 바탕 본체가 생성해서 만개된 가지에 불과하다. 거세게 뻗어나던 호박 줄기도 서리가 내리면 일시에 녹아 버리듯, 문명도 역사도 어떤 권력, 제도, 이념도 성할 때는 성하지만 성하고 나면 쇠하여 滅한다. 滅하면 현상적으로는 소실되어 버리지만 본질적으로는 통합을 위한 에너지로서 규합되어 한 단계 더 높은 문명 탄생의 인자가 된다. 그런데도 이 같은 생성 주기가 너무 폭이 크고, 특히 종말은 창조 이래 처음 맞이하는 우주적인 전환 시점이라, 때에 대해 무지하다.

그렇지만 세인들이 입버릇처럼 末世를 부르짖고 있는 것은 단풍이 들고 낙엽이 지면 가을이 되었다는 것을 아는 것과 같다. 주기성으로서는 우주 본질이 생성을 다해 한계성에 다다랐다는 것이며,

---

271) 근원된 바탕성이 본질로서 생성하고 있는 한 만상의 生滅 현상은 필연적이다. 만상 가운데 생성이 있고 종말이 있는 것은 당연한 원리이다.

분열을 극해 대립상이 난무하게 되었다. 온갖 진리가 뒤섞이게 되어 빛을 잃고 인류가 믿었던 한 길에 대한 신념을 흐트러뜨리고 말았다. 세계가 혼돈에 빠지고 갈 길을 몰라 파멸이 불 보듯 하다.

따라서 종말 현상은 그렇게 초래된 역사 자체에만 원인이 있지 않다. 태초 이래로 바탕이 된 본질이 생성을 다해서 다시 체질을 전환시켜야 할 주기적인 때를 맞이했다는 것, 이렇게 해서 도래한 역사적 종말은 우주가 창조 이래의 생성력을 소진시켜 버림에 따른 범인류적, 범세계적, 범역사적인 종말이다.[272] 어느 한 민족의 역사나 문명권만 봉착한 종말이 아니다. 우주적인 섭리 추진 에너지가 한계성에 다다른 총체적인 종말이다. 더 이상 생명력이 연장될 수 없는 필연적 종말이다.

유마힐은 "어리석음과 탐심으로부터 자신의 병이 생겼고, 누구나 다 병에 걸려 있으므로 자신도 병이 들었다고 하면서, 무한 자비심을 발휘해 모든 중생의 병이 낫고 세계가 건강해질 때 자신의 병도 나아질 것"[273]이라고 했다. 유마힐은 자신을 중생과 동일체로 보고 모두가 병든 원인, 즉 병을 고칠 수 있는 능력과 처방책을 알고 있어 成佛할 시기를 미루면서까지 인류의 생성 추진력을 회복시키려고 노력했지만, 지금 맞이한 종말은 아예 그런 희망조차 없다. 치료하고 기다린다고 해서 나을 수 있는 병이 아니다. 한계성에 다다라 더 이상 여지가 없게 된 大勢論에 편승한 종말이다.[274]

"많은 환경 학자들은 지금의 환경오염(세계의 병)이 原子主義的

---

272) 『세계섭리론』, 앞의 책, p.844.
273) 『유마경』, 박경훈 역, 동국대학교 불전간행위원회, 1982, pp.120 - 121.
274) 『세계섭리론』, 앞의 책, p.843.

인 사고 때문"[275]이라고 하는데, 이것 역시 겉으로 드러난 현상만을 본 것일 뿐, 근본 원인은 인류의 생성 역사를 대관한 통합 관점을 확보하지 못한 데 있다. 원자적인 분화로 인해 조장된 결과이다. 분열을 본질로 한 先天 하늘에서는 세계를 통합한다는 것이 반대로 세세한 분열을 촉진시킨 결과를 낳았다. 왜 서구의 사상 판도가 분석적이고 실증적, 실용적이었던가 하면 그 같은 전문화, 원자화가 세계 본질을 분열시킨 추진 에너지로 작용했기 때문이다. 창조 시 통합된 본체가 그 같은 분열 에너지로서 만개되었다. 이후 분열을 다한 세계는 무성했던 가지를 거두게 되고, 그중에서도 핵심 된 진액만 소생할 원기의 중추 인자로서 추출된다.

"지금의 세계는 분명 종말이란 한계선을 넘어서서 멸망으로 진행되고 있다."[276] "세계는 각박하다. 온갖 사상이 난무하고 문명의 진보는 인간 정신을 혼란시키며 양식을 해체시켜 도덕을 파괴한다."[277] 그런데도 세상을 방관하고 쾌락의 노예가 되어 있는 퇴락하는 인간들이여! 그들에게는 고통과 파멸과 죽음이 있을 뿐이다.

새 시대가 도래한 전조를 예감했던 세례 요한이 외친 첫 한마디는 "회개하라."였다. 마찬가지로 이때, 이 시기, 이 연구도 종말을 맞이한 전 세대에 대해 외칠 외침 한마디는 어제나 오늘날에 있어서도 변함없이 "수행하라."이다. 오직 수행의 세기말적인 원리 가치 하나를 드높임으로써 이 연구는 만 세상, 만 종교, 만 인류가 존엄하신 하나님에게로 인도될 수 있다는 것을 힘써 강조하여 나

---

275) 『철학의 발견』, 앞의 책, p.19.
276) 『길을 위하여(1)』, 앞의 책, p.123.
277) 위의 책, p.275.

갈 것이다.

5. 멸망의 제일 원인

　하나님이 태초에 천지를 창조하신 목적은 이 땅에 하나님이 원하신 이상적인 세계를 건설하기 위해서이다. 그런데 돌이킬 수 없는 종말을 맞이하게 된 원인은 어디에 있는 것인가? 어린 생명은 참으로 천사 같다. 사자 새끼도 귀엽고 돼지 새끼도 안아 주고 싶다. 하물며 인간의 자식에 있어서랴? 하나님은 그토록 순수한 인간에게 아름다운 에덴동산을 선물하셨다. 그런데도 불구하고 인류가 총체적인 종말을 맞이한 데는 그만한 이유가 있다. 그 이유를 밝힐 수 있어야 그것이 하나님이 장차 행하실 인류 심판의 근거가 되며, 원인을 알아야 구원을 위한 대책을 세울 수 있다. 차마 이실직고할 수 없을 만큼 죄악이 도를 넘은 원인을 규명함으로써 이 같은 과정이 결국은 구원을 위한 기반이 된다.[278) 판사가 재판을 할 때는 피고가 저지른 죄과를 낱낱이 확인하듯, 무지몽매한 인류를 아무 근거도 없이 심판받게 할 수는 없다.

　진정 오늘날 인류가 당면하게 된 종말은 인간이 아무 이유도 없는데 하나님이 단도직입적으로 결정하신 선언인가? 神으로 인한

---

278) "성경은 인간은 하나님의 피조물로서 하나님의 손에서 창조될 때는 선하고 아름다웠으나(창세기, 1장 27절 – 31절. 시편, 8장 4절 – 5절), 그의 윤리적 자유의 오용으로 하나님 앞에서 범죄하여 타락했고, 죄와 죽음의 비참한 상태에 놓였다고 했다(창세기, 3장 1절 – 19절. 로마서, 5장 18절 – 19절. 에베소서, 2장 1절 – 3절)." – 『현대신학은 어디까지 왔는가』, 박아론 저, 기독교문서선교회, 1983, p.123.

잘못을 인간에게 떠맡기려 한 것은 아닌가? 그래서 이 연구는 천고 이래로 하나님이 인류 구원과 사랑을 위해 어떻게 노력하셨는가 하는 것과, 그래도 다시 기회를 보태기 위해 유사 이래 종말 선언 이란 메시지 사역을 마련하셨다는 사실을 밝히리라.

하나님이 인류를 위해 道를 세우셨고 내 이름은 여호와라고 확연하게 밝혔는데도[279] 세운 道를 버리고 밝힌 이름을 거부한 것은, 하나님이 인간에게 책임을 물을 수 있는 제일 근거이다. 道와 神을 버릴 만큼 도도하게 된 것은 바로 인간이 지닌 욕망과 죄악 때문이다. "성현의 가르침이 살아 있던 시대에는 진리가 살아 있고 말씀의 권위가 확실하여 세계의 생산적인 발전이 가능했다. 그러나 지금은 그야말로 神도 죽었고 진리도 죽었고 영광된 세계에로의 소망마저 포기되고 말았다."[280] 죄악과 진리에 대한 무지가 인간으로 하여금 하나님이 세우신 道와 은혜를 거부하게 한 주된 요인이다.

正法시대는 부처님이 돌아가신 후 500년 기간 동안인데, 이때는 부처님의 가르침이 잘 실천된 시기로서 敎(가르침)와 行(수행)과 證 (깨달음) 三者가 구비된 시기이다. 그런데 지금은 위기의 시대(the Age of Crisis), 末法의 시대로서 지식이 증대하고 지혜가 멸시되며 감각만이 팽대해 깊은 사유가 차단되었다. 육욕의 노예가 된 젊은 이들이 거리를 방황하고 있고, 가치관을 상실한 채 표류하고 있다. 정당한 역사가 들어설 수 있는 환경을 파괴하는 방향으로 나가고 있다.[281] 세계는 과연 어떻게 해서 파멸될 것인가? "인간은 이성적

279) "내 이름은 만군의 여호와니라." - 이사야, 51장 15절.
280) 『세계본질론』, 졸저, 청학사, 1997, p.406.
281) 『금강경 강해』, 김용옥 저, 통나무, 2003, pp.207 - 209.

이라지만 가장 충동적이고 감정적이며 아족적이다."[282]

"세계의 본질은 타락할 대로 타락하여 믿음이 있다고 하는 자들도 살아계신 하나님의 말씀과 진리를 거부하고 있다."[283] "어떤 역사와 증거를 보여도 인류는 진실을 받아들일 수 있는 인간된 본질을 상실하였다."[284] 왜 무엇 때문에? 탐심과 무지와 죄악 때문이다. 그렇다면 그 결과는 오직 한 가지, "인자가 오기는 오거니와 참으로 그때에 네 죄가 너를 심판할까 이것을 두려워하노라."[285]

세상은 온통 性의 도락으로 물들었나니, "인간은 이 땅을 온통 쾌락의 천국으로 도색하려 하고 있다."[286] 사악한 사념의 기세가 마지막 남은 생명의 여력마저 종식시켜 버렸다. 아무리 하나님께 경배드리고 싶고 기도드리고 싶어도 이미 인류가 저지른 죄악이 길을 막아 버렸다. 하나님의 백성으로서 적합하지 않다.

"보라, 지금 일체의 경건과 순수는 오염되어 버렸다."[287] 반성, 자인－自認, 회개할 줄 모르는 인간 본성은 타락하였고, 황량함과 교만이 말씀과 생명의 진리를 대신했다.[288] 하나님의 모상이 죄악으로 인해 깨어져 버렸다. 삼손의 자멸처럼 하나님과의 영원한 관계, 그 끊을 수 없는 관계가 탐심 때문에 끊어졌다. 만약 천사 같은 인간이 이 세상 가운데 던져졌다면 그 인간은 어떻게 될 것인

---

282) 『길을 위하여(1)』, 앞의 책, p.94.

283) 『길을 위하여(2)』, 졸저, 인쇄본, 1986, p.120.

284) 위의 책, p.42.

285) 『길을 위하여(1)』, 앞의 책, p.116.

286) 위의 책, p.251.

287) 위의 책, p.94.

288) 『성경과 하나님의 영감』, 아더 핑크 저, 심재욱 역, 풍만, 1984, p.72.

가? 더 정화될 것인가? 더 악화될 것인가? 세계의 양심인은 이에 답하라! 인류의 영혼은 각성하라! 세상이 종말을 맞이한 책임이 어디에 있는가? 도덕적 타락과 죄악과 자정력을 잃은 인간 욕망이 하나님과 진리와 道의 세계로부터 멀어지게 함으로써 인류가 종말을 맞이하지 않을 수 없게 되었다.

원래 인간은 하나님과 스스럼없이 교감을 가지는 영명 – 靈明한 존재자였다. 그런데 인간이 하나님을 거부하고 안중에도 없게 된 것은 쌓인 죄악이 너무 크기 때문이다. "에덴동산을 떠나 방종하고 방탕하다가 때가 되어 돌아가고 싶어도 저지른 죄악 때문에 불안과 두려움이 앞선다."[289] 인간이 神을 떠나 세상은 밝혔을지 몰라도 자체 본향에 대해서는 어둠을 더했다고 할까? 하나님이 천지 만물과 인간을 창조하셨다면 모든 진리의 근간은 하나님에게 있다. 그것은 선택될 수 없다. 민주주의가 사상과 종교의 자유를 제도적으로 보장한 것은 세상이 하나님을 모르고 있다는 증거이다. 근본을 모르면 역사가 겉돌게 되고 겉돌면 퇴보, 멸망에 이른다. 생각과 존재된 바탕이 진리와 어긋나 있을진대, 남게 되는 것은 세계와 하나뿐인 지구까지 잃어버리고 말 21세기를 향한 맹목적 진보이다. 의미 없는 진보, 성과 없는 결과가 인류를 멸망으로 치닫게 했다.

파르메니데스는 "억측(drsti, 邪見)은 감각에서 생기고 잘못된 지식의 근거로서 기만적"[290]이라고 했다. 이 같은 神에 대한 무지가 종말조차 모르는 맹목적인 진보를 낳았으며, 근본을 침범한 죄악을 낳았다. 남의 행복을 빼앗아 향락의 도구로 삼고 있으면서도 곧이

---

289) 『길을 위하여(1)』, 앞의 책, p.74.
290) 『불교사상과 서양 철학』, 에드워드 콘즈 외 저, 김종욱 편역, 민족사, 1994, p.33.

어 들이닥칠 심판에 대해서는 안중에도 없다.[291] "존재하는 것은 알되 멸망하는 것은 모르며, 얻는 것은 밝히는데 잃는 것은 알려고도 하지 않는"[292] 무지, 무감각, 무판단, 무비판이 파국의 한도를 넘어섰다.[293] 진리의 독아 상태가 고립을 자초하여 타고 있는 생성의 배가 에너지가 고갈되었는데도 알아채지 못한다. 표류하다 좌초하거나 풍랑을 만나 침몰하고 말리라. 알아야 대책을 세울 것인데, 모르니까 滅한다. 알 것은 하나님의 뜻이고 대처할 지혜인데, 세상을 움직이고 있는 것은 비대한 금권과 권력뿐이다. 진리가 진리인 생명력을 상실하였다.

현생 인류는 자체 보유한 진리력만으로써는 미래에 아무런 희망이 없다. 환경은 파괴되고 인간성은 허물어졌으며 진리는 제구실을 못한 지 오래전이다. 오히려 가치의 파괴와 질서의 해체 상태를 만끽하고 있다. 이것이 末世이다. 세태가 폭풍의 전야이다. 시한부적인 종말인의 몰아쉬는 숨결 소리가 거칠기만 하다. 그 이유는 오직 한 가지, "만물의 주역이 되어야 할 인간이 너무 오랫동안 하나님을 떠나 있어 하나님께 돌아가고 싶어도 길을 찾지 못한다는 데 있다."[294] 종말, 그것은 인류가 하나님 곁을 떠난 순간, 언젠가는 지불받게 될 심대한 결과였다.[295]

세인들은 떠나기를 아쉬워하지만 살던 집이 낡을 대로 낡았다면 우리는 한시바삐 하나님이 마련해 둔 새 집(진리)으로 이사할 채비

---

291) 『최후의 심판』, 임영재 저, 논문, p.42.
292) 『백서 도덕경(노자를 읽는다)』, 박희준 평석, 까치, 1991, p.68.
293) 『세계섭리론』, 앞의 책, p.64.
294) 『길을 위하여(3)』, 졸저, 인쇄본, 1990, p.23.
295) 『길을 위하여(2)』, 앞의 책, p.서문.

를 해야 한다. 세계가 종말을 맞이한 것은 태초에 아담과 이브가 하나님과 함께했던 에덴동산에로의 복귀 이상이다. 하나 된 창조 근원으로부터 분파된 진리는 다시 하나인 본원 세계로 돌아가야 하는 것이 순리이며, 그것이 멸망의 원인을 근본적으로 진멸시킬 수 있는 길이다. 佛陀는 제 연-緣을 滅하면 해탈할 수 있다고 했다. 苦를 없애기 위해서는 괴로움이 생기게 한 여러 원인을 없애야 하는데, 그 조건의 우선순위에 無明을 두었다.[296] 이 연구도 인류가 멸망에 이른 제일 원인으로서 無明을 드는데, 無明은 인간이 가진 교만과 탐심과 저지른 죄악이 근거이다.[297] 그래서 모든 결과에 해당하는 하나님만 알 수 있다면 하나님을 거부하게 된 원인들을 일시에 제거할 수 있다. 이 땅에 강림하신 하나님의 존재성과 보혜성과 진리성을 깨닫게 되리라. 그래서 인류 멸망의 제일 원인을 파악하는 것은 동시에 구원의 門을 찾을 수 있는 관건이 되기도 하거니와, 이 연구가 그 門을 열어젖힐 방도를 마련하고자 한다.

6. 작위로 인한 멸망

노자는 『노자도덕경』에서 道라는 形而上學的 실체 개념을 근거 지었는데, 道는 존재를 존재하게 하는 근원적인 것으로서 모든 것을 낳고 활동하게 한 모체라고 했다. 현상 이전의 뿌리가 되는 차

---

296) 『석존의 직관』, 證谷文雄 저, 한갑진, 역, 한진출판사, 1979, pp.68 – 69.
297) 인류의 원천적인 苦(멸망의 원인)를 없애기 위해서는 무엇을 깨닫고 원인을 없애야 할 것인가?

원적인 본원 세계를 道라는 개념을 통해 전개한 것이라고 할까? 그래서 노자는 道가 지닌 본원 상태를 이상적인 질서 형태로 설정하고 그 절대 근원성을 훼손해서는 안 된다고 했다. 우리는 순리적이다 혹은 자연적이라는 말을 쓰는데, 인간이 애쓰지 않아도 시냇물은 절로 흘러서 바다로 간다. 사계는 어김없이 때를 맞추고 산초들은 아무도 돌보지 않았는데 수억 년 동안 자생했다. 이것을 노자는 無爲라는 개념을 통해 접근하였다. 無爲는 다름 아닌 하나님의 존재성이 확증되지 않은 문명권에서 하나님의 창조력을 본질적인 道로써 직시한 개념이리라.

"道는 항상 無爲하지만 하지 않는 것이 없다."[298]

여기서 無爲에 대한 개념 기준은 인간의 作爲性 여부이다. 물속에서는 물체가 쉽게 떠오른다. 부력이란 제삼의 힘이 작용하고 있기 때문이다. 네 명의 동료가 시합을 했는데 공교롭게도 두 사람은 승자, 두 사람은 패자가 되었다. 이긴 자는 기분이 좋고 진 자는 섭섭하겠지만 전체적인 면에서는 참으로 공평하다. 인간의 의지 개입이 없는 상태인데도 원칙대로 결과 지어지고 조화된 세상 질서, 여기에 제삼의 창조력이 있다. 이것을 노자는 "다만 함 없는 가운데 이루어진다."[299]라고 했는데, 그 같은 無爲性은 절로 이루어진 것이 아니다. 천지가 이법으로써 운행되었기 때문이며, 제삼의 의지력인 창조력(뜻, 의지, 섭리)이 작용한 때문이다. 無爲란 가히 상

---

298) "道常無爲而無不爲." - 『노자도덕경』, 37장.
299) 『노자의 도와 소태산 일원에 대한 고찰』, 조일국 저, 원불교학연구, 논문, p.18.

상을 초월한 질서이며 완벽한 생성 시스템이다.

자연 속에서 우리는 결코 自生, 自化[300]만으로 존재할 수 없는 하나님의 위대한 주재력을 발견한다. 다시 강조해 無爲는 나라는 인식자가 가진 기준에서 판단하게 된 개념이다. 자신의 의지마저 無爲 상태에 두어야 제삼의 의지 실체를 감별할 수 있다. 저절로는 절대 무규칙, 무질서하지 않다. 無爲는 가장 이치적, 법칙적, 因果的인 규칙의 역설적인 표현이다. 자연의 위대성은 고스란히 창조의 위대성을 직시한 가치 인식 상태이다. 그런 만큼 노자가 "무위자연 – 無爲自然이 道의 궁극적 운동 방식"[301]이라고 본 것은 인간의 作爲性을 떠나 팽배해 있는 道를 통해 제삼의 궁극적인 실체가 존재하고 있다는 것을 만천하에 공지한 것과 같다. 성현이 道를 세웠다는 것은 창조 본질의 순정 무구함을 밝힌 것이다. 당시는 하나님의 창조력이 본체를 구성할 만큼 생성력이 만개되지 않아 道란 형태로 개념화되었지만, "하지 않으면서 못 하는 것이 없다(노자)." "생각하지 않으면서 생각 못 함이 없다(無念而無不念 – 혜능)."[302]고 한 것은 제삼의 작용 실체를 무한한 의지로서 각인한 것이 분명하다.

그래서 道를 지키고 天理를 지키기 위한 일환으로서 "몸과 마음을 보존함은 큰 성인이 늘 하시던 일이다."[303]라고 강조한 것은, 하나님이 만물을 있게 한 창조 道와 무관하지 않은 것이다. 道를 지키지 않으면 쇠퇴하고 "道가 쇠퇴하면 세상이 시끄러워진다."[304]는

---

300) 『노자 수양론의 연구』, 나우권 저, 고려대학교대학원철학과 석사학위논문, 1997, p.12.

301) 『노자철학의 연구』, 김항배 저, 사상사회연구소, 1986, p.88.

302) 『선의 황금시대』, 오경웅 저, 류시화 역, 경서원, 1986, p.76.

303) 『민족비전 정신수련법』, 권태훈 감수, 정재승 편저, 정신세계사, 1992, p.240.

것과 인간이 神을 떠나게 되면 멸망에 이르게 된다고 한 것은 동일한 판단 구조이다. 성인이 道를 존귀하게 여긴 것은 정말 作爲 없이 저절로 그러한 자연적인 것이었기 때문인가? 無爲가 만사를 공평하게 질서 지은 때문이다. 道의 운위대로 神의 섭리대로 무한한 신뢰를 쌓았더라면 결실이 풍성한 이상적인 세계에 도달했을 것인데, 그것을 끝까지 기다리지 못하고 인류는 道를 버리고 神을 버렸다.

그래서 道와 神의 자리를 대신하게 된 것이 온갖 人爲的인 作爲 시스템이다. 노자는 "道를 잃은 다음에야 비로소 德이 있고, 순서대로 仁→義→禮가 생기게 되어 禮는 忠信의 부족과 화란─禍亂의 발단이다."[305]라고 결론지었다. 이것은 노자가 비단 儒家 도덕 지상주의의 기만성[306]을 지적한 비판 관점이기 이전에 오늘날 인류가 처한 멸망의 도래 결과를 예인한 통찰 관점이기도 하다. 作爲로 인해 절정을 이룬 현대 문명의 작태는 가히 하나님의 뜻을 떠난 人爲의 천국이다. "자연의 이법, 無爲自然的인 작용에는 결함이 없지만 인간의 作爲에는 결함이 있다는 지적은"[307] 인간이 당면한 실존적 한계를 여실하게 꿰뚫은 통찰이다. 道와 神은 전체적인 관점에서 조화를 추구하는데, 인간들은 자기 욕망만 앞세웠으므로, 부분적인 안목이 쌓아 올린 문명탑이 한계성을 드러낼 것은 당연하다. 유한한 것을 무한한 것으로 알고 맹종한다면 이것은 근본을

---

304) 『백서 도덕경』, 앞의 책, p.92.
305) "失道而後德 失德而後仁 失仁而後義 失義而後禮. 夫禮者 忠信之薄而亂之道." ─ 『노자도덕경』, 38장.
306) 『노자 수양론의 연구』, 앞의 논문, p.15.
307) 『백서 도덕경』, 앞의 책, p.127.

무시하고 말단을 좇는 격이다. 영원한 道를 버리고 유한한 지식을 얻으려는 것, 無爲한 자연 상태로부터 문명과 제도를 구축하려 한 노력은 그 자체가 파국을 향해 달려든 것과 같다.[308] 본연에 대한 人爲的 作爲는(神을 떠남을 안타까워함) 결국 파멸성만 확실하게 보장하게 된다는(?) 것을 노자는 당시에 발아된 문명의 작태 싹을 보고 경고했다. 그나마 "한계를 안다면 위태롭지 않을 것이다."[309] 고도 했지만, 결과로 그 말은 누구도 제대로 이해하지 못한 마이동 풍 – 馬耳東風이 되고 말았다. 神을 거부한 세계에 있어서 인간이 선택한 것들은 그대로 결정적인 것이 되고 만다.

失道, 失神이 종말을 초래하게 한 원인이다. 이것을 人爲로 말 미암은 作爲로부터 책임을 구하지 않고 세상 탓으로 돌린다면 더 이상 구원받을 기회가 없다. 하나님은 천지 만물을 어떻게 창조하신 것이던가? 聖人은 道를 어떻게 해서 세웠던가? 그런데도 道가 무너지니까 태초의 창조 원기에 근거해서 근본을 다시 회복할 것을 권고한 것이 아니던가? 神은 죽지 않았으며 道는 쇠퇴한 것이 아니다. 인간이 神을 버리고 道를 멀리하게 되니까 神이 죽은 것처럼 보이고 道가 허물어진 것처럼 보인다. 누가 自性을 깨우치려 하는데 부처를 이루지 못하겠는가? 그런데 노력이 없으니까 세상에 부처가 없다.[310] 인간의 책임인 것이 명백하다.

네 이웃을 네 몸과 같이 사랑하라고 한 예수의 제일 계명은 다분히 역설적이다. 이웃을 사랑하는 것은 근본적인 질서이고 원칙적

---

308) 『노자 수양론의 연구』, 앞의 논문, p.17.

309) "…… 價以不殆." – 『노자도덕경』, 32장.

310) 『비전 정통달마선법』, 강운 저, 태일출판사, 1997, p.228.

인 가치이다. 그런데 왜 이웃에 대한 사랑을 제일 계명으로 세웠는가? 그것은 세태가 더 이상 이웃을 사랑하지 않는 이기주의로 만연되어 있어서이다. 그래서 원기, 즉 하나님의 사랑을 회복하기 위해서 이웃 사랑을 제일의 모토로 삼았다. 세상 법도가 갈수록 세분화된 것은 무너진 原道 자리를 인위력으로 메우려 한 현상이다. 성인은 어렵게 道를 세웠는데 무심한 세태는 이것을 허물어 버리고 그자리에 하늘 높은 줄 모르는 욕망의 바벨탑을 쌓았다. 道가 德으로부터 仁·義·禮·智 상태로 분화된 것을 일컬어 폄하할 것만은 아닌 것이, 그것은 道라는 본체가 분열된 이행 양상이라고도 볼 수 있다. 그런데도 人爲만 중요시해 道는 쇠퇴하게 되고, 禮는 有耶無耶한 것이 되어 버렸다.

禮나 仁이나 德은 道로부터 분열되었지만 한 통속인 관계로 禮를 회복하면 언제라도 仁으로 복귀할 수 있다.[311] 仁을 회복하면 道가 다시 세워진다.[312] 세상 법도가 道만 벗어나지 않는다면 道가지닌 無爲란 컨트롤 작용이 있어 파국만은 면한다. 유교는 인욕을 제거하고 天理를 보전하기 위한 방안으로서 거경-居敬과 궁리-窮理로써 수양할 것을 권고했다.[313] 그런데도 하늘 아래서 수양을 인생 추구의 모토로 삼고 있는 자는 드물다.

道는 지키지 않으면 허물어지고 기르지 않으면 보존될 수 없다.

---

311) "禮를 회복하여 仁을 한다는 말이 바로 이 말이 아닌가?" -『진덕수 심경의 수양론적 분석과 동유의 심경 이해』, 박지현 저, 철학·종교전문석사학위논문, 한국정신문화원, 1993, p.66.

312) "인간 수양의 결과 仁을 체득하여 완성된 인간의 모습은 바로 聖人이다." - 위의 논문, p.68.

313) "天理를 보존하고자 하면 반드시 천지 만물의 理를 투철하게 궁구해야 한다는 것이니, 이 居敬과 窮理는 도덕 실천의 요체가 된다." -『주자의 수양론』, 최영찬 저, 유학연구, 2000, 논문, p.제론 편.

인류는 쏟아야 할 곳에는 힘을 쏟지 않고 人爲로써 구축한 문명 체제를 가속화시켜서(인위성이 극도에 달함) 세계 파멸의 요인을 증대시키고 말았다. 노자는 인간의 作爲性을 믿지 않았듯,[314] 경고했던 대로 세상을 개조하고 문명화한다는 것이 도리어 멸망의 요인만 가중시켰다. 이것은 피할 수 없게 된 종말 결과에 따라 作爲로 인한 멸망 원인을 소급해서 판단한 것이다. 그리고 이 같은 결과를 초래케 한 원인이 또한 "서양이 개척한 知的 코드 때문이라는 것을 알 때, 현 문명 체제를 주도하고 있는 지배 세력은 당연히 作爲로써 구축한 진리가 된다. 道가 분열하는 것은 道의 생성 일환 때문인데, 문명은 진보하고 발전하기 위해 생성을 멀리하고 쾌락만을 극대화시켰다. 좀 더 편리하게 하고 좀 더 안락한 감각을 만족시키는 데 정열을 쏟았다. 神이 원했던 바와는 전혀 다르게……

예로부터 神과 道는 숙고, 절제, 수행을 촉구했다. 하나님은 진리를 완성하고 세계를 완성하며 천지를 창조하신 목적을 완성하기 위해 만사를 분열시켰다. 세상이 온통 감각적이고 퇴폐된 것은 道의 분열이 극대화된 데 원인이 있지 않다. 道는 창조 이래 통합을 위해 분열했으며, 어제나 오늘도 인류를 구원하기 위한 새로운 차원 문명을 예비했다. 이것을 인간은 알아야 한다. 인간은 神을 버렸지만 神은 인간을 버리지 않고 인류를 구원할 대책을 마련하셨다. 道는 세워져야 하고 지켜져야 하는데 허물어져 버렸으므로, 무너진 道를 다시 세우기 위해서 하나님은 준엄한 심판을 경고했다. 道를 무너뜨린 것은 인간이지만, 이것을 하나님은 다시 세우려 하신다. 새로운 道, 분열성을 통합한 道, 구원의 道를 세우시리라. 作

---

314) 『노자의 도와 소태산 일원에 대한 고찰』, 앞의 논문, p.8.

爲로 인한 멸망은 필연적이나니, 이 같은 결과를 인지하셨기 때문에 하나님은 아예 시대를 마감해 버릴 새로운 구원의 대책을 마련하셨다.

7. 사신을 간과함으로 인한 멸망

神이 존재한다는 것은 전제될 수 없다. 神은 반드시 존재하는 것이며, 神이 인간과 천지 만물을 창조하셨다는 것은 가장 근원된 존재의 바탕이다. 그런데 인간이 神을 떠나 있다면 어떻게 되는가? 포도나무를 심어 놓고 사과가 열리기를 기다린다면? 神을 제외시켜 버린 세계에서 인간들은 과연 어디서 인생의 궁극 가치를 구할 수 있겠는가? 인류가 고향을 상실한 채 방황하고 있는 이유는? 그런데도 붙들고 있는 과학과 학문은 삶의 의미에 대한 실존적 물음에 대해 묵묵부답일 뿐이다.[315] 스위치를 잘못 누르면 엉뚱한 데서 불이 켜진다. 인류가 추구한 知的 코드가 창조 목적과 괴리되어 버렸다면 바라는 궁극적인 결과를 기대할 수 있겠는가? 神 없는 세계에서의 부조화와 절망을 어떻게 느끼고 있는가? 神의 존재 사실은 가정할 수 없다. 당면하고 있는 일체의 부정적인 결과들은 인류가 神을 거부하고 하나님을 떠나 있다는 사실 하나에 있다. 이것이 종말을 맞게 된 제일 원인이다.

가설적으로 神이 존재하지 않는다고 생각했다면 그것은 명백히

---

315) 『철학과 종교(현대의 종교 철학적 논쟁)』, K. 부흐텔 저, 이기상 역, 서광사, 1989, p.4.

神을 떠났기 때문에 덧씌워진 허영일 뿐이다. 인류가 神을 떠났기 때문에 종말이 왔다는 요인 지적은 역사가 생성된 하늘 아래서 어디서나 확인할 수 있는 원인이다. 하나님이 선포하신 종말은 개인이나 일개 민족 단위의 종말이 아니다. 전 문명 체제에 대한 끝날날의 선포이자 역사의 막을 내리겠다는 선언일진대, 그 원인은 확인되어야 한다. 그렇다면 서구의 기독교나 이슬람 문명권은 인격적인 神에 대한 섭리 역사가 뚜렷해 종말과 심판을 운운할 수 있겠지만, 그렇지 못한 동양과 타 문화 영역권에서는? 이 같은 불균형이 있기 때문에 마지막을 맞이한 이때에 하나님은 창조 이래 역사하신 모든 섭리 뜻을 밝히시어 그들도 함께 드높일 방도를 마련하셨다(구원). 제 민족과 제도 문명권이 함께 하나님께로 나아갈 수 있도록 길을 마련하셨다. 불교든 이슬람이든 進化論者든…….

그래서 동양의 道는 한계에 처한 서구 문명을 대신할 문명 에너지를 미리 비축하였다. 동양은 비록 인격적인 神에 대한 섭리 역사를 구체화시키지는 못했지만 동양권의 백성들이 서양처럼 하나님을 의도적으로 거부한 역사는 없었다. 그러므로 때가 되어 구원의 역사가 펼쳐진다면 더욱 신실한 백성이 될 영혼의 순수성과 진리적인 바탕을 간직하고 있다.

문제는 서구 문명이 神을 거부한 결과물인 물질, 유물, 진화, 과학, 실증, 분석, 자본주의, 개인, 합리, 이성, 철학, 수학, 인간, 우주 탐험, 원자 문명들이 세계의 전 제도권과 이념과 가치 양식을 지배하고 있다는 데 있다. 르네상스 이후의 서양 근·현대사는 神과 결별하기 위해 몸부림친 역사였다고 해도 과언이 아니다.

17세기 合理主義 철학을 대표한 데카르트는 자연이란 그 어느 부분을 막론하고 어김없이 논리적으로 정확한 공식에 따르는 기계적인 것으로 파악해서 자연계에서 일어나는 물리적인 현상을 수학적인 상관관계로 나타내려고 하였다. 神의 질서로부터 세계 질서를 독립시키고자 한 과학의 철학적인 윤색 작업이었다(기초).316) 특히 하나님의 존엄한 창조 역사를 거부한 다윈은 進化論을 내세워 神을 떠난 인간의 신념 공백을 무섭게 파고들었는데, 지금은 정말 "진화란 사실이 거의 보편적으로 인정되어 버렸다."317) 進化論이 건재하고 있는 문명 체제 안에서 하나님이 거하실 자리는 어디에도 없다. 進化論 사상은 현재 만연된 반기독교적, 無神論的 철학 체계의 근원이다. 히틀러에게는 나치즘(Nazism)의 구실로서, 마르크스에게는 共産主義에 대한 과학적 기반을 제공했다.318) 인간을 동물시한 관찰법과 실험 태도는 심리학과 사회학에서 공공연하게 적용된 중심 학설이 되었다.319)

현대의 서구 사상은 기독교의 초자연적인 신앙에 대한 반발과 비판으로서 이른바 자연주의 내지 실증주의라는 無神論과 세속적 이념을 산출해서 神이 개입할 원인을 원천 봉쇄해 버렸다. 초자연적인 원인을 배제시킨 세계관은 자연히 초자연적인 神을 부정한 無神論을 낳았으며, 無神論은 실증주의와 唯物論과 한 통속이 되었다.320) 하나님의 실재를 추적할 수 있는 知的 코드를 끝내 끊어버리고 말았다. 그 결과 서구 문명 역사에서 가장 상징적이라고도

---

316) 『단학 그 이론과 수련법』, 이승헌 저, 한문화, 1994, pp.43－44.

317) 『생명의 기원』, 폴 데이비스 저, 고문주 역, 북스힐, 2000, p.311.

318) Mark, Karl Heinrich(1818－1883): 독일의 철학자, 경제학자, 정치학자.

319) 『기독교의 변증』, 박아론 저, 기독교문서선교회, 1990, p.271.

320) 『보살 예수』, 길희성 저, 현암사, 2004, pp.248－249.

할 비참한 절규 소리를 낸 철학자를 배출하게 되었는데, 그것이 이른바 神은 죽었다고 단정한 니체의 외침이다.[321] 서구인들이 구축한 神權 문명에 있어서 "초월神에 대한 믿음이 무의미하다는 것을 단적으로 선언한 것이다."[322]

> "도덕이나 정치나 과학에 있어서 하나의 실용적인 가설로서의 神은 이미 필요가 없게 되었다(본회퍼)."[323]

그렇다면 과연 지금까지 존재했던 神은 어디에 있는가? 정말 사망한 것인가? 신앙인들조차 찾지 못할 정도로 神은 죽은 것인가? 이 같은 의문에 대해서 "서구 사회가 종래의 福音主義的 신앙의 전통을 상실하고 아버지의 집을 떠나 먼 나라로 간 탕자와 같이 사상적 허무와 기근 속에서 배회하고 있지만",[324] 그들을 탕자로 만든 것은 바로 기독교 자체라고 해도 과언이 아니다. 서구의 지성들이 과학과 無神論이란 知的 코드를 찾아 나서게 된 것은 기독교가 神의 존재 사실과 교감 문제를 진리적으로 해명하지 못해서였다. 1960년대부터는 하나님을 학문적으로 보위한 신학계까지 無神論을 사신 – 死神 신학을 통해 거론하게 됨으로써 넘어서는 안 될 선을 넘어 버렸다. 본회퍼는 세속적 기독교란 개념을 통해서, 불트만은 성경에는 천당과 지옥과 마귀와 같은 미신적인 이야기가 많으므로 성경을 비신화화해야 한다는 주장을 통해서[325] 死神 신학자 시대

---

321) Nietzsche(1844 – 1900): 독일의 철학자.
322) 『철학과 종교(현대의 종교 철학적 논쟁)』, 앞의 책, p.옮긴이의 말.
323) 『하나님의 초월성과 내재성 이해에 따른 신앙 형태 비교 연구』, 田川佳津惠 저, 선문대학교신학대학 통일신학전공, 논문, p.35.
324) 『현대신학은 어디로』, 박아론 저, 기독교문서선교회, 1983, p.106.

를 이끌었다. 불트만은 주장했다.

"우리가 어떻게 신약 성경의 신화를 그대로 두고서 오늘의 인류에
게 지적으로 수긍이 가는 메시지를 전달할 수 있겠는가? 우리는 과
감하게 신약 성경으로부터 그 신화의 옷을 벗겨야 한다."[326]

고양이가 쥐 생각한 격이며, 빈대를 잡기 위해 초가삼간을 태우
려 한 논리이다. 신학을 세운다는 것이 신학을 무너뜨렸다. 성경을
객관화한다는 것이 자체 지닌 원초적인 한계성을 노출시켰다. 道는
객관화할 수 있는 것인가? 道는 실체로 확증될 수 없다. 하물며 초
월자로서 계신 神의 존재 문제에 있어서랴? 가장 상식에 속한 사실
조차 분간하지 못한 자들이 합리적인 신학을 운운하다니!
　성경을 신화적인 요소가 가미된 설화로 여겼다면 신화는 무엇인
가? 신화는 인류가 세계 본질이 미분화된 상태에서 세계를 이해한
통합 인식 체제이다. 결코 미개한 지성이 아니다. 인류 문명을 개
화시킨 모판인 원천적인 지성 체계이다. 원인과 결과가 함께하고
있는 통합 인식 체제인데, 무슨 재주로 합리적으로 이해할 수 있었
겠는가? 성경에 신화적인 요소가 있다면 신화라고 믿은 대로 잠재
된 섭리 씨앗으로서 개화될 때를 기다려야 했던 것이며, 만개되어
야 실증될 수 있다. 그런데도 니체란 철학자는 대낮에 거리를 활개
치면서 神을 찾아 헤매었다(『짜라투스트라는 이렇게 말했다』). 하
나님이 설사 그곳에 계셨더라도 그 같은 부름에 대해 모습을 나타

---

325) 『현대신학은 어디까지 왔는가』, 앞의 책, pp.32 - 33.
326) "신약 성경이 가지고 있는 신화라는 것은 유대적인 묵시 문학과 그노시스 사상 및 A.
　　D. 1, 2세기의 사람들이 가졌던 세계관으로부터 유래한다." - 위의 책, pp.78 - 79.

내셨겠는가?

　서구 문명은 정말 神이 죽어서 死神化된 것이 아니다. 神이 거할 수 있는 의식 공간을 폐쇄하고 믿음을 끊어 버려 死神化되었다. 더 이상 하나님의 영광을 실현할 새로운 통합 神權 문명을 세울 여력이 그들에게는 없다. 자신들의 자유를 위해 神의 말씀을 부인하였고, 神의 창조 사실을 거부하고 급기야는 스스로를 문화 창달의 주체자라고 단정했다.[327] 이 같은 知的 코드를 선택한 문명 속에서는 神의 부활을 기대할 수 없다. 그것도 영원히……[328] 神을 버린 문화는 神으로부터 심판받을 것이 당연하다. 그들이 神을 버렸다는 것은 만물의 생장 근원인 창조 뿌리를 짓밟아 버렸다는 것과 같아, 근원과 희망을 잃어버린 문명의 종말은 멸망뿐이리라.

---

327) 『현대신학은 어디로』, 앞의 책, p.134.
328) 서구 신학과 학문이 한계성을 노출시킨 마당에 그 大勢 물줄기를 되돌려 현 문명이 가야 할 곳은?

인류의 심판 | **제5장**

1. 심판의 당위 주권

자신이 존재한다는 것은 존재하고 있는 목적과 의지와 뜻이 있다는 것이다. 하나님이 종말의 도래 사실을 선포하고 세상을 심판할 의지를 천명하신 것은 창조주 하나님이 살아계시기 때문이다. 하나님이 창조된 세계를 직접 심판하기로 결정하셨다는 것은 하나님이 하실 수 있는 고유 권한이다. 세상에 이법이 없고 하나님이 계시지 않는다면 주권적인 심판 의지가 성립될 근거는 어디에도 없다. 심판은 하나님이 건재하시기 때문이며, 창조된 세계에 대한 실상을 신중하게 판단한 결과 내려지게 된 결정 사항이다. 그런데도 세상은 아무것도 모르고 있어 하나님의 당위 심판 의지를 밝히고자 한다.

生滅은 무상하지 않으며, 경과에 대한 유상한 뜻을 남긴다. 하나님으로부터 창조된 천지는 항상 有하므로 有한 뜻이 있다.

천지가 창조된 지가 그 언제인가? 당연히 하나님이 심판할 근거는 어디에도 남아 있게 되는데, 이 같은 근거들이 넘치고도 넘쳐 하나님이 심판을 결정하셨다. 천지가 창조되고 지나온 역사가 있는 한 심판은 없을 수 없다. 다만 시도 때도 없이 심판될 수 없기 때문에 경과 시한을 둔 틈을 타 세인들이 심판이 없다 혹은 하나님이 존재하지 않는다고 말했다. 하지만 이것은 이해를 잘못해서인 것일 뿐, 천고 이래로 심판은 항상 있어 왔다. 하나님이 천지를 창조하신 데는 그만한 목적과 뜻이 있는 것인데, 역사 안에서는 그 뜻을 거스른 죄악이 있었다. 하나님은 거룩하시지만 또한 의롭고도 준엄한 분이시라, 죄악을 눈감아 두지 않고 公義로 심판하셨다.[329]

현대는 도덕과 윤리가 피폐한 시대이고 교만이 넘쳐서 하나님을 경외하지 않고 자신의 능력을 과신한 시대이다. 성경에서는 이런 경우 그 대가로서 하나님이 내리시는 벌이 있었다.[330] "천재지변과, 모든 온역과, 재화며, 홍수 심판, 소돔과 고모라의 멸망, 애굽의 열 재앙 등등, 하나님의 인류 심판은 항상 있었다. 개개인의 심중 속

---

329) 『하나님의 심판』, 황창기 저, 고신대학, 논문집, 제13집, 1985, p.209.
330) 『21세기 교회 영성에 대한 조망』, 박한 저, 총신대학교신학대학원신학과 실천신학석사학위논문, 2002, p.4.

에서도 있었나니, 홍수 때의 잔악과 바벨탑의 교만과 소돔성의 음탕함과 애굽의 우상, 사울과 고라와 웃시야 등이 드러났을 때, 하나님은 반드시 심판하셨다."331)

그러나 그때는 때때로 주어진 소심판이었지만, 종말을 맞이한 지금은 인류 전체에게 파급될 대심판, 파멸될 최후 심판이다. 이전에는 개인적, 국부적으로 주어진 심판이라 해당되지 않은 자들은 몰랐을 수도 있었지만, 임박한 심판은 인류 전체가 빠짐없이 겪어야 하는 총체적 심판이다. 그만큼 인류는 돌이킬 수 없는 죄악 위에 있다. 퇴폐한 세대를 내버려두지 않을 것을 작정했을 정도로 滅할 자를 滅하고 生할 자를 生하게 하려 하심이 하나님의 심판 의도이시다. 그 책임이 인간에게 있는 것은 모든 것을 행할 수 있게 한 자유 의지가 부여되었기 때문이며, 자행을 일삼기 때문에 그 잘잘못을 추궁하게 되었다.332) 그러나 이 연구가 하나님의 심판 의지와 뜻과 당위 때를 알리는 것은 그래도 심판을 끝까지 보류하고자 하신 의도가 크다.

지금은 종말과 함께 심판의 때를 알려야 할 시기이다. 그런데 아무도 때가 도래하였다는 사실을 실감하지 못하고 있어333) 이것을 알리기 위해 길을 세우셨다. 바울의 확언대로 "主 그리스도는 심판으로 오신 것이 아니라 죄 많은 인류를 구원하러 오셨다. 그러나 종말을 맞이한 시점에서 그리스도가 다시 오실진대, 그분은 철저한 심판의 그리스도가 되신다."334) 그때 사람들은 그리스도 앞에서 아

---

331) 『최후의 심판』, 임영재 저, 논문, p.41.

332) 『길을 위하여(1)』, 졸저, 아가페, 1985, p.36.

333) 세계의 종말이 선언되었다면 그 다음은 심판 사역으로 이어질 것이 당연한 수순 절차임.

334) 주님이 심판자로서 당신에게 임하심. 처음 오실 때는 자신을 희생의 제물로 드리기

무엇도 감추지 못하고[335] 자기의 행한 일을 따라 심판을 받으리라.[336)337] "장차 맞이할 그리스도의 부활과 재림과 심판은 성경의 저자들이 기록한 대로 역사적인 것이며, 종말에 이루어질 숨 가쁜 사건이다."[338] 최후 심판은 그리스도의 재림을 수반하는 상징이다.

> 해수욕장에서 한 법관이 해수욕을 하고 있었는데 한 청년이 물에 빠진 것을 구해 주었다. 그런데 이 청년이 범죄를 저질러 공교롭게도 이 법관 앞에 다시 섰다. 청년은 애원하길, "재판관님, 전일 저를 물 속에서 구해 주셨듯이 오늘 저를 이곳에서 구하여 주소서!" 그러나 이 법관은 단호하게 말하길, "내가 전에는 너를 사랑으로 구하였으나 이제 나는 심판자로 섰으니 너를 심판하지 않을 수 없다."

인류는 지난날 많은 도움을 받았고 은혜가 있어 창대했다. 그러나 지금은 역사 전체가 결산기에 있어 최종적으로 평가받아야 하는 심판대 앞에 놓여 있다.[339] 종말이 선포된 이상 "이 멸망의 가증한 현실은 현실 그대로 확인되어 심판받을 것이며, 멸망이 있어야 그 위에 진정한 구원의 세계가 펼쳐질 수 있다."[340] "기독교에서 말한 그리스도의 귀환 목적은 마지막 심판에 있다."[341] 그리스도가 다시 오신다는 것은 누차 강조되었고, 강림 목적 또한 거의

위해 오셨으나, 재림 시에는 심판하기 위해 오심. - 『하나님의 마지막 말씀』, 도널드 그레이 반하우스 저, 강정보 역, 기문, 1985, p.25.

335) "그가 어두움에 감추인 것들을 드러내고……." - 고린도전서, 4장 5절.
336) "우리가 다 반드시 그리스도의 심판대 앞에 드러나 각각 선악 간에 그 몸으로 행한 것을 따라 받으려 함이라." - 고린도후서, 5장 10절.
337) 『바울의 종말론에 있어서의 때의 이론』, 황의생 저, 신학논단, 논문, p.128.
338) 『현대신학은 어디까지 왔는가』, 박아론 저, 기독교문서선교회, 1983, p.126.
339) 위의 책, p.109.
340) 『길을 위하여(3)』, 졸저, 인쇄본, 1990, p.43.
341) 『종교신앙의 철학적 해석』, 신상형 저, 논문, p.147.

확정적이다. 그렇다면 오시기로 한 그리스도는 언제 오실 것이며, 어떻게 해서 최종 심판자가 되실 것인가? 이 같은 문제를 해결하기 위해 하나님이 세상을 심판할 당위로서의 주권성을 확립하시고, 창조 섭리를 완결 지어서 최종 배턴을 넘겨줄 것을 작정하셨다.

기독교가 주님을 다시 맞이하리란 믿음은 돈독한데 재림을 성사시킬 대책이 없다는 것은 아이러니이다. 이 같은 문제를 해결하기 위해 하나님은 세상을 심판할 권한과 절차를 이 연구를 통해 구체화시키셨다. 모든 기대에 부응해서 창조 의지를 뒷받침한 세계 판단의 기준을 마련할 것이며, 세상의 죄에 대하여 진리에 대하여 믿음에 대하여 하나님의 뜻 위에 있지 않은 일체 대상을 타파할 권한을 대행하게 되리라. 主 그리스도의 재림과 최후 심판이 있기 전에 길은 하나님의 역사로서, 세상을 심판할 수 있는 기반을 마련해야 한다. 그렇게 되면 "모든 대적들을 타파할 채비는 차려지게 되고, 환란 속에서도 심판할 자를 심판하게 되므로 구원할 자를 구원하게 되리라."[342] 헐 집을 헐어 버려 새롭게 마련한 터전 위에서 새 집을 지으리라. "불신자들이 마지막까지 빈정거리며 하늘에 침을 뱉을 수 있는 것은 아직 하나님이 세상을 심판할 권한과 기준을 내세우지 않았기 때문인데 세상이여, 이제 길을 보라. 인류를 심판할 프로젝트가 세워지면 이것이 세상의 義와 불신을 판가름할 능력이 되고 지혜가 되며 두려운 권능이 되리라. 그들의 정수를 혼신으로 찌를 심판의 진리가 되리라."[343]

성경에서는 십자가를 받아들이는가 혹은 거부하는가에 따라서

---

342) 『길을 위하여(3)』, 앞의 책, p.324.
343) 위의 책, p.291.

어떤 자는 영생으로,[344] 어떤 자는 영죄에 들어간다[345]고 하였다. 하나님의 심판에 있어 이처럼 명백한 기준이 없는 것처럼 보이지만, 알고 보면 이처럼 모호한 기준도 없다. 어떻게 해서 십자가라는 것이 영생과 영죄를 판가름하는 기준이 되는가? 십자가에 부여된 절대적인 하나님의 권능과 진리와 뜻을 모를진대, 결코 만인에게 적용해서 시행할 만큼 공의적인 심판 기준이 될 수 없다. 그래서 이 연구는 장차 오실 분이 심판의 직능을 원활히 할 수 있도록 사전에 진리적인 근거를 마련하고자 한다. 공의적인 심판대 틀을 갖추어서 정말 심판을 주권적으로 행사하실 수 있도록 하리라.[346] 거대한 우주는 드러나 있는 물질계만 전부가 아니다. 고귀한 뜻이 함께하고 있어 그 뜻이 우주와 역사를 주관했다. 그런데 뜻이 뜻만으로 존재하겠는가? 하나님이 역사하셔서 주권적으로 결정하신 이상, 심판을 피할 수 있는 만생과 인류는 어디에도 없다. 확인하고 또 확인해 보아도 하나님이 심판하리라 하신 뜻은 확고하기만 하다. 그래서 이 연구가 그 뜻을 받들어서 구체적인 작업에 착수했다.

이전에는 심판의 주체성과 사역 절차가 명확하지 않아 심판이 있더라도 왜 무엇 때문에 심판을 받는 것인지 이해하기가 어려웠지만, 이제는 그 목적과 절차를 명확히 해서 심판의 당위 이유와 주권을 확립하리라. 음식은 맛을 보아야 맛을 알 수 있는 것처럼, 장차 당도할 심판 역시 인류 역사가 겪어 보지 않고서는 알 수 없

---

344) "우리 主 예수 그리스도의 날에 책망할 것이 없는 자로 끝까지 견고케 하시리라." - 고린도전서, 1장 8절.
345) "진노의 날 곧 하나님의 의로우신 판단이 나타나는 그날에 임할 진노를 네게 쌓는도다." - 로마서, 2장 5절.
346) 『세계섭리론』, 졸저, 인쇄본, 2004, p.846.

는 대심판이다. 이것을 영문도 모르고 심판을 받지 않도록 하기 위해 사전에 철저하게 예고하리라.

2. 심판의 적용 기준

　세상에는 천차만별한 사람이 있고 행위가 있고 죄과가 있다. 때가 되어 하나님이 이 같은 처지에 있는 인류를 심판하고자 하실진대, 과연 무엇을 어떻게 심판하실 것인가? 하나님이 종말의 도래 사실을 먼저 알리신 것은 그만한 이유가 있었듯, 심판도 상황은 마찬가지다. 뜻을 알아야 인류는 대책을 세우고 구원의 길을 모색할 수 있다. 심판하시기에 앞서 뜻을 밝히는 것은 심판하는 것이 주된 목적이 아니라 끝까지 남은 자를 구원하기 위해서이다. 인류는 하나님의 이 같은 사랑과 은혜를 알아야 한다. 갖가지 삶의 형태들에 대해서 하나님이 심판의 적용 기준을 밝힌다는 것은 쉬운 일이 아니다. 各人이 각자의 처지에서 생각하고 판단하므로, 各人들이 다 믿음의 보위를 받고 있다고 여기는 이것이 큰 문제이다. 핑계 없는 무덤은 없다. 하나님이 심판하고자 하는 데 있어서 하나라도 납득할 수 없는 심판은 있을 수 없다. 지금 밝히고자 하는 심판 적용 기준도 이 같은 의혹을 없애기 위한 절차이다. 하나님은 各人의 행위에 대해 한 치도 법도에 어긋나지 않는 기준을 세울 것이며, 그것은 하나님이 만사를 주관하시고 뭇 영혼을 관장하신 창조주로서의 일이다. 구약을 통한 역사에서도 하나님은 오직 거룩과 義, 그리고 공의 - 公義에 근거했으며, 자비와 은혜와 함께하셨다. 창조 시부터 종말에 이르기까지 하나님은 公義 하나만을 끝까지 심판의 기준 잣대로 삼으시리라.[347]

인간은 하루를 지내는 가운데서도 죄악투성이다. 公義에 대한 믿음은 인간이 하나님에게 바치는 의례적인 신뢰가 아니다. 公義는 준엄한 것이며, 하나님이시기 때문에 적용할 수 있는 기준이다. 지난날의 심판 역사에서 일관된 거룩과 義, 公義, 자비, 은혜는 장차 행하여질 인류 심판에 있어서도 예외가 없다. 先天의 섭리 역사를 총결산할 심판인 만큼, 하나님이 적용하실 公義도 총체적이다. 그래서 적용할 구체적인 근거들을 이 연구를 통해서 마련하리라. 언젠가는 실행할 것이었고 반드시 드러낼 뜻이었기에, 역사 위에서 주지된 公義를 인류의 마지막 심판 때는 더욱 유감없이 발휘하시리라. 때가 때이고 심판이 심판인 만큼 자주 접할 수 없었던 公義가 관념적인 기준인 것처럼 느껴질 수도 있지만, 하나님은 존재 자체가 公義이신 만큼, 公義에 근거한 구체적인 심판 기준은 세워질 수 있다. 公義니까, 말 그대로 공통으로 적용될 기준이니까, 자신이 아무 잘못이 없으면 별다른 영향이 없는 法과도 같은 것이라고 생각할지 모르지만, 公義는 그런 것이 아니다. 하나님이 세우신 公義이기 때문에 만 사람에게 빠짐없이 적용될 절대 기준이다. 선한 자나 불선한 자를 가리지 않고 강 건너 불구경하듯 할 수 없다. 화기가 미치기 때문에 모두 불을 꺼야 하며, 각인이 이룬 삶의 범위 안에서 단행될 것이 기정사실이다.

---

347) 『하나님의 심판』, 앞의 논문, p.220.

各人은 "각각 善惡 간에 그 몸으로 행한 것을 따라 받으려 함이라."[348] 그 결과 "善한 일을 행한 자는 생명의 부활로, 惡한 일을 행한 자는 심판의 부활로 나오리라."[349]

누구는 나오게 하고 누구는 나오지 못하게 하는 것은 公義가 아니다. 善惡이 모두 부활한다는 점에서는 동일하게 적용될 公義, 즉 심판 기준이다. 하지만 결과까지 같은 것은 아니라는 점에서, 이것이 하나님이 행하실, 하나님이기 때문에 가능한 公義로서의 특징적인 의지 수행 형태이다.

그런데도 이 公義 기준은 어디까지나 예고된 의지 표명이다. 예고된 심판 기준이다. 선한 일과 악한 일을 구분 짓는 근거가 아니다. 公義的인 근거는 마땅히 누구라도 볼 수 있는 것이어야 하고, 각자 행한 삶에 대해 각자가 적용할 수 있는 기준, 그러니까 자가 진단(판단) 기준이다. 그러면서도 그것은 三世 간을 초월해 계신 하나님이 일체의 행적을 낱낱이 근거 지을 수 있는 기준이다.

하나님의 최후 심판은 인류의 문명사적 행적을 총망라한 것이다. "이방인은 자연법에 의해서, 유대인은 구약의 계시에 의해서, 신약의 신자들은 계시와 함께 복음의 요구에 의해서 심판받았지만",[350] 지금은 종합적이 된다. 죄인들은 물론이고 성도들도 심판받게 될 표준은 공히 하나님이 계시하신 뜻 하나에 있다. 그 기준은 시대를 초월해서 동일하다. 하나로서 똑같이 적용된 기준인데도 어떤 자는 새 하늘과 새 땅으로 진입할 영생을 보장받고 어떤 자는 풀무불,

---

348) 고린도후서, 5장 10절.
349) 요한복음, 5장 29절.
350) 『인류의 이상세계와 지상천국 건설』, 효재호 저, 대순사상총서, 15권, 2002, 논문, p.4.

옥, 무저갱으로 떨어진다. 그 기준은 도대체 무엇인가? 성경을 거부한 자들? 십자가를 부인한 자들? 악인들? 이것은 이전 심판 시 이미 적용되었던 기준이기는 하지만 종말에 인류를 심판할 총체적인 公義 기준은 아니다. 各人과 민족과 先天 문명 체제를 총망라해서 심판할 公義的 기준, 그 기준은 아직 선포되지 않았는데, 모든 것을 새롭게 한 역사를 통해서 알리고자 한다.

시험이 공정하기 위해서는 시험 당일까지 시험 문제가 누출되지 않도록 보안을 유지해야 한다. 하나님의 심판 역사도 마찬가지다. 이전의 기준은 하나님의 뜻을 가늠할 수 있는 예표이기는 하지만 오늘날에도 살아계신 하나님이 세우신, 심판 사역에 적용할 결정 기준은 아니다(예상 문제 풀이에 해당됨). 어려움은 있더라도 아무도 예측할 수 없는 기준을 세우는 것은 그것이 만인과 만 역사에 적용할 公義性을 확보하는 최적 방법이다. 하나님은 이미 수많은 선례를 통해 各人을 심판한 경륜을 가지고 계시다.

> "여호와께서 겸손한 자는 붙드시고 악인은 땅에 엎드러뜨리시는도다."[351] "의인의 입은 생명의 샘이라도 악인의 입은 독을 머금었느니라."[352] "미움은 다툼을 일으켜도 사랑은 모든 허물을 가리느니라."[353] "내가 어려서부터 늙기까지 義人이 버림을 당하거나 그 자손이 걸식함을 보지 못하였도다."[354] "사람은 입의 열매로 인하여 복록에 족하며 그 손의 행하는 대로 자기가 받느니라."[355]

---

351) 시편, 147장 6절.
352) 잠언, 10장 11절.
353) 잠언, 10장 12절.
354) 시편, 37장 25절.
355) 잠언, 12장 14절.

이것은 이전에 各人에게 적용되었던 심판에 대한 인식이자 일종의 교과서적인 원칙 기준이다. 이 같은 원천적 경고는 各人이 겪어 보면 알고 결과를 통해 확인할 수 있는 이미 공개되고 공식화된 심판 기준이다. 자신의 존재 실상과 행적을 대입시키면 판별할 수 있는 진단 기준이라, 사전에 대비시킨 구원의 은혜가 함께한 기준은 아니다. 다분히 조건적이다. 善人, 義人과 惡人에 대한 심판 기준이 확연해서 그들이 받을 복록과 대가가 이미 결정적이다. 이것은 성도들이 하나님의 심판 행적을 보고 믿음을 촉구하기 위한 기준 원칙이다. 그러나 문제는 역시 자신이 善人인지 惡人인지를 진단할 수 있는 선별 기준이 무엇인가 하는 것이며, 직접 심판대 위에서 판가름되기 이전에 제반 결과를 인지할 수 있게 하는 것이다. 惡人임이 판명되었을 때는 이미 풀무불에 떨어져 버린 상태이리라.

　심판은 확실한 것이므로, 심판에 대한 기준을 인지해서 대비할 수 있게 해야 하나님의 심판은 공의롭게 되고, 누구도 이의를 제기할 수 없으며, 그런 연후라야 심판으로부터 살아남는 자, 구원된 자, 당당하게 하나님의 심판결과를 노래할 수 있게 된다. 善人과 惡人에 대한 심판 의지는 공고한 것이라, 심판대에 서는 즉시 하나님의 심판 원칙을 확인하게 되리라.

　본인은 한때 하나님의 사명 사역이 중단될 수도 있는 생명의 기로(심판상황 인식)에서 의뢰한 모든 믿음의 방식을 시험대 위에 내걸었던 적이 있었다. 과연 그동안 추구한 大我의 완성을 하나님께서 인준하실 것인가? 사명의 인식, 품었던 진리적 이상을 하나님께서 보장하실 것인가? 그런데 이것들은 나의 인생 삶이 없다면 성사될 수 없다. 꿈도 허사일진대, 하나님은 어떤 뜻을 내리셨던가?

"善人은 여호와께 은총을 받으려니와 惡을 꾀하는 자는 정죄하심을 받으리라."[356]

그런데도 자신이 善人인지 惡人인지는 제대로 판단할 수 없다. 직접 심판을 받아야 한다. 이 같은 기준은 하나님이 인류를 심판할 의지를 구체적으로 공지하지 않은 상태에서 통용된, 일종의 표준화된 기준이라, 막바지 사역을 남겨둔 지금은 상황이 다르다. 실행에 앞선 일종의 입법 예고 절차라고나 할까? 사전에 기준을 정하여 마지막 순간 한꺼번에 심판하고자 하신다.

이때 적용할 公義를 이루시기 위해서 하나님은 여태껏 惡人과 善人을 판가름할 최종 심판 기준을 공표하지 않으셨다. 자가 진단 기준을 제시하지 않았다. 惡人과 善人을 어떻게 하리란 심판 의지는 공지되었지만, 정작 善人과 惡人을 어떻게 분별하실 것인지에 대한 기준은 밝히지 않으셨다. 최후 심판의 철저한 公義 달성을 위해서 끝까지 지킨 함구 비밀이다. 공개하지 않고 아무도 알 수 없게 한 여기에 하나님의 심판 권위가 있는 것이며, 하나님께서 인류를 심판하실 수 있는 대公義이다. 하나님은 심판을 위해 먼저 하나님 스스로 公義를 정립하기 위한 온갖 연단 절차를 감내하셨으며, 公義를 내세울 대행자까지 심판하셨다.[357] 천고 이래로 비밀에 부친 심판 기준을 공개하는 데 있어서는 철저한 보안과 자격 인준 절차가 필요했다. 그래서 하나님은 길을 하나님의 뜻을 대행할 반열

---

356) 잠언, 12장 2절.

357) 인류를 구원할 기치를 내세우기 위해서는 본인이 먼저 하나님의 심판대 위에 서야 했으며, 먼저 심판받음으로써 하나님의 심판 의지를 수용할 수 있게 됨(하나님이 심판의 대의를 밝히기 위해서임).

위에 세우셨고, 인봉된 심판 기준을 마지막 때에 만천하에 공개할 수 있게 하셨다.

그렇다면 하나님은 인류를 도대체 어떻게 심판하실 것인가? 그 기준과 절차와 대상은? 하나님의 심판 사역에 대하여 궁금한 점이 한두 가지가 아니다. 다시 한 번 강조하거니와, 하나님은 인류를 심판할 마지막 채비를 차리셨다. 인류의 죄악이 너무 강퍅하므로 이대로는 지상천국을 건설하기 어렵다. 심판이 있어야 살릴 자를 살리고 滅할 자를 滅할 수 있다. 그래서 심판을 위해서는 그 당위 근거를 조목조목 밝혀야 했는데, 그 역할을 이 연구가 대행하고자 한다.

과연 지금까지 내세운 公義的 요구 조건을 모두 충족시킬 수 있는 기준은 무엇인가? 무엇이 심판할 기준인가? 그것을 알기 위해서는 결국 하나님이 앞으로 세상을 어떻게 역사하실 것인지? 무엇을 위해 역사하실 것인지에 대한 창조 목적을 간파하는 것이 중요하며, 그것을 알면 대의를 포착할 수 있다. 표면적으로 심판을 단행하시려는 뜻은 인류의 죄악과 하나님에 대한 불충이 도를 넘어섰기 때문이지만, 그러나 그 뒤에는 보다 높으신 하나님의 원뜻이 있다. 그것이 무엇인가? 하나님이 기필코 인류를 심판하지 않을 수 없는 필연 목적, 그것은 바로 심판이 있어야 인류를 하나 되게 할 수 있기 때문이다. 세계를 빠짐없이 통합하고자 하는 데 있어서 만상과 영혼이 차별이 있을 수는 없다. 各人이 쌓아 올린 공덕과 믿음과 몸 바친 수행에는 각자의 공과가 있으며, 하나님은 이들을 모두 통합이란 심판대 위에 세워서 일체를 차별 없이 거두려 하신다.

따라서 통합을 목적으로 한 대公義的인 기준 앞에서 인류는 자기주장을 버리고 하나님이 세우신 준엄한 公義에 공감해서 순응해야 한다. 이 公義는 대동의 뜻을 달성할 기준이자 더없는 은혜가 함께할 기준이며, 만사를 빠짐없이 구원할 기준이다. 그런 만큼 이같은 뜻을 거부하고 대적하려는 자들에게 있어서는 두려운 심판 기준이기도 하다. 그런 만큼 公義的인 통합 기준을 인류가 수용함에 있어서는 이전과 이후에 있어서 각자가 판단할 절차가 필요하다. 그것이 곧 이 연구가 밝힌 사명의 권위 대요를 인정하는 것이며, 밝힌 메시지를 하나님의 뜻으로 받아들이는 것이다. 이것은 일찍이 세상 어디에도 기록되거나 공지된 바가 없는 실존적인 단안 문제이다. 참으로 인류가 강림을 이루신 하나님을 영접하는 것은 믿음이 있는 자든 없는 자든, 지혜를 가진 자든 무지한 자든 상관이 없다. 사전 정보가 전무한 상태에서 판단하지 않으면 안 되는 새로운 기출 문제이다. 이전에는 하나님이 하늘에 계셨기 때문에 보지 못했다고 하면 그만이지만, 이제는 상황이 다르다. 이것은 누가 어떤 믿음을 가졌는가 하는 것이 문제가 아니다. 기준이 공지된 순간부터가 문제라는 점에서 심판은 만인에게 있어서 그 적용 기준이 동일하다.

최후 심판은 그들이 믿은 과거 믿음의 전적을 문제 삼지 않는다는 데 대해 이것이 문제라면 문제일 수도 있겠지만, 그렇더라도 이것은 믿는 자와 그렇지 못한 자들까지도 동일 선상에 두고자 하신 심판 의도이다. 아무도 예측할 수 없도록 조건을 달리한 것은 하나님이 이루고자 하신 公義的인 뜻 때문이다. 조건을 달리하지 않으면 기존에 믿음을 가진 자들의 구태가 심판 목록에서 빠져 버리는 문제가 발생한다. 末世에는 믿는 자도 깨달은 자도 지혜롭다고 한 자도 모두 문제가 있다고 보기 때문에(종말을 방관함) 조건을 달리함을 통해 이 같은 행위들을 빠짐없이 심판하시기 위한 하나님의 운용 방법이다. 만약 하나님의 심판 정보가 노출되어 그 기준 잣대가 공개되어 버린다면, 심판받아 마땅한 자들이 간교를 부려 義人을 도리어 심판하려 들 적반하장-賊反荷杖을 어떻게 응징하겠는가? 간교를 분별해 낼 수 없을진대, 그것은 하나님의 심판일 수 없다. 심판의 판을 달리함으로써만 가식된 믿음으로부터 순수한 믿음들을 가려낼 수 있다.

> 참된 믿음을 쌓은 자는 오늘날 이 땅에 강림하신 하나님을 분별할 수 있는 자이며, 정말 깨달은 자는 오늘날 살아계신 하나님의 뜻을 아는 자이다.

하나님은 인류를 심판할 公義的 사역 과정, 즉 세계 통합을 통하여 멸망에 처한 인류를 구원할 것이므로, 各人은 영혼의 門을 활짝 열어젖혀야 한다.[358] 인류 심판의 목적은 명백한 것이므로, 이 같은 뜻을 아는 것은(세계 통합) 인류가 마지막 심판으로부터 구원받는 첩경이다. 하나님은 심판을 철저하게 계획하신 바라, 그 절차와 뜻을 알 수 있다면 지금 고민하고 있는 '심판의 적용 기준' 문제도 곧바로 해결된다.

그러나 하나님이 정하신 절차와 기준에 따라 심판받을 자는 심판받고 말겠지만, 문제는 이들 심판 대상자들과 함께 섞여 있을 선한 자를 선별해야 하는 이것이 곤혹이다. 침몰하는 배는 침몰하더

---

358) 『세계섭리론』, 앞의 책, p.433.

라도 그 안에 있는 의로운 자들은 구명되어야 한다. 인류가 애써 쌓아 올린 善意로서의 가치 질서와 문명 양식과 영혼들은 건져져야 한다. 이를 위한 심판 기준이 따로 설정되어야 하거니와, 이 같은 준비 절차가 완수되고 만방에 공고된 후 일정한 기간의 경과 후에는 정말 심판의 날이 임박하리라.

그때, 그 과정으로서의 숨 가쁜 일정들이 성경에서는 '절기'로 기록되어 있거니와, 재림에 관한 절기 혹은 나팔절→속죄절→초막절로서 이행될 일련의 절차가 그것이다. 그날, 그때, 그 절기가 시작되면 먼저 하나님은 반드시 나팔로써 알림을 주시리라. 나팔이 울림과 동시에 예고된 성경상의 대사건들이 어떤 형태로든 현실화된다. 그리스도의 재림과 심판과 휴거 등등(나팔절). "先知者 다니엘이 말한바 멸망의 가증한 것이 거룩한 곳에 선 것을 보거든(읽는 자는 깨달을진저!)",359) 전무후무한 대환란이 있다. 그 기간은 정해진 기간으로서 다니엘이 말한바 '칠십 이레', 그중에서도 세분된 '마지막 이레' 등으로 표현되었다(속죄절).360) 이렇게 정해진 절기 심판이 마무리되면 "허물이 마치며, 죄가 끝나며, 죄악이 영속되며(화목이 이루어지며), 영원한 義가 드러나며, 이상－異像과 예언이 응하며, 또 지극히 거룩한 자가 기름부음을 받으리라."361)

그리하여 드디어 초막절로의 이행이 마무리되면 환란의 먹구름은 말끔하게 거치게 되어 천년 왕국의 종교, 영원한 하나님의 나라, 지상천국의 건설 조건이 무르익게 된다. 이때 하나님이 인류를 심

---

359) 마태복음, 24장 15절.
360) 다니엘, 9장 24절.
361) 다니엘, 9장 24절.

판하신 목적이 확연하게 달성된다. 즉 하나님이 인류의 심판과 구원의 결과로서 모든 종교가 없어진다. "여호와의 전에 모든 솥이 제단 앞 주발과 다름이 없을 것이니……."[362] 하나님이 인류를 어떻게 심판하고자 하신 것인지 읽는 자는 깨달을진저! 하나님이 장차 행하실 심판의 대요 기준, 대상, 조건, 방법이 이 같은 결과를 통해서 사전에 인지된다. 지혜에 지혜를 더한 의지의 천명으로 일체 과정이 손바닥 들여다보듯 확연하다. 하나님이 고뇌하는 자식에게 내보이신 계시 지혜이다.

> "예루살렘과 유다의 모든 솥이 만군의 여호와의 성물 – 聖物이 될 것인즉 제사드리는 자가 와서 이 솥을 취하여 그 가운데 고기를 삶으리라. 그날에는 만군의 여호와의 전에 가나안 사람이 다시 있지 아니하리라."[363]

불교, 기독교, 유교, 이슬람교가 따로 없다. 그들이 전통적으로 숭배했던 聖物들이 고스란히 하나님의 聖物이 된다. 하나님은 가장 극명하게 인류를 심판하시면서 구원할 기준인 '세계 통합 의지'를 동시 적용 기준으로 세우셨다. 그 적용 대상은 너와 나, 모두에게 있어 예외가 없는 인류 전체이다. 어떤 차별도 없이 모든 인류를 포괄한 보편적 기준, 즉 公義的인 기준이다.

> "여호와께서 천하의 왕이 되시리니, 그날에는 여호와께서 홀로 하나이실 것이요, 그 이름이 홀로 하나이실 것이며……."[364]

---

362) 스가랴, 14장 20절.
363) 스가랴, 14장 21절.
364) 스가랴, 14장 9절.

여기에 이 연구가 감당해야 할 막중한 저술 과제가 있다. 하나님의 메시지를 밝혀야, 만인이 임박한 때를 알고 구원받을 자가 구원받을 수 있다. 하나님이 가증스런 죄악을 심판할 채비를 차리신 만큼, 그 우선적인 사역 절차가 심판의 기준을 공지하는 작업이다. 세상 믿음과 진리와 인류가 이룬 문명 역사 전체를 심판대 위에 올려놓겠다 하시므로, 그 심판의 칼날을 누가 벗어나겠는가?[365] 두려운 권능을 맞닥뜨린 심판대의 한복판에 현대인들이 서 있다.

3. 심판의 기능 역할

심판을 하는 데 있어서는 여러 가지 경우가 있다. 재판관이 내리는 심판, 역사가 내리는 심판, 운명적인 한계에 도달한 심판, 섭리적인 심판 등등. 그렇다면 하나님이 내리실 종말 심판은 어떤 성격을 지니며, 무슨 작용과 기능과 역할이 있게 되는 것일까? 인간의 죄는 저지른 죄과에 합당하다고 여긴 형량으로 판결이 난다. 억울한 일이 일어나지 말라는 법이 없어, 무고한 데도 제도가 내리는 벌을 감당해야 하는 경우가 있다. 그러나 하나님이 내리시는 심판에 이런 일이 있어서는 안 된다. 믿음에 대하여, 행위에 대하여, 진리에 대하여, 先天 하늘에서 이룬 문명 역사에 대하여, 하나님은 모든 것을 꿰뚫은 창조주로서의 절대 권능적인 지혜를 발휘해야

---

365) 이 연구는 세상을 심판하는 기능과 아울러 심판 자체에 대한 기준을 세우는 권능 역할을 함께 담당하게 됨.

한다. 수많은 행위, 행적들로부터 선행과 악행을 분별해 내는 것은 그렇게 어려운 일이 아니다. 참과 거짓을 가려내고[366] 善을 보상하고 惡을 벌하는 것은 기본적인 심판 역할이다.[367]

> "무덤 속에 있는 자가 다 그의 음성을 들을 때가 오나니, 善한 일을 행한 자는 생명의 부활로, 惡한 일을 행한 자는 심판의 부활로 나오리라."[368]

무덤에 있는 자도 고이 잠들지 못하게 불러 세우리라고 할 만큼 인자가 올 때는 심판하는 것이 주된 임무이라,[369] 主 그리스도가 오셔서 두려운 권능을 발휘할 수 있도록 하나님이 사전에 모든 역할을 감당하려 하신다. 아무리 믿음이 없는 자들이라도 막무가내식으로 惡人으로 몰아붙여 내칠 수는 없다. 비록 용서받을 수 없을 만큼 저지른 죄과가 커도 명백하게 심판하기 위해서는 정당한 진리로써의 해명 절차를 거쳐야 한다. 즉 세계가 無神論的인 것으로 판단되었다면 그렇게 생각한 것이 온전한 진리 인식 체계가 아니라는 것을 지적할 수 있어야 한다.

인간은 물속에서는 살 수 없는데, 물속을 천지로 삼고 있는 물고기도 그런 것은 아니다. 마찬가지로 하나님은 인간과는 차원이 다른 세계 속에서 존재하고 계시다. 우리는 분열적이지만 하나님은 초월적이라, 합당한 근거만 제시할 수 있다면 無神論者들이 무엇

---

366) 요한복음, 3장 19절, 5장 27절, 8장 16절.
367) 다니엘, 12장 2절.
368) 요한복음, 12장 28절 – 29절.
369) 『요한의 종말론』, 이상호 저, 논문, p.25.

을 잘못 생각한 것인지 지적할 수 있다. 세계의 有神的 상황을 증거하는 것은 하나님이 세상을 심판하기 위한 사전 성업 절차이다. 더 나아가서는 인류가 고뇌했던 모든 진리 영역에서도 밝힐 것을 밝히고 해결할 것을 해결해야 하나님이 심판을 제대로 하실 수 있다.

민음의 문제만 해도 그렇다. 세상 가운데는 다양한 형태의 믿음이 있는데, 기준을 어설프게 적용해서 일괄 심판한다는 것은 있을 수 없다. 하나님이라고 해서 절대 권능을 빌미로 일사천리로 결말지을 수 있을 것으로 알지만, 그렇게 되면 심판받는 입장에서는 납득할 수 없다. 흔히 기독교인들은 예수와 십자가를 구원의 표적으로 내세우는데, 도대체 과거의 조상들이 예수를 믿지 않은 것이 그들의 잘못이란 말인가? 하나님은 보편적인 의지를 가진 분이라고 믿고 있는데 이것이 어떻게 된 일인가? 주위의 양심적인 이웃이 단지 십자가를 받아들이지 않았다는 이유만으로 멸망의 길로 가야 한다면 하나님이 먼저 불공정한 심판관으로서 지탄되리라. 예수의 이름조차 들어보지 못하고 죽은 사람들이 부지기수인데, 이들도 과연 동일한 이유로 심판받는다면 이처럼 억울한 일도 없다.[370] 이 같은 문제를 하나님은 어떻게 해결하실 것인가? 여기에 난제가 있다. 하나님도 고민하고 계신 중인데 어떻게 대책을 예측할 수 있겠는가? 고민하고 고민해서 겨우 내놓게 된 것이 곧 公義的인 바탕에 근거한 심판 기준이다.

"기독교인들은 예나 지금이나 변함없이 자신들이 구축한 교리 시스템대로 역사가 전개되고 창조 목적이 이루어질 것으로 믿고 있지만, 그 가능성 여부에 대한 전망은 참담하기만 하다."[371] 도달

370) 『보살 예수』, 길희성 저, 현암사, 2004, pp.26, 75.

될 결과는 예시할 수 있더라도 어떻게 이룰 것인가란 방법 면에 있어서는 신념이 제각각이다. 종말이 오면 여태껏 쌓은 빛과 소금으로서의 프리미엄을 가지고 심판을 면할 수 있을 것이라고 믿고 있지만,[372] 이것은 그리스도의 재림 시 어떤 인종적, 계층적 차별도 존재하지 않으리란 심판 원칙에 어긋난다.[373] 심판은 예외가 없다는 원칙을 고수하기 위해서라도 하나님은 신앙인들조차 예상할 수 없는 새 기준을 세우시리라. 그리해야만 만상과 만민이 동등한 위치에서 심판의 대열에 참여할 수 있다. 종말에 처한 지금은 누구도 심판에 있어서 주도 세력이 될 프리미엄을 가지지 못한다. 오히려 누렸던 프리미엄을 내놓아야 公義的인 심판 사역을 돕는 것이 된다.

하나님은 때때로 부패한 "종교적 지도층, 지배 계층, 상류 계층에게 부분적으로 심판을 국한시킨 적이 있었다."[374] 한때는 이스라엘 민족과 이방 나라를 구분하여 이방 나라까지도 잘못된 범죄를 징치하시는 하나님에 대해[375] 비상한 관심을 표명한 적도 있었지만, 오늘날은 하나님의 창조 태양이 미치는 모든 곳이 심판 대상이다.[376] 이 같은 기준 적용에 있어 기독교도 예외일 수 없다. 조건상의 차별을 없애기 위해서 하나님은 믿음이 있다고 하는 자들에게 더 큰 시험 과제를 안길 가능성이 크다. 이것은 가장 사랑하는 독

---

371) 『세계섭리론』, 앞의 책, p.690.

372) "최후의 심판은 대부분의 사람들에게 미래에 대한 가장 두려운 예상이다. 그러나 그리스도인들에게는 반대로 굉장히 기다려지는 사건으로, 그들의 신분을 명백히 하거나 공적인 것으로 만든다고 한다." -『종교신앙의 철학적 해석』, 앞의 책, p.148.

373) 『마지막 심판의 비유』, 심상길 저, 논문, p.81.

374) 『아모스의 메시지의 연구』, 김인환 저, 논문, pp.27(3).

375) 위의 논문, p.47.

376) 『세계섭리론』, 앞의 책, p.67.

생자를 희생시킴으로써 인류를 구원한 십자가의 道가 그 예이다. 기독교는 하나님의 심판 역사에 있어 제일 먼저 희생양으로 바칠 공산이 크다. 믿는다고 해서 다 구원될 수 있는 것은 아닐진대,[377] 참된 믿음을 가려내기 위해서는 더욱 단호하고 정교한 잣대를 들이대지 않을 수 없다.

기독교가 하나님의 우선적인 표적 대상이라는 데 대해서 그들이 지킨 믿음을 불신해서인 것은 결코 아니다. 더 큰 상을 주기 위해 신실한 자들을 앞세우려 한 본보기적인 형태이다. 예로부터 하나님은 의로운 자녀를 불의한 자들과 함께 세우사 시련을 겪게 하심으로써 불의한 자를 더욱 단호하게 정죄함과 동시에 의로운 자를 더욱 높이 세우셨다. 믿음의 자식들을 심판대 위에 세우는데 하물며 그렇지 못한 자들에게 있어서랴?

그렇다면 왜 불의한 자들이 불의를 저질렀을 때마다 심판하지 않는지, 그리고 하나님의 자녀들을 심판대 위에 먼저 세우려는지에 대한 이유가 심판 역할에서 명백해진다. 왜 전통 신앙이 그대로 적용될 수 없는 것인지 수긍할 수 있다. 하나님은 변함없이 公義로운 분이라, 이 같은 이유로 기독교는 인류를 심판할 기준틀이 되지 못한다. 그것은 비판을 위한 비판이 아니다. 公義를 위한 뜻을 설명했는데도 받아들이지 못한다면 이 연구가 밝힌 비판은 정말 기독교라도 滅하고 말 심판의 진리가 되고 만다. 참으로 염려되고 두려운 바이다. 시험을 자초한다면 대환란이 불가피하다. 그래서 종말이고 최후 심판이다. 하나님으로서도 곤혹스런 일이 아닐 수 없다.

---

377) "나더러 주여 주여 하는 자마다 천국에 다 들어갈 것이 아니요, 다만 하늘에 계신 내 아버지의 뜻대로 행하는 자라야 들어가리라." - 마태복음, 7장 21절.

성경에 기록되길, "부자는 천국에 들어가기가 어려우니라. ……
약대가 바늘귀로 들어가는 것이 부자가 하나님의 나라에 들어가는
것보다 쉬우니라."[378] 하나님을 신앙하는 믿음에 있어서는 누가 더
큰 부자인가? 無神論者들인가? 인격신이 없다고 하여 종교로 취급
도 안 하는 동양의 종교들인가? 적어도 하나님에 대한 정보 보유에
관한 한 하늘 아래에서는 기독교가 제일 큰 부자이다. 그런데 그렇
게 큰 믿음을 가진 부자들이 하나님의 나라 진입을 자유롭게 하지
못하다니! 하나님의 나라에 들어가기가 어려운 이유는? 평생 쌓은
믿음이기 때문에 더욱 버리기가 어렵다. 부자가 부자인 소이가 쌓
아 올린 재보가 많기 때문인데, 하나님이 요구하시는 것은 바로 그
버릴 수 없는 것을 버리라고 한 가혹한 심판 조건이다.

그렇다면 하나님의 심판 형국 아래서 기독교인이 버려야 할 것
은? 인류가 버려야 할 것은? 지금까지 각자가 지켜온 일체 신념적
인 체제를 버리라는 것이다. 버릴 수 없는 것을 버려야 하는 그곳
에 혹독한 심판 조건과 기능 역할이 있다. 왜냐하면 그 같은 믿음
들은 새로운 질서 아래서는 영적 교감을 방해하는 장애물이기 때
문이다. 고착화된 믿음이 심대한 오류를 낳게 되어 강림 역사 기반
을 무산시켜 버릴 소지가 있어, 하나님은 일차적으로 버림에 대한
고통이 가장 클 기독교를 심판의 표적 대상으로 삼으셨다.

사실 기독교의 믿음을 인류 심판의 전면에 내세우게 되면 인류
를 하나 되게 하는 데 있어서는 역기능적인 효과가 두드러진다. 오
늘날에 이르러서도 기독교는 보편적인 문화 기반이 아니다. 하나님
은 기독교를 앞세움으로써 다른 모든 것을 잃어버릴 어리석은 분

---

378) 마태복음, 19장 23절 - 24절.

이 아니시다. 그렇지만 기독교를 희생 제물로 삼는다면(?) 정제되고 정제된 믿음의 정수를 추출할 수 있을 뿐 아니라, 기독교를 포함한 인류 전체를 하나님의 품 안에 안을 수 있다. 그런데도 기독교가 배타적이고 국부적인 신앙 체제를 끝까지 고수한다면 하나님의 세계 통합 의지를 거역하는 심판의 제1호 대상이 되고 만다.

예를 들어 제네바에서는 "성만찬의 문제에 있어서 성찬식의 집행과 참여할 수 있는 신도의 자격을 제한하여 도덕적으로나 신앙적으로 흠이 있고 회개치 않는 자는 참석하지 못하게 하였다."[379] 그러나 이것은 그렇게 형성된 문화권 안에서의 의례이고 규정인 것일 뿐, 타 문화권에게까지 적용될 보편적인 기준은 아니다.[380] 하나님이 이루실 심판 기능, 즉 평등성과 공정성의 확보 뜻에 역행한다. 하나님의 법도 안에서는 우리들 중 언제라도 먼저 된 자가 나중 될 수 있고 나중 된 자가 먼저 될 수 있다. 하나님은 사태의 중심을 꿰뚫어 보시며 하나라도 빠뜨리지 않고 보살피고 계신 만큼, 하나님을 섬기고 있는 자라 해도 제외될 수 있고, 무관하다고 여긴 자라도 뒤늦게 영광을 얻을 수 있다. 하나님의 역사를 대표한 지상 교회는 하나님이 심혈을 기울인 섭리의 본보기인데도 교회가 어떤 대상체보다 심판의 표적 대상이 되어야 함에, 오직 믿음 있는 자만 그것이 구원을 성사시키기 위한 강력한 조건 설정이라는 것을 알게 될 것이다. 이만한 해명에도 불구하고 수긍하지 못한다면 이후는 더 이상 희망찬 결과를 이끌어 낼 수 없다.

---

379) 『그리스도 영성 신학의 단계별 신인식론』, 김성우 저, 인터내셔널대학원 목회신학 박사학위논문, 2000, p.12.

380) 그 같은 자격 제한이 세상에 적용된다면 성찬식의 집행에 참여할 수 있는 인류의 구원 자격자 수는 과연 몇 명이나 되겠는가?

예수를 믿는 자는 심판 시 당연히 구원받고 그렇지 못한 자는 고스란히 滅하는 것이 아니다. 말 그대로 마지막인 만큼, 믿음이 있는 자들도 그 믿음에 대한 시험 과정이 있게 되고, 불신자들도 다시 한 번 부여되는 마지막 기회는 있다. 여기서 하나님은 나중 된 자가 먼저 될 수 있는 파격적인 기회 보장(제공)과 만인에게 있어 균등한 公義的인 입장을 견지하시리라. 애써 마련된 심판대는 하나님만의 절대적인 권능 행사장이 아니다. 세세한 사랑과 끝까지 기다린 인내가 도출되어야 하는 곳이다.

하지만 하나님이 公義的인 입장에서 인류를 심판할 이유를 밝히는 것은 어디까지나 기능적인 역할일 뿐, 원목적은 아니다. 원기능은 참으로 심판이 있어야 그동안 섭리된 인류 역사가 매듭을 짓고 잘잘못을 가려 새로운 세계를 창조할 수 있기 때문이다. 심판이 없으면 선별이 안 되어 하나님이 원하신바 이상 세계 건설이 어렵다. 이 같은 이유가 있어 이 연구는 하나님의 심판 역할이 장차 어떤 결과를 도출할 수 있을 것인가에 대한 의지를 누차에 걸쳐 밝힌 바 있다. 오직 이 같은 뜻을 위해서 하나님이 권능을 집중시킬 것이다. 지혜를 발하실 것이다. 천지를 창조한 대권능을 심판 사역을 통해서 확증할 것이다.

4. 길의 예비 심판 기준

세상이 종말을 맞이한 지금은 온갖 대립이 난무하고 진리적 혼돈이 극에 달하여 사악한 인간들이 오히려 권세를 누리는 상황이 되었다. 道는 있어도 실천되지 않고 진리가 있어도 빛을 잃어 제구실을 못한 지 오래전이다. 그래서 이 같은 세상을 심판하기 위해 하나님은 먼저 천고 이래로 이탈된 창조 본질을 정위 - 正位시키고 천 갈래 만 갈래로 갈라진 진리로부터 하나님의 뜻을 분별할 수 있도록 기준을 세우셨다. 인간이 숱한 정욕으로 죄악을 저지르는 것은 참다운 진리를 보지 못했기 때문이며, 분명해야 할 진리가 혼돈되어서이다. "누구도 감히 핵심 된 본질을 밝혀 내지 못하였고 개념을 초점 잡지 못해 너도나도 자신들의 옳음만을 주장하게 되었다. 옳음에 대한 진위를 판가름해 줄 기준이 없어 세계가 혼란스런 대립상이 되었다."381) 그러므로 이 연구가 진리의 기준을 세우고 正道를 정립하는 것은 세상을 심판하기 위한 사전 기초 작업이다. 하나님이 먼저 正位하셔서 바른 道를 세우실진대, 이 같은 뜻을 받들어 적극적으로 참여하게 된 것이 길의 역사이다. 본인은 길을 통하여 하나님의 靈이 안주할 수 있는 믿음의 기대를 세웠으며, 그로써 성립하게 된 인생 진리를 밝히기 위해 노력했다. 길과 하나님과의 관계를 확실하게 해야 이것이 세상 진리를 판가름하는 기준이 되고 심판의 진리가 된다. 온갖 혼돈으로부터 진리의 문제를 해결하는 절차는 곧바로 세상의 병폐를 도려내는 예리한 칼날이다.

그래서 길은 세상 심판을 위해서 하나님이 예비하신 선행 역사이다. "세계가 낳은 온갖 혼돈으로부터 진리에 대한 개념을 확고히 하고 핵심 된 본질을 규명한 것은382) 전적으로 하나님이 인도하신

---

381) 『세계본질론』, 졸저, 청학사, 1997, p.27.
382) 『세계통합론』, 졸저, 완본, 1995, pp.543 - 544.

길의 역사를 통해서이다. 하나님이 세상을 심판하기에 앞서 길을 세웠다는 것은 본인의 인생 본질을 선지하셨다는 말과 같다. 인도된 역사 과정, 즉 길을 통해 판단된 온갖 진리에 대한 규정이 인류를 심판할 적용 기준이 된다. 심판 이전에 일체의 판단 절차를 정비하시므로, 길은 만세에 다시없을 하나님의 심판 역할을 대행하리라. 세상의 진리를 가늠하는 역할이 그것이다.[383]

기독교는 세기를 다해 구축한 신앙 체제로서 末世에 인류를 구원할 주도적인 역할을 담당할 것이라 여겼지만 오늘의 교회, 그리고 이스라엘 민족은 시온의 약속 실현 역사에 대해 꼬리를 감춘 지오래전이다. 기독교의 지향 목적은 하나님의 나라를 건설하는 것인데, 그들만의 나라를 건설하려 한 이것이 걸림돌이다. 그 나라는 기독교가 노력해서 기독교인들만으로 구성될 나라가 아니다. 그래서 末世에는 나머지 남은 자들까지 인도할 새 진리가 필요하게 되었고, 이 같은 요구에 부응해서 길의 심판 기준이 세워졌다.

기독교는 末世에 대한 징조를 예고하고 믿음만 지켰을 뿐, 난제를 해결하고 난관에 대처할 방안까지 강구하지는 않았다. 그 결과 종말을 종말 지을 수 있는 주도성을 잃게 되었다. 종말은 세상이 멸망에 처했는데도 새로운 진리 요구에 부응하지 못해 안주하고 있다가 생명력을 마감하게 된 상황을 의미한다. 새 진리, 새 질서로써 종말성을 극복할 수 있어야 구원의 역할을 감당할 수 있다. 세상은 진리에 대한 인식과 세계관에 있어서 획기적인 전환을 안길 새 진리에 의해 심판받고[384] 그런 연후, 인류는 정말 새 하늘을

---

383) 길이 제시한 심판 기준 외 다른 대안은 없음.

384) 위의 책, p.578.

맞게 되리라.

길은 하나님의 뜻을 담은 先知者的 역할 메시지로서 명실상부하게 先天 하늘의 질서를 판가름할 심판의 역할을 감당하리라. 하나님이 일찍이 길로 하여금 무수한 진리의 해결 과제를 제시하고 청신한 세계를 일굴 수 있게 하셨던 것은 그와 같은 성업을 통해 인류를 심판할 역사를 준비하기 위해서였다. 이 연구가 先天 질서를 비판하고 뭇 가치 세계를 판단하는 것 자체가 하나님의 사전 심판 역할이라는 것은 참으로 두려운 자각이다. 先天 문명이 막바지에 다다라 하나님이 모든 때를 마감하기 위해 모종의 가이드라인을 책정하셨나니, 이것이 이 연구가 밝힐 모든 메시지이다. 심판 역할과 아울러 인류를 구원할 진리의 푯대 세움 역할을 함께 담당하게 되리라.

1. 세계의 구원 진리, 의지

많은 사람들이 고통받고 애통해하고 있을 때에는 구원에 대한 강력한 요청이 있게 되는데(개인, 가정, 사회, 민족……), 요청 형태도 다양하다. 위급한 사고가 생겼을 때는 구조대가, 병이 났을 때는 의사의 도움이, 헤어날 길 없는 정신적 고민이 있다면 의논할 상담자가 필요하다. 한국전쟁이 발발했을 때는 16개국에 달하는 유엔군이 참전했다. 그렇다면 현재의 인류에게는 어떤 고통이 있고 어떤 도움이 필요한가? "오늘날의 민초들은 흩어지고 개별화되어

실업과 같은 사회적이고 집단적인 문제에 홀로 대처하고, 무기력하게 좌절하고 있다."[385] 문명 파괴의 요인이 증대되고 있고, 인류 사회 전체가 송두리째 파멸될 수도 있다는 불안감에 떨고 있다. 혼란한 세상을 구제하기 위해 성현이 내림했을 때에도 이 같은 요인들이 구원을 위한 요청 주제는 아니었다. 佛陀는 인간의 숙제인 욕망과 고통으로부터의 해탈을, 예수는 죄악으로부터의 구원을 모토로 삼았다.

그런데 지금은 하나님이 직접 강림을 이루셨는데, 그 이유는? 그것은 바로 인류 전체의 파멸이 목전에 다다른 때문이다. 하나님의 구원은 항상 백성의 아픔을 먼저 진단한 데서부터였다. 정작 인간들은 배불리 먹고 태평스러운데(?), 하나님이 곁에 바짝 다가와 계신 이유는? 그것은 우리의 귀에 들리지 않는 소리를 들으시고, 보이지 않는 것을 보고 계신 하나님이 듣고 본 천지 만상의 아우성 소리, 즉 구원의 진리 요청 소리 때문이다. 구원의 진리는 만 생명과 영혼과 인생의 생멸, 보장과 연관이 있는데, 이것을 알 길 없는 인류는 죄어드는 존망의 위기 앞에서 갈 길을 몰라 하고 있다.

엔트로피 법칙은 하나밖에 없는 지구가 끝이 없는 인간의 욕망을 충족시켜 주기에는 분명한 물리적 한계가 있다는 것을 시사했다. 그렇다면 인간이 유지하고 있는 체제로서의 세계관은 반드시 무너질 수밖에 없는 것인데, 그 다음은?[386] 이토록 암담한 처지에까지 이르고 만 것은 인류가 성현이 세운 道를 버리고 욕망을 극대화한 分別知[387]만을 추구한 결과이다. 욕망의 한계가 분명한 물

---

385) 『민중의 영성과 성령 하나님』, 권진관 저, 성공회대학, 논총, 1997, p.6.
386) 『엔트로피(새로운 세계관)』, 엔트로피를 생각하는 사람들 엮음, 두레, 1993, p.표지글.

리 세계에서 한정 없는 욕망을 부추긴 分別知를 주력 진리로 삼게 된 것이 인류 사회가 멸망을 맞이한 요인이다. 따라서 직면한 문명적 한계를 인식해서 극복해 나갈 수 있는 구원의 진리가 요청된다. 멸망의 언덕을 향해 아무런 제동장치 없이 치닫고 있는 문명 체제를 제어할 수 있는 범인류적인 수행 의지가 필요하다. 그 급박한 요청 소리가 들리는가? 실족을 하였다면 지푸라기라도 잡을 것이 있어야 하는데, 세상을 둘러보니 온통 나락으로 떨어질 조건뿐이다. 그래서 分別知를 극복할 수 있는 새로운 진리에 대한 요청, 여기에 하나님이 응하지 않을 수 없는 역사가 있다.

노자가 개념적으로 규정했던 위학－爲學은 오늘날의 문명적 위기를 자초한 요인이다.388) 정말 필요한 것은 위도－爲道인데, 爲道는 "우주 생명의 본질과 작용을 드러내려고 한 총체적인 노력이다."389) 爲道는 동양의 문명사에서 이미 사고 실험을 거친, 그래서 지금은 버려진 사상이 아니냐고 반문할지 모르지만, 그때는 세계적인 여건상 爲道만으로써는 진리력을 제대로 발휘할 수 없었던 시대였다. 그런데 지금은 멸망이 목전에 다다른 상태라, 구원을 얻기 위해서는 하나님과의 교통이 긴요할 뿐 아니라, 하나님이 발하신 구원 의지를 받들기 위해서라도 爲學이 아닌 爲道 시스템으로 존재의 본질적인 바탕을 마련해야 한다. 욕망을 절제하고 영성을 밝힐 진리 체계 구축이 필요하다.

인류는 저지른 죄악으로 인해 막바지 한계 수위에까지 이른 만

---

387) 『노자 수양론의 연구』, 나우권 저, 고려대학교대학원철학과 석사학위논문, 1997, p.26.
388) 爲學: 대상적 지식의 습득과 축적 체계.
389) 위의 논문, p.31.

큼, 아무리 구원해 달라고 소리쳐도 하나님과 통할 수 없다면 소용이 없다. 그래서 인류의 애통과 강력한 요구를 들으신 하나님께서 새로운 진리를 준비하게 된 것이니, 이것은 인류가 한계 상황에 다다른 상태에서 붙들어 주신 제삼의 구원 의지이다. 그래서 표방된 진리는 인고를 다해 세우신 하나님의 존재 의지를 전격 대변하게 되리라. 하나님이 인류의 곁에 강림하셔서 붙들어 주신 분명한 실존성의 확인이다. 살길을 열어 주기 위해 강림하셨다는 것이 하나님의 뜻이다. 문명 역사가 다하기까지 하나님의 거룩한 곤욕은 감수되셨나니, "타락한 인간에 대해 끝까지 인고하신 하나님이 없었다면 인류는 무엇도 존재할 수 없다."[390] "중력이 사물에 최대한의 관성을 허용하듯, 하나님은 이날 이 순간까지 나와 세계를 버리지 않으셨다."[391]

2. 세계의 구원 이상

하나님이 천지를 창조하시므로 영원한 세계는 하나님의 뜻 안에 있지만 그 이상은 이 세상 위에서 실현된다. 이 땅은 정말 하나님이 원대한 뜻(영원한 본질)을 분열시킴으로써 위대한 창조 목적을 구현할 실질적인 세계이다. 그래서 너와 나의 인생 위에는 차마 포기할 수 없는 하나님의 고귀한 꿈과 기대와 구원 약속이 스며 있

---

390) 『길을 위하여(1)』, 졸저, 아가페, 1985, p.76.
391) 위의 책, p.13.

다. 이토록 긴밀하기 때문에 인류가 고통받고 위기에 처하므로 지체 없이 하나님이 강림을 이루셨다. 하나님은 인류가 쌓고 서원한 단 한 번의 정성과 기도도 헛되지 않도록 노력하셨으며, 소원한 세계적 이상을 실현하고자 하셨다. 인류 역시 이 같은 뜻에 부응해서 하나님이 원하신 창조 이상을 실현하기 위해 함께 노력했다. 각자 바친 믿음과 추구 방식이 달랐을 뿐이지, 시대와 장소를 달리해서 쏟은 정성이 지대했던 것은 사실이다.

그래서 하나님은 그때 그 시대의 백성들이 바친 믿음의 주류 속성을 오늘의 지상강림 목적에 모두 귀속시킴으로써, 그 대원들이 불국토 건설에 있든, 보살행의 완성에 있든, 어디에 있든지 간에 그들의 행적과 정성이 헛되지 않도록 하실 것이다. 믿음의 주소가 진인의 출세에 있든, 彌勒佛의 下生에 있든, 무여열반 – 無餘涅槃에 있든(남음이 없는 열반),[392] 아니면 재림을 기다림에 있든, 하나님은 정성과 정열을 통합한 대류로서의 구원 이상을 실현시키시리라.

정토 – 淨土는 佛法의 모든 가능성을 실현한 깨끗한 나라요, 그것은 동시에 하나님의 法을 실현한 나라이기도 하다.[393] 마르크스가 唯物論的인 입장에서 설정한 이상 세계는 상당히 제도적인 것인데, "공산주의 사회가 인류 최고의 이상인 최고의 역사적 단계로서, 그 이상의 발전은 상상할 필요조차 없는 것으로 되어 있다."[394] 한편 불교인들은 서방에 극락세계가 있어서 부지런히 아미타불을 외우고 수행하면 그곳에 갈 수 있다고 보아 마음의 정화(수행)에

---

392) 『금강반야바라밀다심경』, 해안 강의, 불서보급사, 1986, p.34.
393) 『금강경 강해』, 김용옥 저, 통나무, 2003, p.243.
394) 『불교·기독교·공산주의』, 정태혁 저, 동국대학교불전간행위원회, 1985, p.122.

주력하기도 했다. 마음 그대로가 극락세계이고 自性 그대로가 아미타불[395]이라고 본 믿음이다.

이렇듯 세상에는 충실하게 쌓아 올린 믿음의 기대들이 산적해 있는데, 이것을 하나님은 어떻게 하실 것인가? 하나님이 이루고자 하신 세계의 구원 이상은 결국 마르크스나 佛陀가 사상적으로 그린 제도로서의 이상 사회나 극락세계를 모두 포함한 창조 목적의 실현이 될 것이라, 그것이 다름 아닌 인류의 대원을 결집한 지상천국의 건설이다. 그렇게 실현되면 세상에는 부처님 아닌 사람이 없고, 극락세계 아닌 곳이 없게 된다(일승법).[396] 인류가 기대한 彌勒佛이 통합불이 되고 통합불이 하나님이 되어 예수가 전한 복음이 완성되는 것은 물론이고,[397] 예수가 왕으로서 다스릴 통합 천국이 건설되리라.

하지만 세상 가운데서도 부모의 기대를 저버리는 자식이 있듯, 하나님이 끝까지 뒷받침하고자 한 구원 이상과 기대를 인류가 저버린다면? 그렇게 되지 않도록 하기 위해 하나님은 이 연구를 통하여 최후 심판 이전에 모종의 대책을(대원칙) 마련하셨다. 公義的인 입장에서 심판하지 않을 수 없지만, 대환란 가운데서도 하나님이 세우신 구원의 푯대를 보고 나아오는 자들은 그들이 바친 믿음과 정성의 형태를 헛되이 하지 않고 보장하시리란 약속이다. 사실 지금까지 우려했던 바도 이것인데, 공든 탑이 무너지랴? 그러나 쌓은 탑이 정말 무너진다면 이유를 모르는 운명적 심판 앞에서 당혹해 하고 하늘을 원망하리라.

---

395) 『영원한 자유』, 성철스님 법어집, 1집 6권, 백련선서간행회 역, 장경각, 2001, p.43.
396) 『법화경』, 방편품
　　　"시방 세계 국토 중에 오직 일승법만이 있다(十方國土中 唯有一乘法)." - 위의 책, p.42.
397) 『금강경 강해』, 앞의 책, p.242.

이 같은 우려를 불식시키기 위해 데살로니가전서에서는 십자가에 못 박히신 主 예수가 곧 현실적으로 금의환향 – 錦衣還鄕할 것처럼 묘사했다.

"主께서 호령과 천사장의 소리와 하나님의 나팔로 친히 하늘로 좇아 강림하시리니 ……우리가 항상 主와 함께 있으리라."[398]

"사도 바울은 이러한 재림에 대한 비전을 문자 그대로 믿었을 뿐 아니라, 그것이 자기 삶의 당대에 이루어지리라고도 보았다. 그런데 예수는 오지 않았다. 아아, 실망스럽다."[399] 그래서 기독교는 보기에 따라서는 허상 위에 서 있는 종교처럼 보인다. 그 후에 세워진 교회가 부활하신 예수의 몸이며, 구축된 공동체들이 예고된 천국의 도래라고 한 교회론 주장은 합리화와 대처된 믿음이란 의혹을 피하기 어렵다.

그렇다면 佛陀가 말한 극락세계는? 자본주의가 붕괴됨에 따른 공산주의 사회의 도래와 유교에서 말한 대동 세계는? 오지 않았고 보지도 못했고 노력해도 실현되지 않았기 때문에 인류가 바친 믿음과 정성이 무산되어 버리고 진리마저 빛을 잃고 말았다.

그러므로 인간이 바란 하나님에 대한 구원 이상은 반드시 원칙과 약속이 지켜지는 세계이다. 원칙이 무너지고 쏟은 정성이 쓸모없게 되어 버린다면 인간이 내다볼 구원에 대한 희망은 없다. 그런데 만물이 종말을 맞이한 이때에 하나님이 강림하셨다는 것은 인

398) 데살로니가전서, 4장 16절 – 18절.
399) 『금강경 강해』, 앞의 책, p.243.

류가 쌓아 올린 기대와 義와 정성을 빠짐없이 보장하시리란 뜻을 시사한다. 구원의 푯대를 보고 나아오는 자들에게 하나님은 그들이 바란 구원의 기대를 정말 실현시키고자 하신다. 그것이 다름 아닌, 누구라도 동참할 수 있도록 참여 마당으로 높이 세운 세계 통합이란 기치이다. 이 푯대를 바라보면 에덴동산으로부터 추방된 인류가 다시 그 본성을 회복할 수 있는 길을 트리라. 하나님의 창조 뜻과 구원 이상을 온전하게 받아들일진대, 하나님은 인류가 원한 이상향의 세계를 반드시 구현하시리라.

> "인류의 땀 흘림은 결코 헛될 수 없나니, 결국 멸망이라는 막다른 길에서 구원이란 하나님의 은총을 입을 것이다."[400]

혼돈→애통→無明→자각→회개→용서→극복→통합→귀의. 일련의 진행 과정 위에 하나님의 한량없는 은혜가 있으리라. 그래서 오늘날은 무엇보다도 인류의 강퍅해진 마음과 죄악 된 문명의 얼룩을 씻어 낼 수행이란 대시스템을 필요로 한다. 어떡하든 인류는 인간이 쏟은 정성을 보장하고자 하신 하나님 앞에서 구원이란 은총을 이끌어 낼 수 있는 문명 코드를 선택하고 믿음을 결정하는 것이 중요하다. 어떤 경우도 심판은 피할 수 없는 것이지만, 그러나 결과까지 다 그러한 것은 아니다. 모든 상황을 꿰뚫고 계신 하나님에게 있어서 구원에 대한 은총은 분명 차별이 있다. 우리가 이 세상에서 어떤 어려움을 당했는가 하는 것은 중요하지 않다. 末世에 무도한 자들과 함께하고 있는 세태 속에서는 義人도 똑같이 시험에

---

400) 『길을 위하여(3)』, 졸저, 인쇄본, 1990, p.128.

들고 고통받을 수 있다.

하지만 그 같은 어려움 속에서도 각자가 임한 마음가짐과 쏟은 정성과 선택한 마음의 결정은 중요하다. 인류가 하나님이 세운 구원의 푯대를 접하는 문제가 그렇다. 하나님이 푯대를 세우시려는 것은 만사를 빠짐없이 구원하고자 한 의중 약속이다. 그러므로 인류는 빠짐없이 하나님으로부터 구원될 수 있도록 믿음과 정성과 生의 가치를 집중시켜야 한다. 그리해야 하나님의 구원 이상이 실현된다. 참으로 세계에 대한 궁극적 생명력은 자아와 존재가 간직한 본질로부터 창조되어야 하며, 그렇게 할 때 수행이 구체적인 방도를 지침할 수 있게 된다.

구원의 원동 에너지는 인간이 쏟은 정성이 하나님의 뜻과 일치된 합일점에서 생성한다. 우리가 하늘을 향해 德과 수행을 쌓으면 당장은 곤혹이 있을지라도 이후에는 반드시 진전되고 환도될 새 경지 세계를 맞이하리라. 그것이 쏟은 정성을 보장하시는 하나님의 위무 세계이며, 은총을 접한 구원 실상이다. 제행무상 - 諸行無常이고 제법무아 - 諸法無我라, 아무리 만사가 헛되고 헛되더라도 자식이 아버지에게 바친 정성은 결코 헛되게 하지 않으리라. 이것은 수행을 세계 구원의 푯대 기치로 내세우고자 하는 데 있어 하나님이 천명하신 구원 의지의 제일 원칙이자 살아계신 하나님에 대한 실증적인 인식이다. 하나님이 존재하심으로써만 가능한 절대 보장 의지가 뒷받침되어 있다.

따라서 수행을 쌓는다는 것은 인간이 하나님에게 바칠 수 있는 위대한 정신혼이다. 인간이 한 세상 태어나 어쩔 수 없는 욕망의 소용돌이 가운데서도 정욕을 제어하고 영원성을 축적시킬 수 있는 의지력을 수련한다는 것은 그 자체가 구원된 삶인데, 나아가서는 그 모든 행업을 보장할 은혜까지 약속하시다니……. 참된 수행을[401] 쌓은 자는 인생이 구제받고, 진정 버려져야 할 곳에서 버려지지 않는 귀한 은총을 입으리라. 마음이 참신하고 영혼이 순수할진대,[402] 이토록 위무하고 은혜로써 변화시킬 수 있다니!

> "누가 능히 하나님의 택하신 자들을 송사 - 訟事하리오. 의롭다 하
> 신 이는 하나님이시니 누가 정죄하리오."[403]

수행은 환란을 피할 수 있는 심판의 대방호막이다. 원리는 분명한 것이나니, 하나님께 義를 쌓은 자를 하나님께서 심판하실 리는 없다. 末世라 누구도 심판을 피할 수 없는데, 피할 수 있는 유일한 방도가 하나님께 바람 없는 믿음의 수행을 쌓는 것이다.

> "내 말을 듣고 또 나 보내신 이를 믿는 자는 영생을 얻었고 심판
> 에 이르지 아니하나니, 사망에서 생명으로 옮겼느니라."[404]

만 생명이 당면한 심판의 때에 심판을 받지 않는 것은 심판을 면하는 그것으로 심판을 받는, 구원의 은혜 중에서도 제일의 특례이다. 시온의 영광과 예수의 재림 역사에 동참하는 것도 중요하지만 심판 때 심판을 면하는 은혜에 비견할 것은 없다. 이후의 영광

---

401) 그 수행의 행위적 형태는 앞으로 밝힐 바 다양하다. 정신적 수련을 목적으로 하거나 좌선하는 행위 규정 형태가 아님.
402) 『길을 위하여(1)』, 앞의 책, p.27.
403) 로마서, 8장 33절 - 34절.
404) 요한복음, 5장 24절.

들은 이 같은 은혜가 있음으로써 허락될 부차적인 것이다.

그래서 온 천지가 末世에 처한 환란의 시대에 귀 있는 자 모두 들을 수 있고, 눈 있는 자 모두 볼 수 있는 푯대를 세우셔서 인류를 인도하고자 하신다. 온 인류는 곧이어 세워질 완전한 푯대를 보게 될 것인데, 그 푯대는 인류가 쏟은 정성과 믿음을 화합시키고 구현할 대동의 통합 푯대이다. 꿈을 펼칠 푯대 기치 아래서 "온 인류는 다시는 죄의 백성이 되지 않고 거룩한 하나님의 백성이 되리라. 완전한 푯대 아래서 인류는 완전한 하나님의 백성이 될 수 있다."[405]

본인은 하나님의 부름을 입은 사명자로서 하나님이 계시하지 않은 바를 말할 수 없다. 길을 지키고 믿음을 지킨 것은 만인을 사랑하고 또 구원할 수 있는 자격이다. 이 같은 지킴이 인류 심판이란 막바지 기로에서 하나님의 구원 약속을 이끌어 내게 된 것이니, 이것은 젊은 시절 온갖 삶의 애환 가운데서도 하나님께 매달려 길을 구한 믿음의 결과이다. 한 인간이 바친 소원이 헛되지 않은 증거이다. 확언하는바, 이 세대가 길을 버리지 않는 한 이 민족의 義는 살아 있으며, 義가 살아 있는 한, 인류를 향한 구원 이상은 반드시 실현되리라.

3. 세계의 구원 방법

아무리 높은 이상과 좋은 계획을 가졌다 하더라도 그것을 실현

---

405) 『길을 위하여(3)』, 앞의 책, p.17.

할 방도가 없다면 소용이 없다. 하나님은 末世에 인류를 심판하고 구원할 의지를 표명하셨는데, 그렇다면 심판이 임박한 형편에서 어떤 방법으로 뜻을 실현하실 것인가? 인류가 지난날 행한 무수한 善惡의 형태와 행적, 역사를 분류하고 심의하고……. 도대체 언제 어떻게 얼마를 처리해야 심판과 구원 작업을 완수할 수 있겠는가? 인간의 지혜로써는 가늠하거나 해결할 방법이 없다.

그런데 하나님은 전통적으로 사랑하는 백성들을 권고하고 그 잘못을 징벌하고자 하실 때 푯대를 세우는 방법을 선호하셨다. 푯대는 하나님의 존재 의지를 담은 일종의 상징적 깃대이다.[406] 하나님의 뜻과 의중을 백성들에게 사전에 표명해서 백성들의 행위를 판가름하는 방식이다. 우리는 피조체인 만큼, 하나님이 백성들의 심중 안으로 파고들어 가는 것이나 하나님이 결정 의지를 내보이고 백성들이 판단할 수 있도록 하는 방식이나 결과는 마찬가지다. 이러나저러나 하나님의 심판 기준과 구원 의지는 결정되어 있으며, 도달될 결과도 같다. 이 중에서도 영혼의 심중을 파고드는 것은 여태껏 하나님이 인류를 빠짐없이 감찰해 온 방식이다. 여기에 더하여 알고는 있지만 그래도 인간적인 측면에서 선택에 대한 기회와 결정 의지를 존중하기 위해, 그리고 궁극적으로는 심판에 따른 책임을 自認할 수 있게 하기 위해서 개개인이 직접 행동으로 결정하게 하는 방법으로써 푯대를 세우셨다. 지금은 인류가 총체적으로 맞이한 종말의 때인 만큼, 전체 인류를 일괄해서 선별하기 위해서는 푯대를 세우는 방법 외 다른 방도가 없다. 푯대를 세우는 데 심혈을 기울이심으로써 하나님은 장차 인류가 맞이할 전무후무한 심

---

406) 『세계섭리론』, 앞의 책, p.846.

판의 날에 임할 채비를 차리셨다.

그런데 심판과 구원 사역을 동시에 실행하게 될 푯대 방법은 사실상 과거에 하나님이 역사 위에서 여러 번 실험 과정을 거쳤던 방식이다. 그 대표적인 예가 기독교에서 세운 십자가인데, 잘 알다시피 십자가는 主 그리스도가 인류의 죄악을 대속하기 위해 목숨을 바친 거룩한 희생의 상징이다. 사도 바울이 권고하길, "主 예수를 믿어라. 그리하면 너와 네 집이 구원을 얻으리라."[407]고 했는데, 이같은 약속이 그리스도의 희생 행적과 연관되어 십자가를 받아들이면 영생이 주어진다는 믿음을 성립시켰다. 골고다 언덕을 향한 그 힘들고 곤혹스런 행진과 극악한 고통을 겪다가 죽음을 맞이한 그리스도에 대해 십자가는 하나님의 영광과 구원을 지칭하는 부활의 상징으로서, 하나님을 믿고 따르는 자는 모두 그렇게 구원될 수 있다는 결단 푯대이다. 믿음으로 신앙을 가름하는 푯대 형식이라, 지금도 통용되고 있는 유효한 구원 방식이다.

하지만 末世를 맞이한 지금은 이 푯대가 여러 가지 이유로 허물어져 버렸다. 인류의 영성이 건재하고 믿음이 강성했을 때는 이것저것 따지지 않았는데, 오늘날은 지혜가 밝아져 일일이 근거를 찾고 합리적인 이치를 따진다. 십자가는 主 그리스도가 그러했듯 믿음으로 하나님의 뜻을 따른 희생 방식인데도, 오늘날은 마음이 강퍅해져 얄팍한 꾀를 내었다. 반드시 증과를 보여라. 그렇지 않으면 아무것도 믿을 수 없다. 이것은 분명 하나님이 독생자를 희생시켜 세운 푯대 의미와 어긋난다. 믿고 바쳐야 하나님이 만 영혼을 거두어서 보장할 것인데, 先 바침이란 행위가 없으니 구원을 이룰 원리

---

407) 사도행전, 16장 31절.

가 성립될 근거가 없다. 보고 믿겠다 하면 하나님의 구원 의지를 접할 수 있는 기회가 차단된다. 십자가란 푯대 뒤에는 하나님의 준엄한 의지가 뒷받침되어 있어 우리는 그것을 바라볼 수 있는 눈을 가져야 한다. 이전에는 희생된 主 그리스도에 대한 대속 의미만으로도 뭇 영혼들이 고무되었지만, 지금은 십자가가 인간 구원과 아무 상관이 없는 나무 막대기로 전락해 버렸다.

그래서 하나님은 이 마지막 때에 허물어진 십자가의 푯대성을 보완함으로써 인류 영혼을 세계 통합이란 기치 아래 모으기 위해 보다 타당한 이유를 밝힌 원리 푯대를 다시 세우셨다. 그것이 십자가 구원의 예표가 된 구약 『민수기』에서의 이스라엘 신앙과 놋뱀 사건을 통한 계시 역사이다. 『민수기』에서 이스라엘 백성들은 광야에서 40년 동안 어떻게 살았던가? 바로의 압제로부터 인도받은 은혜도 잊어버리고 현실의 어려움을 이기지 못해 하나님을 원망하므로 애굽에서 가나안 길을 40년 동안 헤매게 되었다. 그래도 얼마 안 있으면 약속된 가나안 땅에 도달할 텐데, 마지막 길에서 에돔 땅을 둘러 행하려 하였다가 길로 인하여 백성의 마음이 상하게 되었다."[408] "이 지역은 그들의 여정 가운데 가장 덥고 가장 견디기 어려운 지역의 하나였다."[409] 왜 둘러가야 하는가? 그 책임을 하나님께 돌렸다. 근본적인 원망에 찼다. 400년 동안 애굽에서 노예 생활을 했던 근성이 되살아났다.

　　　"어찌하여 우리를 애굽에서 인도하여 올려서 이 광야에서 죽게 하

---

408) 민수기, 21장 4절.
409) 『뉴톰슨 관주주석성경』, 성서교재간행사, 1985, p.231.

는고. 이곳에는 식물도 없고 물도 없도다. 우리 마음이 이 박한 식물을 싫어하노라."410)

그래서 하나님은 믿음을 버린 이스라엘 백성들을 징계하기 위해 불뱀들을 불러 모으게 되니 비참한 죽음이 극에 달했다. 백성들이 급히 자기 잘못을 깨닫고 모세를 찾아 중보의 기도를 요청했다. 그러자 살길을 가르쳐 주셨는데, 그것은 하나님이 제시하신 방법이며 약속으로써 뒷받침된 말씀이었다.

"여호와께서 모세에게 이르시되 놋뱀을 만들어 장대 위에 달라. 물린 자마다 그것을 보면 살리라. 모세가 놋뱀을 만들어 장대 위에 다니 뱀에게 물린 자마다 놋뱀을 쳐다본즉 살더라."411)

믿지 않고 쳐다보지 않은 자는 죽음을 피할 길 없었지만 쳐다본 따름과 믿음 하나로 生死가 갈라지게 된 이 놋뱀 사건을 두고 성경학자들은 이후 십자가의 예표가 되었다고도 했다. 하나님이 푯대를 세워 쳐다보면 살리라 했는데, 정말 쳐다본즉 모두 살았다.

이것은 십자가도 마찬가지다. 놋뱀을 잡아서 달여 먹으면 무슨 맹독을 제거하는 약효가 있는 것도 아닌 것이 영생과는 아무런 상관이 없는 동물이듯, 이치로 따진다면 우스운 이야기이다. 응급조치를 받고 합당하게 치료를 받아야지 어떻게? 그런데도 기독교인들은 그 어리석은 믿음이(?) 바로 기독교가 가진 비전이라고 믿었다. 기독교 진리는 단순하다. 세상 지식으로 판단할 수 없다. 십자가를

---

410) 민수기, 21장 5절.
411) 민수기, 21장 8절 - 9절.

믿으면 인간이 저지른 죄가 사하여진다. 영생이 있다. 천국에 간다. 구원을 얻는다. 하지만 정말 문제는 무엇인가? 왜 놋뱀이나 십자가를 바라보고 있으면 죽을 자가 사는가? 그 이유는?

하나님은 푯대를 세우는 방식으로 인류를 구원하셨는데, 구약시대에는 놋뱀을 세우심으로, 신약시대에는 십자가를 바라보게 하심으로, 그리고 종말을 맞이한 오늘날은 무엇을 푯대로 세우셔서 인류를 구원하실 것인가? 하나님이 40년 동안 인도하신 이스라엘 백성들에게 마지막 지점에서 푯대를 세우신 이유는? 그것은 곧 얼마 안 있으면 약속의 땅, 가나안에 도달할 텐데, 백성들의 원망과 불평이 극에 달해 있어 그와 같은 근성을 가지고서는 가나안이 도리어 지옥이 된다. 그래서 도달 직전에 징계가 결정된 것은 지금 인류가 당면한 문명의 지표 상황을 그대로 예표한다. 이때 역시 푯대가 세워질 때이다. 인류는 하나님을 거부하였으며, 先天의 섭리 역사는 마감되었고, 지상천국의 도래가 눈앞에 와 있다. 그런데도 지금 처한 상황으로는 도무지 천국 진입이 불가능하다. 영혼이 타락하고 더럽혀져 있어 천국을 맞이할 수 없다.

예표는 재현을 염두에 둔 상징이 아니라 작정된 섭리를 풀어내기 위한 원칙적인 구조 틀이다. 그래서 하나님은 이 연구가 초점 잡은 수행이란 행위 푯대를 역사의 시험대 위에 높이 세우셨다. 수행은 인류를 천국으로 인도하기 위한 마지막 본질 회복 시스템 카드이다. 죄악과 욕망을 걸러내기 위해 비장된 최상의 정화 장치이다. 곤고한 자들에게는 심판의 門이요 신실한 자들에게는 구원의 門이 된다. 비록 죄악은 사함받았다 하더라도 지난날 강퍅했던 영혼들이 깨달음과 회개와 용서, 그리고 영혼의 정화과정 없이 가나안 땅에 들어설 수는 없다. 그래서 하나님은 수행이란 살릴 길과 심판이란 滅할 길을 배수진으로 쳐 놓고 양단간에 결단을 내릴 푯대를 세우셨다. 푯대는 무엇으로 세우든 그것이 문제되는 것은 아니다. 하나님의 뜻이 머물고 있는 그곳에는 항상 약속된 구원의 길이 보장되어 있다. 푯대는 하나님이 약속하신 生滅을 극복하는 길인 동시에 영생을 보장하는 길이다. 그러나 어디를 둘러보아도 합리적인 이치는 찾을 수 없다. 하나님이 뜻으로 세우신 주관적인 표상이다. 기독교의 신비주의적인 요소들은 대개 이와 같은 표상들로 구성되어 있다. 하나님의 주관은 하나님이 발하신 의지의 결정 형태이다. 그렇게 주관할 수 있다는 것이 하나님이 천지의 절대 권능자인 표징이다. 만상은 뜻을 따르는 대상체이고 하나님은 뜻을 정하는 주체자이다. 그러므로 표징 뒤에는 언제나 하나님의 뜻이 뒷받침되어 있다. 무엇으로 세웠건 하나님의 뜻이 함께하는 곳에는 영생할 길이 있다. 개신교에서는 침례를 구원의 상징 푯대로서 준행하고 있는 교파도 있다.[412]

그렇지만 침례는 그렇게 준행된 의례의 일종이라, 기독교 내에서조차 보편적인 의식은 아니다. 따라서 종말을 맞이한 지금은 푯대가 보다 확실해야 한다. 이전의 푯대 역할에 더해서 구원의 원리성까지 포함해야 한다. 왜 푯대를 바라보고 믿음을 결단하면 멸망될 인류가 구원되는가? 죽을 생명이 살아나고 영생하는가? 어떻게 해서? 여기에 대한 해답은 하나님이 세계에 대해 어떤 존재자로 계시는가? 그 실상을 파악하면 즉시 답이 나온다.

---

412) "우리는 그리스도와 함께 연합하여 침례를 받으므로 우리의 영혼과 신앙은 보존됩니다." -『신령한 영적생활』, 김기동 저, 베뢰아, 1997, pp.165 - 166.

生滅의 문제는 命에 달려 있다고는 하지만 우리는 그야말로 나고 싶다고 해서 나는 것도 아니고 죽고 싶다고 해서 죽는 것도 아니다. 만사에 걸친 生滅 현상은 오직 하나님이 주관하신 뜻을 따른다. 만사는 하나님으로 인해 결정된 뜻을 객관적인 현상으로서 받아들인다. 결정 이전에 뜻이 선행한다. 하나님은 三世를 초월해 계시기 때문에 生滅 현상을 관장하시는 것은 물론이고 영원성까지 보장한다. 인간은 제한적이지만 主는 三世 간을 한 본체로 하신 통합자이시다. 전능한 지혜란 그렇게 초월해 계신 하나님의 先在 의 지성에 대한 표출 인식이다. 그렇다면 불교가 개척한 반야-般若란 지혜도 초월적인 하나님의 존재 양식을 뒷받침하는 진리적인 근거가 될 수 있다. 첨단 과학시대에 놋뱀을 만들어 장대 위에 달아 놓고 쳐다보면 살리란 것이 있을 수 있는 해명 방식인가? 도대체 절대 권능자에 걸맞은 푯대 세움인가? 그런데도 하나님은 곧이곧대로, 푯대를 따르기만 하면 멸망으로부터 구원되리란 약속을 보장하셨다. 놋뱀을 내달았다는 것은 세계가 바로 하나님의 주관 의지 안에 있다는 것에 대한 전격적 표명이다.[413] 놋뱀은 하나님의 초월적인 주체 의지를 상징한다. 뜻은 존재 내에서 초월적인 본질체이다. 이 같은 하나님의 주체 의지를 이 연구가 원리적으로 뒷받침하리라.

하나님이 세우신 푯대를 바라본 인류는 어떻게 해서 멸망을 피할 수 있는가? 예나 지금이나 상식의 경계 밖에 있어서 얼토당토않은 주장이다. 하나님이 이 연구를 통해 밝히신 종말 선언과 심판

---

413) 세계는 하나님의 본체 안에서 운위되고 있는 결정체이며, 세계 본질이 주관적인 하나님의 의지인 것에 대한 강력한 시사임.

의지와 구원의 진리도 마찬가지다. 이성으로써 가늠해 보면 도무지 이치에 닿지 않는 혹은 전혀 실현 가능성이 없는 혹은 곤혹스런 선택을 강요하는 것처럼 보인다. 이것을 부인하지 않는다. 푯대는 정말 하나님이 인류를 구원하시기 위해 세운 상징적인 깃대 외 아무 것도 아니다. 그런데도 이것은 불의한 자들의 천국행을 저지하기 위한 사전 심판 조건이기도 하다.[414]

길이 제시한 조건은 의심할 것 없이 하나님이 인준하신 진리이고 푯대이다. 그렇기 때문에 이 진리, 이 푯대를 받아들여야 인류는 최후 심판 대열에서 구원되고 새로운 세계로 진입할 자격을 얻는다. 불교도든 유교인이든 창세로부터 하나님의 백성으로 지정된 모든 인류는 빠짐없이 이 푯대를 바라보아야 한다. 푯대를 세우고 구원을 표명한 것 자체가 末世에 처한 인류를 심판하는 사역의 과정 일환이 되거니와, 구원할 자를 판가름하기 위한 단계적 절차이다.

핵심은 이것이다. 하나님은 푯대를 세우는 방법을 통해 심판할 자를 심판하고 구원할 자를 구원하실 것이니, 이것은 하나님이 인류를 심판하고 구원하기 위한, 최선을 다한 方法論이고 집약된 지혜이다. 이것이 이 연구의 과정 위에 모두 수놓아져 있나니, 지금 밝히고 있는 구원을 위한 조건과 믿음에로의 권고와 비전의 메시지들이 그것이다.

---

414) 그리해야 믿음 있는 자의 信心이 온갖 사리를 따지는 자들로부터 분별됨.

4. 세계의 구원 조건

사관학교에 들어가기 위해서는 사전에 정해진 합당한 조건을 갖추어야 한다. 공부만 열심히 한다고 해서 혹은 잘한다고 해서 되는 것이 아니다. 체력도 좋아야 하고 까다로운 신체검사도 통과해야 한다. 이처럼 우리는 사전에 책정된 조건만 알면 요구하고 있는 문제의 핵심이 무엇인가 하는 것을 간파할 수 있다. 그런 만큼 무엇이든지 조건을 파악해서 충족시키는 것은 우리의 인생을 그와 같은 목표로 인도하는 길이 되며, 조건을 제시한 입장에서는 목적을 달성하기 위한 사전 방편 규정이다.

자격시험을 치르기 위해서는 소정의 구비 조건을 갖추어야 한다. 아무나 시험장에 들어갈 수 없다. 실기시험을 치기 위해서는 그 이전에 필기시험에 합격해야 한다. 집을 내놓았다면 가격에 합당한 돈을 가져온 사람과 계약을 한다. 조건을 제시해서 조건을 제대로 갖춘 사람과 약속을 이행한다. 조건 없는 봉사, 희생, 사랑에 대해서 우리는 그 행위를 숙연해하고 존경해 마지않는데, 하늘나라에서는 그와 같은 자를 천국 백성의 입주 조건으로 삼는다. 조건은 무한정적인 행위와 가능성에 대해 선별된 기능을 발휘하며, 그렇게 할 수 없다면 어떤 목적도 달성할 수 없다. 하나님의 천지 창조는 무한정적인 것을 한정한 것이라, 결코 우연적이지 않다. 하나님의 은혜가 귀한 것은 인간이 못 놓인 대상들로부터 클로즈업된(구원) 때문이다.

세상만사가 조건화되어서 역사가 추진되었듯, 세상을 앞서 계시는 하나님도 선행된 뜻과 목적과 조건을 제시해서 인류의 역사 방향을 선도해 나가신다. 그것은 비단 성경에 기록된 예언자들의 행적과 약속만을 두고 일컫는 것이 아니다. 하나님의 섭리 아래 있는 만사의 이치가 다 해당된다. 우주의 이치를 깨달은 성현들이 세상에 쏟아 놓은 메시지도 알고 보면 무수한 조건들의 나열이다. 본연의 목적과 이법과 하늘의 뜻은 이런 것인데, 이것을 몰라 세상이 죄악 가운데 있고 혼란에 빠져 있으므로, 고통과 무명과 무질서를 벗어나서 더 나은 세상을 이루기 위해서는 무엇이 필요하고 어떻게 실천할 것인가? 즉 무한정한 가치와 행위를 한정해서 계율화한 조건화를 시도했다. 무방비, 무질서한 세계를 조건화해서 의도한 목적 세계를 이루고자 했다. 조건화는 길 없는 세계로부터 길을 내고, 門 없는 세계로부터 門을 내는 지표 역할을 담당한다. 길이 있고 門만 있다면 어딘들 못 가겠는가? 비록 세상적인 삶의 공간과는 차원이 다른 天國일지라도 天國 백성으로서 입주할 조건만 안다면 길을 찾아서 天國이란 세계에 도달할 수 있다.

왜 성현들은 한결같이 참회하라 회개하라 하셨던가? 목적 달성을 위해 무조건 추종과 변화만 강요하지는 않았다. 세례 요한과 예수가 일어서 외친 메시지는 똑같이 "회개하라 天國이 가까웠느니라."[415]였다. 이것은 회개하는 것이 天國을 맞이하는 자격 조건이라는 뜻이다. 그렇지 못하다면 天國은 물 건너가고 만다. 애굽에서 인도해 낸 백성들이라도 그들이 불경에 처했을 때는 광야에서 방황하게 했다. 푯대를 세워서라도 합당한 조건을 갖춘 자들만 선별해서 약속의 땅을 허락하셨다.

---

415) 마태복음, 3장 2절, 4장 17절.

인과응보도 알고 보면 헤어나기 어려운 조건의 법칙 적용을 받고 있는 상태이다. 조건을 충족시키기 못한다면 아무리 원한다 해도 세계를 얻을 수 없다. 죄악을 씻고 미망을 끊지 못한다면 열반을 얻을 수 없다. 윤회의 원환은 돌고 돌아 끝이 없다.416) 수행을 쌓지 않으면 미망의 뿌리가 滅하지 않는다. 조건은 가혹하더라도 하나님의 약속만 보장되어 있다면 生을 투신하고 희생하더라도 여한이 없을 가치와 희망은 있다.

　　부처님이 이르시길, "이제 그대들에게 무상참회 - 無相懺悔를 주어서 三世에 지은 죄를 滅하고 삼업 - 三業이 청정하게 해 주리니……."417)

부처님을 따름으로써 얻을 수 있다고 한(제시된 조건의 충족) 무상참회 세계가 참으로 청신하다. 三世에 걸쳐 지은 죄가 滅하고 三業이 청정하게 된 세계란? 인간이 욕망을 끊고 참회한다는 것이 쉬운 일이 아닌 만큼, 어려움이 클수록 보장 세계는 더욱 파격적이다.

　　"내가 어떻게 하여야 구원을 얻으리까 하거늘, 가로되 主 예수를 믿어라. 그리하면 너와 네 집이 구원을 얻으리라."418)

구하라고 한 선행 조건을 충족하면 자연히 구함에 대한 소원도 충족된다. 主 예수는 십자가에서 희생되었지만, 그 희생 道는 아들

---

416) "佛陀가 제시한 因果律이란 개념은 결정론적이라기보다는 조건적이다." -『불교철학』, 칼루파하나 저, 최유진 역, 천지, pp.80 - 81.
417) 『역주 육조법보단경』, 심재열 역주, 불국선원, 1986, p.177.
418) 사도행전, 16장 30절 - 31절.

로서 아버지의 차원에 이를 수 있는, 아버지가 제시한 지상에서의 제일 극복 조건이었다. 따라서 우리는 살아생전에 제시된 조건의 목적을 인식하지 못한다면 그 인생은 평생을 살았어도 헛된 삶이 되고 만다. 구조상으로 윤회는 끝이 없다. 죽음과 더불어 모든 것이 끝날 수 있다면 그것은 은혜 입은 인생이다. 기약 없이 동일한 세계가 반복될진대, 그것이야말로 지옥과 다름없다. 구원은 그처럼 반복, 윤회하는 세계로부터 탈피, 극복, 차원적 승화라고 보아도 무방하다. 그리고 그와 같은 길로 인도하는 한계 규정 門이 선재된 조건의 제시이다. 그래서 조건을 잘못 적용하면 현재의 삶을 체념하게 하는 요인도 되지만, 보장을 위한 조건 제시는 인류가 구원될 수 있다는 희망이다.[419] 그런데도 그 같은 조건이 보편적으로 어필되지 못해 소수 영혼들만 구원의 門을 찾게 되는 문제가 있어 막바지 때를 맞이한 오늘날은 모든 인류가 받아들일 수 있는 조건의 제시가 요망된다(구원의 푯대).

예수 그리스도는 사실상 天權에 속한 중요한 조건을 제시했다. "어떻게 하면 하나님의 종(유대교인)이 되지 않고 아버지의 아들(그리스도교인)이 될 수 있는가에 대한 상세한 조건들이다.

> "너희 원수를 사랑하며 너희를 핍박하는 자를 위하여 기도하라. 이같이 한즉 하늘에 계신 너희 아버지의 아들이 되리니……."[420]

---

419) "지금의 형편이 전생에 지은 업의 결과라는 사상은 사회 구조에 지대한 영향을 미쳤는데, 어떤 나라도 2,500년 동안 노예 제도를 그대로 간직한 나라는 없다. 소위 자유의 시대라고 부르는 오늘날에도 인도에는 노예 제도가 그대로 있다."-『달마』, 라즈니시의 달마어록 강의, 이연화 역, 정신세계사, 1992, p.33.

420) 마태복음, 5장 44절-45절.-『종교의 대도』, 이동방 저, 동방사, 1988, pp.26-27.

그 외에도 아들이 될 수 있는 여러 가지 조건을 제시했는데, 가장 구체적인 것은 첫째 것을 없애고 둘째 것을 세우신[421] 아버지의 뜻을 좇아 우리도 첫째 것(구종교, 구교, 구약, 구계명)을 버리고 둘째 것을 따르라고 한 조건의 제시이다. 이것은 참으로 자격을 부여받을 수 있는 관건이기도 한데, 그것은 "하늘을 상속받는 아들이 될 것인가, 종이 될 것인가를"[422] 판가름하는 것이다. 그런데 그 결과는? 조건을 충족시킨 자들은 하늘의 섭리 역사를 잇게 되었지만(이후의 기독교 역사 전개), 그렇지 못한 자들은 主 예수를 못 박은 죄인이 되고 말았다.

왜 우리는 수행을 쌓아야 하는가? 수행은 인류가 죄악을 벗어날 수 있는 최선을 다한 방법이다. 수행이 인류의 죄악을 막는다. 氣의 청탁으로 죄악을 씻는다. 영혼을 정화하는 것이 수행의 역할이다. 이전에도 수행의 이 같은 역할이 없었던 것은 아니지만, 세계가 종말을 맞이하고 만 것은 무슨 이유 때문인가? 그런데도 성현들이 제시한 조건들은 그대로 유효하기만 하다.

따라서 종말을 맞이한 지금은 보다 확실한 구원의 목표를 제시해서 증과 세계와 연결시킴으로써 조건을 통합하고 결과를 보장할 수 있어야 한다. 구현 목표가 통합적이지 못하면 제시된 조건 역시 제한적인 것이 되고 만다. 그렇다고 통합을 위한 요구 조건을 억지로 구성해서는 안 된다.

맹자가 살았던 시대는 잦은 전쟁과 제후국 간의 분쟁으로 중국 역사상 일찍이 볼 수 없었던 대혼란이 있었다(전국시대). 그래서 이

---

421) "첫 것을 폐하심은 둘째 것을 세우려 하심이니라." - 히브리서, 10장 9절.
422) 『달마』, 앞의 책, p.27.

같은 사회 혼란의 원인을 분석한 맹자는 그 원인을 물질의 추구에서 찾게 되어, 이것을 억제하고 심신을 수양함으로써 본성을 회복하고 사회적인 혼란을 수습할 수 있을 것으로 보았다. 그래서 추출하게 된 수양의 기치 바탕이 곧 개인적인 도덕 실천 의지로서 근거 짓게 된 性善說이다. 性善說은 인류가 性善에 바탕을 두어 도덕적으로 실천할 때 바른 사회가 건설될 수 있다는 처방책이다. 맹자의 수양 메커니즘은 당시의 사회와 민심을 바로잡기 위한 治敎의 道로서 性善이란 가치관을 강조한 것이다.[423] 이렇게 원인을 파악하는 것도 방법이기는 하지만, 性善說이 인류를 빠짐없이 구원할 수 있는 통합적인 조건으로서는 부족함이 있었다는 사실을 누구나 인정하리라.

원불교의 창시자인 소태산이 제시한 표어 조건도 좋은 예가 된다. 서양의 물질문명이 도덕의 타락과 사회 혼란을 가중시킨 위기감 속에서 내놓게 된 것이 "물질이 개벽되니 정신을 개벽하자"[424]란 캐치프레이즈이다. 물질의 개벽 상황을 大勢로 인정하면서도 정신을 개벽하는 것도 이에 못지않게 중요하다는 의식의 표출인데, 末世 상황을 先覺해서 고통받는 중생을 구원하고자 한 메시지를 좌시해서는 안 된다. 다만 제시된 조건으로서의 처방전이 세계적 중병을 치유하기엔 약효가 약한 것이 흠이라고나 할까? 도덕 원리적인 처방만으로써는(맹자) 인류의 다양한 중병을 치유할 수 없는 부족함이 있듯, 정신을 개벽하자는 구호는 강성했던 물질문명의 퇴

---

423) 『맹자 수양론과 원불교 정신 수양의 비교 연구』, 박희종 저, 원광대학교대학원, 논문집, 제23집, 1999, p.23.

424) 위의 논문, p.23.

조와 아울러 도래할 정신문명의 개벽을 선각한 역할 정도이다.

따라서 맹자의 사회 질서 회복 인식이나 소태산의 정신개벽 의식은 이 연구가 초점 잡은 때에 대한 판단과 구원에 대한 인식 조건과는 자못 차이가 있다. 물론 사회 질서와 조화를 위해서는 도덕적인 실천을 통해서,[425] 그리고 물질 만능주의에 대처할 정신개벽 요법으로 수행을 강조한 것은 인류를 구원할 대류로서의 흐름이기는 하다. 그런데도 인류는 이것을 무시한 채 어디를 향했던가? 지금이 어떤 때인가? 그렇다면 무엇이 문제인가? 왜 이 같은 결과가 초래되었는가? 그것은 수행을 인류가 맞이한 멸망이란 요구 조건과 정확하게 매치시키지 못해서이다. 문제의식이 명확하게 부각되지 못한 상태라, 제시된 조건도 그만큼 느슨해졌다. 필수 요구가 아닌 선택 사항으로 인식되었다. 문제의식을 정확하게 포착해야 인류는 파국을 면할 수 있는 실행 조건인 수행을 적극적으로 받아들이리라. 타락한 본성을 회복하기 위해서는 수행이 필수이다.

儒家는 "모든 사람이 도덕적 이상을 추구하는 수련의 태도를 가질 때만 사회가 안정을 얻을 수 있다."[426]고 했다. 수행은 더 이상 개개인의 선택 범위 안에 머물 실천 요목이 아니다. 하나님이 인류를 구원할 푯대 요목으로서 수행을 내세웠다. 누구라도 직접 행해야만 구원이란 증과를 얻는다.

인류는 지금 너무 두터운 죄악의 먹구름에 뒤덮여 있어서 때를 판단하지 못하는 無明에 휩싸여 있기 때문에 수행이란 행함의 절

---

425) 『왕양명의 만물일체에 관한 연구』, 권상우 저, 계명대학교대학원 동양철학전공 석사학위논문, 1994, p.1.

426) 『역사이해에 관한 기론적 고찰』, 김도종 저, 원광대학교대학원불교학과 철학박사학위논문, 1987, p.205.

차를 거쳐야만 無明을 없앨 수 있고, 제 사물의 진상을 판별할 수 있다. 無明을 없애야 멸망을 피한다. 종말에 대한 때는 판단하는 것인데, 판단하기 위해서는 의식이 깨어 있어야 하고, 깨기 위해서는 수행이란 행위 절차가 필요하다. 대처할 수 있는 조건을 충족시켜야 만인이 참여한 영성의 시대가 개막된다. 죽어서가 아닌 살아 생전에 심판과 세상 끝을 맞이할 준비를 해야 한다. 수행은 너와 내가 피할 수 없는 행위적 과제일 뿐 아니라, 각자가 처한 현지처에서 대원을 세워 단행할 수 있는 순발력을 발휘해야 한다. 先天에서는 여건상 본체성과의 연결이 미흡한 상태에 있었지만, 이제는 하나님이 적극적으로 요구하고 계시므로 수행을 쌓으면 구원으로 가는 길을 찾을 수 있다. 하나님의 본체성과 교감할 수 있는 것은 물론이고, 하나님이 원하신 뜻을 깨달을 수 있다. 이전에는 뜻을 몰라 영달을 꾀하였어도 멸망이란 최악의 상태까지는 도달하지 않았다. 그러나 지금은 어느 때인가? 이전에는 각자 당면한 과제인 생존을 위해 노력했지만 지금은 수행이란 기치 아래 온 인류가 공존과 공영을 위해 힘을 써야 할 때이다. 자기 뜻만 고집해서 될 일이 아니다. 그래서 하나님은 수행의 가치를 온 인류가 받아들여야 할 공영의 가치로 드높이셨다.

천지를 창조하신 하나님이 수행을 구원의 기치 목표로 내세우신 이상, 수행은 더 이상 무상정등정각 – 無上正等正覺만을 획득하기 위한 목표가 아니다. 분열과 대립으로 치달은 세계를 규합할 공영의 가치관적 처방일 뿐 아니라,[427] 인류가 천국 시민이 되기 위해서 거쳐야 하는 필수 행위 절차이다. 현 인류는 세계가 멸망할 요

---

427) 통합하므로 멸망의 요인을 없앰.

인을 가속화시킨 장본인들이라, 단지 오래전부터 염원했다는 이유만으로 하나님이 지상천국 세계에 입국시키지는 않을 것이다. 천국세계에 거주할 시민으로서의 조건은 저지른 죄악을 준엄하게 직시해서 회개와 수행을 통해 세계적인 본질을 회복하는 것이다.[428] 인간 된 본성과 성스러움을 갖추는 것은 지상 天民이 되기 위한 필수 자격이다.

왕양명은 "聖人의 기준을 도덕적 본질성에 두고 인간은 누구나 聖人이 될 가능성을 지녔다."[429]는 사실을 고양시켰다. 그렇다면 그 같은 가능성이 만개될 때가 있을 텐데, 그때가 바로 이때이다. 인간의 靈性이 활짝 개화되고 인간성의 세계적 조건이 충족되면, 인류는 天民으로서 시온의 영광을 맞이하리라. 지구촌에 지상낙원이 건설되기 위해서는 그만한 절차 과정을 거친 그만한 요구 조건을 충족시켜야 한다. 만연된 멸망의 요인을 없애고 하나님이 원하신 구원의 조건을 충족해야 하는데, 그것의 구체적인 과제 요지가 바로 자연계의 정화, 영성의 정화, 인간성의 정화이다.[430]

수행은 참으로 하나님이 행하고자 하신 대심판의 방호막 역할을 담당함과 동시에 도래할 하나님의 나라를 위해 요청되는 필수 행위 절차이다. 완수하지 않으면 맞이할 수 없다. 이토록 절실한 것이 수행이라, 일찍부터 준수되었더라면 오늘과 같은 사태는 없었을 텐데, 어떻게 해서 유야무야—有耶無耶되고 말았는가? 세계적인 본질성의 수호를 위해 필요하기는 한데, 때에 대한 절실함이 없어

---

428) 『세계통합론』, 졸저, 완본, 1995, p.432.
429) 『왕양명의 만물일체에 관한 연구』, 앞의 논문, p.75.
430) 『기』, 강대봉 저, 언립, 1990, p.217.

계율적인 실천 면에서 방만함이 있었다.

교회 목사들은 主 예수를 믿으면 믿음을 결단한 즉시 구원을 얻는 것처럼 설교하지만, 삶과 구원은 "한순간에 완성되는 돈오 돈수가 아니다."[431] 반드시 生을 투신한 결단이 있어야 하며, 소정의 과정을 완수해야 존재 의식에 혁신을 기대할 수 있다. 너무 손쉬운 절차는 오히려 구원이란 획기적인 차원 세계 진입을 무산시켜 버린다. 즉시 구원, 즉시 成佛이라……

> "만일 어떤 중생이 몸과 마음에 괴로움을 받고 있을 때, 한 번이라도 지장보살을 부르면 몸과 마음의 고뇌가 즉시 낫게 되어 열반의 길로 나아가리라."[432]

물론 옛날에는 환경과 본성이 순수했던 때이라 조금만 물꼬를 터 주어도 즉시 구원이 가능했지만, 지금은 죄악의 때가 너무 끼었고 수행의 고삐가 느슨해졌다. 무한한 자유로 풍요와 편리를 추구한 자본주의 사회를 구축했으며, 크게 규제 없는 생활은 수행으로 조성된 세계적 긴장 상태를 파괴했다.[433] 세계적 본성은 예나 지금이나 오직 수행의 컨트롤하에 있을 때 영원성이 보장된다. 이전에는 깨달은 자들의 각성 세계가 난해한 문자 때문에 장애에 가려 있었고, 교육 기회마저 특권화되어서 진리 세계에 대한 상식적인 접근이 어려웠다. 그래서 중생들이 이해하기 어려운 교리나 세계관적인 해명 노력은 젖혀 둔 채 나무아미타불만 외치면 서방 정토에 왕

---

431) 『화두 혜능과 셰익스피어』, 김용옥 저, 통나무, 2000, p.282.
432) 『지장보살본원경』-「백팔의 지혜」, 심재열 저, 진영출판사, 1987, p.226.
433) 『원통불법의 요체』, 청화선사 법어집(Ⅱ), 성륜각, 1995, p.16.

생한다는 정토신앙, 관음신앙 등을 성행시켜 무지한 중생들을 강렬한 믿음과 신앙 세계로 인도했다. 하지만 그 같은 방편책은 대중을 상대로 한 방법이기는 하지만 구원되는 원리성까지 해명해 준 것은 아니기 때문에, 눈뜬 중생들을 굳이 눈을 감게 해서 무조건 따르게 한 격이다. 이와 같은 방법으로는 구원을 위한 조건이 제한적일 수밖에 없다. 격동하는 변화에 대처하지 못하여 지성이 확대된 오늘날은 신앙에 대한 순수 원력마저 소진되어 버렸다. 복잡한 수행 조건을 단순하게 코드화한 것이 일정한 세월이 지난 지금은 도리어 세계정신을 해이하게 한 결과를 낳았다.

하나님을 믿는 자라 해도 세상 사람들과 별다른 구별이 없어졌다. 같이 술 마시고 주일에도 예배만 보고 나면 산으로 들로 나가기 바쁘다. 세계의 수행 조건이 방만해진 결과라, 당면한 멸망의 원인을 일체 제거할 수 있어야 하며, 하나님이 제시하신 구원을 위한 수행의 과제들을 통합해야 한다.

그 과제는 멸망에 처한 현 상황에 초점을 맞출 수 있어야 하며, 하나님의 구원 의지를 요목화한 푯대이어야 한다. 실천 가능한 수행 요건을 통합함과 아울러 하나로 관통할 수 있어야 한다. 그것이 무엇인가? 그것이 이제부터 말하고자 하는 길의 메시지이다. 하나님은 멸망에 처한 인류를 구원할 조건으로서 길이 천명한 메시지를 따를 것을 선지하셨다. 길은 세계를 하나님의 뜻 안에서 하나되게 할 통합 의지를 담은 사상이라, 이를 위해 이 연구는 인류가 왜 수행을 행위 지침으로 삼아야 하는 것인지에 대한 이유를 밝혀야 할 때가 되었다. 그 목적을 명백한 푯대로서 세워야 한다.

내가 길을 지키므로 구원된 차원 세계를 획득했듯, 이 민족과 인류도 이 연구가 천명한 진리와 조건 메시지를 지킨다면 반드시 구원되리라. 멸망되고야 말 惡과 죄까지도 사하여지리라.

하지만 문제는 무엇인가? 길의 메시지가 천명한 구원 조건은 바로 하나님이 세우신 진리를 만인이 신념으로 판단하는 것이며, 선택해서 받아들여야 한다는 것이다. 기독교 문화권에서는 그리스도 한 분만 따르면 되고 십자가만 바라보면 되었지만, 이제는 상황이 달라졌다. 종말과 심판에 대비하여 이에 대처할 전혀 새로운 구원의 조건이 제시되었다. "종말이 선포됨으로써 인류가 이것을 받아들여 죄악을 회개하면 하나님이 그 악과 죄를 사하시고 은혜로운 영광을 예비하시리란"[434] 약속이 그것이다. 그리고 이 같은 약속의 천명 뒤에는 온 천지가 놀랄 하나님의 지상강림 역사가 있다. 하늘에 계신 하나님이 지상에 강림하셨다는 것은 일체의 신앙 구조와 전통적인 신념 체제를 무너뜨려서 구조적인 변경을 불가피하게 한다. 그래서 길이 천명한 구원의 조건을 받아들인다는 것은 이 땅에 강림하신 하나님을 영접한다는 말과 상통한다. 영접할진대 영광의 역사가 가시화된다. 예수를 통한 구원 신앙과 교회를 통한 구원 역사를 넘어서 하나님의 지상강림 사실이 세계 역사의 이슈로 대두되리라. 그 역사는 인류의 문명 차원을 전환시킬 기조이다.

하나님이 하늘에 계실 때는 세계와 차원적인 차이가 있어 믿음이 요구되었지만, 강림된 마당에서는 각자가 도야한 영성 본질로써 하나님의 실상을 직접 파악해야 한다. 이것이 조건 면에서 수행을

---

434) 『길을 위하여(2)』, 졸저, 인쇄본, 1986, p.9.

필수적으로 내세운 실질적인 이유이다. 왜 범인류적으로 수행을 통한 깨달음 문화가 확산되어야 하는가? 통상적인 목적과 가치를 일신시킬 수행의 대세계적인 혁신이 요구되는가? 그것은 강림하신 하나님이 창조 역사를 주재한 보혜사란 진리의 성령으로 현현됨으로 인해, 그 같은 진리적 실체를 분별하기 위해서는 수행과 깨달음이 불가피하기 때문이다. 강림 역사가 세계의 구조를 바꾸어 버렸다. 하나님이 직접 일체 진리를 관장하는 위치에 섰다. 그것이 본래 위치이고 정 위치인데도, 여태까지는 그렇지 않아 혼란이 그치지 않았다. 밑도 끝도 없는 이념과 인위로 치장되고 현혹된 사상, 이념들이 그 자리를 대신했었다. 그런데 이제는 正位됨으로써 진리를 본체로 한 성령의 역사가 온 누리에 편만할 수 있게 되었다. 진리, 즉 보혜사 성령이 천지 역사를 관장하시게 되어 인류는 바야흐로 어떤 탐구行을 통하더라도 시공간의 운위 질서 내에서 하나님의 주재 의지를 접할 수 있게 되었다. 아울러 하나님이 진리를 본체로 해서 편만해 계시기 때문에 수행은 이와 같은 형태로 계신 하나님을 영접할 수 있는 최상의 접근로이다. 靈은 靈으로써 체득해야 하고, 영접하려면 覺을 통한 의식적 접근이 불가피하다.

하나님의 강림 역사는 모든 면에서 세계의 극적 구조를 바꾸어 놓는다. 믿음의 중심, 진리의 중심, 구원의 중심이 통합된다. 그 영향력은 실로 막대하여, 개개인의 가치신념으로부터 유형무형의 진리에 이르기까지 제반 영역들이 중심을 잃고 해체되어야 할 판국이다. 그런데도 그 이면에는 가장 중심된 자리에 든든한 구원처가 있다는 사실 또한 간과할 수 없다. 대혼란의 중심에 모든 혼란을 잠재울 하나님의 구원 푯대가 건재하다.

맹자는 "인간의 본성을 동물의 性과 구별하여, 인간을 善과 惡을 판단하는 기준으로서 혹은 인식을 가진 판단의 주체적인 근원으로 파악하였다."[435] 고금을 통해 그렇게 생각했는데, 이제는 그 중심점이 하나님에게로 집중된다. 자고로 인간이 가늠하는 善惡의 분별력은 한계가 있다. 인간이 善惡을 판단하는 것과 하나님이 善人과 惡人을 심판하고자 하는 데 있어서는 차이가 있다. 각자 옳다고 생각하여 행한 것(善)이 하나님의 뜻과 일치하는지의 여부를 검증받아야 한다. 왜냐하면 우리가 아닌 하나님의 뜻이 머무는 그곳에 진리의 중심이 있고, 영혼을 보장받을 구원이 있기 때문이다. 末世에 세워진 구원의 중심처는 확실하게 파악해야 한다. 그리해야 지상천국에 영주할 시민권을 얻는다.

수행으로 인욕을 제거하면 장엄하지 않았는데도 장엄된 하나님의 구원 의지를 깨닫게 된다. 일찍이 佛子들은 부처를 얻기 위해서 부처까지 버릴 수 있는 단안을 요구하였듯, 믿음도 버릴 수 있어야 믿음을 완성하고, 새 길을 얻는다. 정녕 버릴 수 없다고 생각한 것까지 버려야 하나님은 참으로 그 이상의 이상 세계를 성취시키시리라. 그러나 하나님의 구원 조건은 동시 작동으로써 대인류를 심판하는 기준이 되거니와, 이처럼 긴박한 때는 인류 전체가 종말론적인 의식으로 비상 태세에 돌입해야 한다.

> "그러므로 깨어 있어라. 어느 날에 너희 主가 임할지 너희가 알
> 지 못함이니라."[436]

---

435) 『맹자 수양론과 원불교 정신수양의 비교 연구』, 앞의 논문, p.7.
436) 마태복음, 24장 42절 - 43절.

末世를 맞이한 인류가 대비해서 처신할 것은 바로 이 한마디, 곧 "자지 말고 오직 깨어 근신할지라."[437]란 권고뿐이다. 천지 세상이 어찌 될지 알 수 없는 환란에 대비해서 심판이 있기 전에 눈여겨보아야 할 것은 하나님이 세우신 구원의 푯대이다. 마치 죽음을 기다리는 자의 영혼처럼 임박한 모든 사태를 각오해야 한다. 정신 차려 종말 역사에 대처해야 한다.

5. 세계 구원의 선택 개방

세상이 종말을 맞이하여 하나님의 심판이 예고되고 구원의 푯대가 세워졌다는 것은 천지가 실감나게 멸망과 구원의 길이 갈라지는 양단간의 기로에 서 있다는 말이다. 여기서 정말 멸망으로 갈 자와 구원으로 갈 자는 선택되리라. 심판은 마무리 작업이고 분류 작업이다. 왜 무엇 때문에 세상이 심판 형국을 맞이하게 되었는가 하는 이유에 대해서는 이미 밝혔다. 여러 가지 이유가 있지만 그중에서도 제일은 창조가 있은 한에서 종말은 불가피한 현상이라는데 있다. 천지가 통합되어야 하는 형국을 맞이하게 됨으로써 先天의 분열 질서는 종극을 면치 못하고, 그로부터 새로운 질서가 태동되는 시점에 자리하였다. 그렇다고 새 질서가 아무 뿌리도 없이 생성한다는 말은 아니다. 농부가 걷이를 할 때는 항상 파종할 씨앗을 남겨둔다. 하나님의 심판 사역도 장차 도래할 질서 풍토에 맞는 지

---

437) 데살로니가전서, 5장 6절.

상천국 백성들을 선별하기 위한 작업이다. 그래서 씨앗을 골라낼 기준과 조건들을 엄밀하게 책정하셨다. 창조 자체가 특별한 역사이고, 만물의 본성 성향도 하나님의 선별된 뜻에 의한 결정이라(진화적이지 않음), 멸망도 구원도 그 사역 일정만큼은 돌이킬 수 없다. 하나님은 "그의 열매로 그들을 알지니"[438]라고 하셨다. 가시나무에서 포도를, 엉겅퀴에서 무화과를 따겠는가?

> "좋은 나무가 나쁜 열매를 맺을 수 없고 못된 나무가 아름다운 열매를 맺을 수 없느니라. 아름다운 열매를 맺지 아니하는 나무마다 찍혀 불에 던지우느니라."[439]

하나님은 천지 만상이 창조된 순간부터 종말 때 행할 세상에 대한 심판 사역을 예비하셨다. 아무리 하나님이 인류 역사를 관장하셨어도 거기에는 하나님의 뜻을 거스른 반역이 있게 되는데, 그래도 끝까지 심판을 지연시킨 것은 그들의 因果를 확실하게 결정짓기 위해서였다. 열매는 그 나무의 성장 과정을 한눈으로 판단할 수 있는 결정적 근거이다. 그래서 그 맺은 열매를 보고 못된 나무로 판명 나면 그 다음의 생성 주기에서는 하나님의 포도밭에 다시 뿌리를 내리지 못하도록 찍어 불에 태워 버린다.

날 선 칼날 같은 심판대 위에서 세상 사람들이 모두 은택을 입으리라고는 생각하지 않는다. 물론 하나님은 온 인류가 빠짐없이 구원받을 수 있도록 門을 여셨지만 그것은 자격 면에서이며, 기준

---

438) "그의 열매로 그들을 알지니 가시나무에서 포도를 또는 엉겅퀴에서 무화과를 따겠느냐." - 마태복음, 7장 16절.
439) 마태복음, 7장 18절 - 19절.

자체는 선별적이기 때문에 저지른 죄과에 대해서만큼은 누구도 부인할 수 없는 수인-囚人이 되지 않을 수 없다. 하나님은 구원의 푯대 조건으로서 엄정한 구별과 지킴을 요구하고, 버릴 수 없는 것을 버릴 수 있는 결단을 촉구하셨는데, 이 같은 기준을 통과할 자가 몇 명이나 되겠는가? 심판을 통고받은 상태에서는 일신의 영달을 버리고 公義的인 뜻을 위해 헌신할 삶의 出家를(?) 결행할 수 있어야 한다. 이 연구가 만인의 구원을 표방한 것은 구원을 위한 자격 면에서 평등성이 보장되어야 한다는 것이며, 심판의 주된 기능은 어디까지나 가라지를 가려내는 것이다. 칼은 칼날이 바르게 서야 제 기능을 발휘할 수 있다. 심판의 칼날은 좋은 것과 나쁜 것을 가려서 단번에 자르는 것이다. 이 같은 칼날 앞에서 자고로 구원을 얻은 자는 그 숫자가 많지 않았다.

"내가 네 행위를 아노니, 네가 살았다 하는 이름은 가졌으나 죽은 자로다."[440] 흰옷 입는 자가 10명 안팎이었다.

노아 8명(당시 인류 약 2천만), 엘리야 7천 명, 소돔과 고모라시대에 60만 명 중 3명(롯과 두 딸). 장차 예수가 다시 오실 때도 이와 같으리니, 여호수아와 갈렙만이 구원받았듯, 기록된 바 14만 4천 명만 구원받지 않겠는가? 소수가 구원되었듯, 심판도 결국은 택정되는 것이라, 그 기준에 수행이란 조건이 푯대로서 세워졌다. 원리적으로는 만인에게 동등하게 자격이 부여되지만, 결국은 수행이란 자체의 행위성 여부에 따라 심판이 결정된다.

---

440) 요한계시록, 3장 1절.

이렇듯 심판은 작정되었더라도 하나님은 구원을 고무하기 위해 끝까지 손을 내밀고 계시다. 그렇다면 과거에 소수만 구원된 사례는? 그것은 하나님의 의지가 아니라, 인간들의 선택에 의한 결과이다. 하나님의 은혜는 전적인 것이지만, 인간의 혜량은 부분적인 것이라, 제각각 쌓은 믿음의 방식들이 있는데 느닷없이 지킨 모든 것을 버리라고 한다면(?) 황당한 마음을 가누기 어렵다. 그런데도 인류의 파멸이 예외 없이 급선무인 것만은 분명하다. 적극적으로 대처하지 않으면 여태껏 유지해 온 존재 방식이 일시에 무너져 버린다. 그래서 늘 깨어서 근신하라고 했다. 구원은 방관하는 자에게 주어지지 않는다. "길은 열려 있지만 구원은 선택된 자만의 것이다."441) 빛을 위해서는 어둠을 버려야 하나니, 오늘날 하나님이 왜 이 땅에 강림하셨는가 하는 이유를 인류는 알아야 한다.

하나님은 이 땅에서 길을 위하여 믿음을 위하여 고통받는 인류를 위하여 강림을 이루셨나니, 종말도 심판도 수행이란 조건 제시도 모두 구원을 위해서이지 위기의식을 조성하기 위해서가 아니다. 이 뜻, 이 사랑, 이 무량한 은혜를 인류는 알아야 한다. 세계의 종말은 하나님이 의도한 것이 아니다. 그것은 천지가 창조되었기 때문에 결정된 사항이다. 하나님은 이 모든 사태를 사전에 알고 계셨기 때문에 종말에 대처할 온갖 지혜를 예비해 두셨다. 유사 이래 획기적인 창조력을 발휘하시리라. 마지막 때에 통합이란 기치를 드높인 것은 참으로 만인에게 차등 없이 구원의 門을 개방하기 위한 처방책이다. 기존의 구원 체제 아래서 유대교인들이 제시한 門을 통해서는 유대교인들만 구원받을 수 있고, 기독교인들이 제시한 門

---

441) 『길을 위하여(1)』, 앞의 책, p.51.

을 통해서는 기독교인들만 통과할 수 있었다. 그래서 하나님이 다시 푯대를 세우신 것은 그들 외 남은 자들까지 구원하기 위한 특단적 조처이다. 구원의 폭을 최대한 넓혀서 똑같이 구원의 기회를 부여하기 위해서이다.

그런데도 만민을 구원하고자 한 은혜로운 때에 소위 先天 하늘에서 기반을 다진 종교들이 자기들만 구원의 기득권을 고집하고 있다면 어떻게 되겠는가? 자신들의 진리만 구원에 이르는 길이란 신념을 굽히지 않는다면?[442] 그 같은 태도가 곧 하나님의 구원 기치를 거스르는 심판의 제1호 대상이다.

불교에서 소승이라는 수행門은 고매한 종교적 태도를 지닌 얼마 안 되는 소수의 무리들, 즉 승려들이 구원의 길로 나가는 좁은 門이었다. 당연히 대중의 신앙적 욕구를 충족시켜 주지 못했을 뿐 아니라 제의적 – 祭儀的인 욕구에도 부합하지 못했다.[443] 그래서 이후에 다시 대승이라는 이행 역사를 가지게 된 것은 더욱더 구원의 門을 넓히기 위한 섭리사의 큰 흐름이다. 그 흐름에 따라 오늘날은 하나님이 한 영혼이라도 더 구원의 반열 위에 올라설 수 있게 하기 위해[444] 만 생과 만 영혼들이 드나들 수 있는 門을 활짝 개방시키셨다. 종교들이 최선을 다해 역할을 수행하지 않은 것은 아니지만, 末世가 되다 보니 구시스템으로는 인류의 영혼을 위무하고 정화할 한계치를 넘어서 버렸다. 더군다나 지금은 너무나 많은 백성들이 고통받고 있는 실정이라, 하나님이 직접 범인류적인 구원 시스템을

---

442) 『불타와 그리스도』, 구스타프 멘싱 저, 변선환 역, 종로서적, 1987, p.230.
443) 위의 책, p.16.
444) 『세계섭리론』, 앞의 책, p.462.

가동하지 않을 수 없게 되었다. 그래서 하나님은 기독교인만을 위함도 이슬람인만을 위함도 불교인들만을 위함도 아닌, 만 영혼이 함께 손잡고 나올 수 있도록 구원의 門을 확대시켜 개방했다.

그렇지만 아무리 폭을 넓혀 놓아도 역시 문제는 인간이다. "주님이 오실 것을 예언하여 제사장과 유대 민족 앞에 경고와 책망을 했는데도 그 예언을 믿고 따르는 자는 소수에 불과했다(세례 요한)."[445] 정말 인류는 소수만이 구원받을 것인가? 14만 4천 명만 선택받을 자들인가? 심판은 하나님이 인류를 구원하고자 하신 맥락 위에서 역사될 마지막 카드이다. 그 같은 심판 사역이 단행되기 이전에 온 인류가 수행이란 구원 푯대를 바라보고 나아와 악한 길에서 돌이킬 듯 하면(회개 분위기 순숙) 하나님은 일체의 이유를 불문하고 전격적으로 저지른 악과 죄를 모두 사하시리라. 이것은 하나님이 멸망을 맞이한 인류를 향해 다지고 다지신 진실을 다한 약속이다. 하나님이 결의를 다져서 공표한 준엄한 의지 천명이다. 천고 이래로 비장하셨다가 이때, 이 부족한 자식에게 펼쳐서 이르신 하나님의 계시 말씀이다.

"유다 왕 요시야의 아들 여호야김 사 년에 여호와께서 예레미야에게 말씀이 임하니라. 가라사대 너는 두루마리 책을 취하여 내가 네게 말하던 날 곧 요시야의 날부터 오늘까지 이스라엘과 유다와 열방에 대하여 나의 네게 이른 모든 말을 그것에 기록하라. 유다 족속이 내가 그들에게 내리려 한 모든 재앙을 듣고 각기 惡한 길에서 돌이킬 듯 하니라. 그리하면 내가 그 惡과 罪를 사하리라."[446]

---

445) 『세계역사의 대 심판(상)』, 김영섭 · 김암산 계시수록자, 남궁문화사, 1994, p.132.
446) 예레미아, 36장 1절 - 3절.

지의 거대한 계보 | **제7장**

1. 현 지식인의 특성

창조 이래 우주 만상은 무수한 세월에 걸쳐 生成되어 왔거니와, 인간의 지식 또한 유구한 세월을 거친 만큼이나 인출을 거듭하여 거대한 계보를 이루었다. 현실이 주는 정보 외에도 지식이 산재되어 있어 도대체 무엇부터 배우고 알아야 할 것인지 쉽게 판단할 수 없다. 더군다나 21세기는 본격적으로 접어든 정보화시대이라, 접하는 매체들이 첨단화되어 있다. 아는 것이 참으로 힘이 된다는 신념을 가지고 세계를 합리적으로 이해하기 위해 노력하고 있지만, 인류는 그렇게 추구해서 어떤 결과를 얻었는가? 그 해답이 인간이 몸 담고 있는 이 세계이다.

지금까지 일군 진리는 태산 같은데 정작 그렇게 쌓아 올린 지식 으로 세계를 얼마나 이해할 수 있는가? 아직 경험하지 못해 알지 못하는 영역은 제외시키더라도 현실 가운데는 배운 것과 상관없이 不可知한 영역들이 있다. 지식을 섭렵한 만큼 이해의 폭이 넓다면 희망이라도 있겠지만, 세계가 지닌 한계성 때문에 이해할 수 없는 경우도 있다. 볼 수 없으면 알 수 없는 것이며, 인식할 수 없으면 이해할 수 없다. 파악된 지식은 生成된 본질의 파편들이라, 부분적 인 한계성을 벗어날 수 없다. 이 같은 특성이 있기 때문에 지식은 인류가 구축한 체계가 아무리 거대하더라도 그것만으로써는 세계 에 가로놓인 제 현상을 충분하게 파고들지 못한다. 그런데도 남다 른 지식을 쌓아서 학문이라는 아성을 구축한 지성인들이, 자신들이 쌓은 지식이 세계를 구성한 절대 근간인 양 주장하고 있다는 것이 문제이다. 그 같은 교만함이 극단적인 末世人으로서의 면모를 백 일하에 드러내었다. "하나의 지식을 얻기 위해 인간들은 맹종을 마 다하지 않았다. 하지만 그 지식의 근본을 깨닫기 위해서는 추호도 어리석지 않았다."[447] 인간은 그렇게 쌓아 올린 지식이 있어 현실 위에서 유익한 빵을 제공받았다. 우리는 추구하여 얻은 앎을 또 다 른 차원에서 운위되고 있는 지혜로 승화시키기 위해 열심히 노력 하였다. 앎은 앎에 대한 기억과 나열만으로 끝나지 않으며, 모종의 작용에 따라 환도되고 통합됨으로써 또다시 다른 정신 현상에 영 향을 준다. 그런데도 구축된 지식 문화의 거대 덩어리에 비해 지혜

---

447) 『길을 위하여(1)』, 졸저, 아가페, 1985, p.35.

의 운용 가치는 비교되게 떨어져 있고, 그 작용성도 원리화되어 있지 못하다. 그런데도 지혜를 내세우는 쪽에서는 별다른 대책도 없으면서 마냥 지식을 폄하하기만 했다.

> "슬프다! 우물 안 개구리가 어찌 바다의 넓음을 알며, 여우가 어찌 사자의 외침을 알 수 있겠는가?"[448]

지눌은 末法 세상에 중생들이 법문에 대해 귀먹고 무지한 것을 이렇듯 한탄하였는데, 깨달은 자들도 깨달은 만큼 각성된 세계를 만인에게 전달하지 못했다는 것은 지식이 처한 한계벽과 마찬가지다. "온갖 지식과 사상이 모두 망상이고, 과학자니 철학자니 하는 사람들이 정신 빠진 사람들이어서 뭐가 뭔지 모르는 도깨비 얘기 취급하고, 수행으로 증득한 반야라는 지혜 외 세상 사람들이 배운 과학이니 종교니 철학이니 하는 지식은 근본적으로 사람의 本分을 망치도록 하는 이야기에 불과하다."[449]고 비판하였는데, 틀린 말은 아니지만 지혜만으로써도 세상일은 100% 되는 것이 아니다. 내 발바닥에 속한 지식 하나도 다 소중한 이치이다. 문제는 어느 한쪽을 폄하한다고 해서 혹은 생명처럼 여긴다고 해서 해결될 일이 아니라는 것이다.[450] 방법은 지식과 지혜를 균형 잡을 수 있는 안목에서 지식의 근원된 계보와 뿌리를 확실히 밝히는 것이다. 무수한 세월에 걸쳐 "위대한 사상 체계를 이룬 수많은 지식인들, 그들은 세

---

448) 『마음닦는 길(수심결 강의)』, 강건기 강의, 불일출판사, 1991, p.229.

449) 『금강경대강좌』, 이청담 저, 보성문화사, 1993, p.602.

450) "모든 학문은 근원을 캐고 보면 파초 껍데기 까놓은 것과 같습니다. 철학이니 과학이니 뭐니 해 보아도 깊은 내용을 파 보면 속이 비어 있습니다. 아무 내용도 없는 겉껍데기로 싸 가지고 있는 것이 보자기로 똥 싸 놓은 것과 같습니다." - 위의 책, p.187.

상에 태어나 과연 어떤 확실한 것을 보았는가?"[451] 세계의 실상을 보았는가? 자신을 알았는가? 천국을 보았는가? 무엇을 이루기 위해 평생을 몸 바쳐 추구했는가? 남은 것은 지난날의 역사를 통해 지식이 지닌 한계를 확실하게 한 것뿐이다. 참으로 밑도 끝도 없는(알파와 오메가) 지식의 한계성을 엿볼 수 있어야 한다.

어떻게 해서 "지식과 원리를 이해하는 것만으로써는 우리의 영혼이 구제되지 못하는가?"[452] 빛나는 지성은, 그러나 왜 한결같이 하나님의 존재를 거부하고 있는가?

> "아 神은 죽었다고 단언하는 인간의 맹목이여! 하나님의 귀한 은혜가 영혼 위에 사무치도다."[453]

지식은 세계를 움직이는 전부가 아니며 일부 측면이다. 지식은 파생된 것이지 근본이 아니다. 이 같은 겉가지에 온 인류가 매달려 있어서 될 일이 아니다. 그런데도 그들은 "안락과 평탄의 나날 속에서 자신들의 행복을 도모하고 있고, 오만한 지식과 지혜로 하나님의 존재 사실을 비웃고 있으니, 환란이 있어야 절망을 느끼겠고, 심판이 있어야 구원의 길을 찾으리라."[454] 하나님이 강림하시고 성업을 펼친 것이 언제인데, 온갖 경륜과 지혜를 펼쳤어도(그동안의 저술 경과) 반응이 없었다는 것은 지식으로 인해 만연된 병폐가 심각하다는 것을 입증한다. "지성인은 어느 정도 세계의 보편적인 실

---

451) 『길을 위하여(1)』, 앞의 책, p.407.
452) 『길을 위하여(2)』, 졸저, 인쇄본, 1986, p.9.
453) 위의 책, p.74.
454) 위의 책, p.12.

재 현상들에 대해 개안된 인식과 신념을 가진 자들인데",[455] 보일 것을 다 보였는데도 보지 못하는 당달봉사로 확인되고 말았다는 것은 여태껏 진리를 탐구하는 과정에서 경색되어 버린 문명 체제에 문제가 있다. 보고 배우고 생각한 것이 그럴 수밖에 없는 이유가 있은 것인 데도 이해할 수 있다고 여긴다면 그것이 더 이상하다.

특히 하나님이 지상에 강림하신 만큼, 하나님이 목적을 둔 全一的인 메시지의 전파 대상은 이 땅에서 호흡한 지성인들인데, 이들은 정작 서양으로부터 받아들인 知識主義에 물들어 버려 본래 지녔던 知的 전통을 잃어버린 주체성의 미아가 되어 버렸다.[456] 찬란했던 잉카 문명이 파괴당하고 만 것 못지않게 이 민족도 전통 혼맥이 끊어져 버리다시피 했는데, 이 같은 단절 사실조차 자각하지 못하고 있는 것이 현 실정이다. 알았더라면 영광의 主를 십자가에 못 박지 않았을 것이라고 했던 통탄처럼, 전통 혼맥을 이었더라면 이 땅에 강림하신 하나님의 메시지를 외면하지 않으리라.

해방 이후 외국에서 학위를 취득하여 대학 교단에 선 학자들은 지적 공백기에 처한 이 나라에 너나 할 것 없이 서양 사상과 제도를 이식시키기에 급급하여, 반만 년에 걸쳐 쌓아온 민족 문화를 눈 깜짝할 사이에 서구 문화로 대치시켜 버렸다. 옷가지 하나에서부터 종교, 학문, 예술, 사고방식, 가치관 등등. 기독교라는 종교도 좋고 과학이라는 학문도 좋지만, 분명한 사실 하나는 연면하게 이어온 미풍 양식과 끈끈한 공동체 의식은 온데간데 없어지고, 삭막한 개인주의가 만연된 데 있다.[457] 그래서 "한국의 하늘을 뒤덮고 있는

---

455) 『길을 위하여(1)』, 앞의 책, p.13.
456) 『세계창조론 서설』, 졸저, 인쇄본, 1998, p.6.

것은 온통 서구 콤플렉스이다."458) 일체의 권위를 서구로부터 인정
받으려 했다. "맹목적인 서구화로 인해 전통 문화와 민족 정체성이
위기를 맞고 말았다."459) 대학에서 다루는 교재들은 번역판 일색이
고, 영어를 초등학교에서부터 가르치는가 하면 단군상을 무너뜨린
것을 정당한 신앙 행위로 여긴다. 서구 문물을 무분별하게 받아들
여서는 안 된다는 각성의 소리가 없는 것은 아니지만,460) 중요한
것은 이미 결정된 大勢와 흐름을 한두 사람의 각성으로써는 막을
수 없다는 데 있다.

전통 혼맥이 만연된 서양식 제도권 위에서 되살아나기는 어렵다.
그렇다면? 서양이 쌓아 올린 知의 계보 바탕을 근본적으로 뒤바꿀
수 있는 지적 대체 작업을 치열하게 추진하지 않으면 안 된다. 그
렇지만 이 나라의 어느 누구도 21세기에 동양 전통이 무슨 해답과
희망을 줄 수 있을 것인가에 대해서는 회의적이다. 그 같은 시도
자체가 철저하게 과거 속으로 함몰하려는 것이란 비판이 노골적이
다.461) 동양이 쌓아 올린 전통 가치와 사상이 미래의 인류를 이끌
구원 에너지를 함축하고 있다는 사실을 동양 문화의 한 중심에 서
있는 우리의 지성인들은 모르고 있다. 이 같은 무지 때문에462) 그
들은 하나님이 직접 이루신 성업 역사를 이해하지 못하고 말았다.

토인비는 서구의 지적 추구 방식을 통해 인류의 문명 역사를 두

---

457) 『민중신학 이야기』, 안병무 저, 한국신학연구소, 1988, p.325.
458) 『함허의 사상적 특성』, 허정희 저, 동국대학원, 연구논집, p.118.
459) 『율곡의 수양론에 관한 연구』, 이영자 저, 유학연구, 2000, p.1.
460) 『현대철학의 이해』, 강대석 저, 한길사, 1991, p.410.
461) 『함허의 사상적 특성』, 앞의 연구논집, p.118.
462) 서구화된 사고방식으로 인해 굳게 닫혀 버린 안목.

루 섭렵했던 보기 드문 문명 비평가인데, 『역사의 연구』란 대저를 남긴 저술가인데도 불구하고 85세로 타계하기까지 "유대교, 기독교, 회교에서 신앙의 대상이 되어 있는 것 같은 하나님의 존재는 믿지 않는다."[463]란 사실을 고백했다. 이것은 서양이 쌓은 知的 전통 속에서는 아무리 탐닉해도, 아니 인류의 문명 역사를 섭렵해도 神을 발견하지 못한 한계성을 이실직고한 것과 같다. 한 역사가가 처한 삶의 여정이 그렇다는 것이 아니다. 평생 동안 쌓아 올린 지성적 안목일진대, 그것은 그가 속한 문명 시스템 전체를 대변한 것이라고 보아도 좋다.

그렇다면 정말 무엇이 문제인가? 세상에는 많은 지식인들이 지식을 종합해서 전문성을 인정받고 있는 데도 정작 세계의 진상과 진심 본질을 규명하지는 못했다. 세계의 근본 핵심을 초점 잡지 못해 구구한 설명만 늘어놓았다. 서양은 진리를 양산한 체제이지 근본을 파고든 탐구 시스템이 아니다. 그러니까 진리가 분열을 극한 통합의 때가 도래하고 하나님이 강림하며 종말을 맞이하였는데도, 이 땅의 지식인들은 서구의 분열 의식적인 지적 전통에 동화되어 버려 성업으로 밝힌 길의 초월 진리성을 이해하지 못했다. 하나님이 창조 이래 분열된 진리의 통합 본체로 강림하셨는데도 이것을 이해할 인식 바탕이 없다. 세상은 온통 피상적인 지식만 난무할 뿐이라, 도맥의 가치를 제대로 아는 자도[464] 간직한 자도 정열을 바치는 자도 없다. 세계는 정말 진리의 끝단에 다다른 종말을 맞이하고

---

463) 『토인비와의 대화』, A. 토인비 저, 최혁순 역, 범우사, 1987, p.24.

464) 동양은 초월 본체성을 인식한 시스템을 개척한 도맥을 잇기 위해 끊임없이 영안을 연 覺者들을 배출시켰지만, 지금은 그마저 명맥이 끊어져 버렸음.

말았다.

하나님은 無所不在 한 초월 존재자로 계신데, 서양은 이것을 뒷받침할 세계관을 갖추지 못했으므로, 이 같은 난맥상을 극복하기 위해 이 연구는 동양이 정열을 바친 일련의 知的 전통들을 다시 부각시키고자 한다. 동양은 강림된 하나님의 초월 존재성을 증거하고 하나님에게로 나아갈 실질적인 길을 마련하기 위해 2,500년 전 佛陀라는 위대한 覺者가 출현해 불교라는 전통 문화를 예비하였다고 한다면 누가 선뜻 이해하겠는가? 깨닫지 못하면 그것은 보아도 본 것이 아니고 알아도 안 것이 아니다. 세인들은 이 연구가 제시할 초월적인 인식 시스템과 차원적인 진리門으로 안내받지 않고서는 더 이상 강림하신 하나님을 접견할 방도가 없다. 그래서 하나님은 이 땅에 먼저 先知 엘리야적 역할을 담당할 사명자를 보냈으며, 그 예언의 현실체가 이 땅의 역사 위에서 종말 사역을 주도하게 될 것이다.

2. 지의 추구 역사

지난 수 세기 동안 인류를 온통 지식 세계로 몰입하게 했던 과학이란 학문 영역은 오늘날에 이르러 인류의 문명을 진보시킨 전적도 있지만 미래를 암울하게 한 부정적인 측면도 있다. "17세기 이후 아이작 뉴턴의 업적을 기반으로 해서 일기 시작한 물질세계의 규명 작업과 혁명"465) 과정은 서구 사회가 일천 수백 년간 지속

---

465) 『사람의 과학』, 김용준 저, 통나무, 1994, p.117.

해 온 神의 절대 구속과 교회의 권위로부터 벗어나려고 한 시대이다. 새로운 가치관을 찾아 자유를 동경하였고, 죄의식을 벗어나 인간을 존엄한 인격체로 여기고 자기 경험을 존중하였으며, 미신적인 것으로부터 벗어나 합리적인 정신에 입각하려 했다. 일명 合理主義라고도 일컬어진 사고방식이 유행하게 되었는데, 이것은 이전에 지탱되었던 기독교 중심의 절대 神權 문명 체제가 무너짐에 따른 결과이다. 제 현상을 神의 뜻으로만 여겼던 사유 체제를 탈피해서 일체를 합리적으로, 力學的으로, 기계적으로 생각하려고 했다.[466]

하지만 이 같은 역사를 개관했다고 해서 인류를 총체적인 위기에 빠뜨린 서구의 知的 계보 근원이 파헤쳐지는 것은 아니다. 과학이 인간의 사유와 경험된 인식을 바탕으로 새로운 질서를 추출함으로써 하나님을 거부한 다양한 형태의 無神論 사상과 이념을 배태시켰다는 것은 선명하게 가닥 잡을 수 있지만,[467] 오늘날에 이르러서 한계성을 드러낸 知的 계보의 근원된 뿌리까지 들추어낸 것은 아니다. 이것을 알기 위해서는 과학 문명을 大成시키고 서구 知的 사조의 근간이라고도 할 수 있는 고대 그리스의 사유 전통을 살펴보지 않을 수 없다.

과학은 우리가 근세 이후 서양의 것을 열심히 배워 답습한 것일 뿐, 자체 쌓아 올린 知的 창안물이 아니다. 과학은 고대 그리스인들의 놀라운 사변 이성이 뒷받침된 쾌거인 것으로서, 그 씨앗이 르네상스로부터 본격적으로 발아했다.[468]

---

466) 『과학과 불교』, 김용정 저, 동국대학교부설역경원, 1983, pp.11 – 12.
467) "과학은 經驗主義的, 實證主義的, 唯物論的인 철학을 바탕에 둠." – 위의 책, p.20.
468) 『노자와 21세기(上)』, 김용옥 저, 통나무, 1999, p.37.

그렇다면 그리스 민족은 다른 민족이 착안하지 못한 어떤 생각과 관심을 가지고 있었기에 서양 사상의 근간이 되었던가? 기독교라는 종교가 오랫동안 서양 사회를 지배하고 있었는데도 불구하고 때를 맞이함과 함께 싹을 틔워 세계적으로 확산시켰던가? 그것은 소크라테스를 정신적 기조로 해서 플라톤과 아리스토텔레스로 이어진 일련의 시대가 일군 빛나는 知的 탐구의 전적 때문이다. 소크라테스 이전의 역대 시조들은(탈레스 등) 자연철학자로서 자연 현상의 탐구 활동에 지대한 관심을 가졌다. 이러한 전통 위에서 소크라테스는 자연에서 인간으로 관심을 전회시키는 계기를 마련하기도 했지만(너 자신을 알라), 그 역시 인간이 지닌 앎으로서의 지식과 無知의 문제를 중심 테마로 삼았던 것은 마찬가지다. 인간은 참다운 지식을 찾기 위해 힘을 쓰는데, 죄를 짓게 되는 것은 지식이 부족한 때문이라고 생각했다. 알기만 하면 죄를 짓지 않을 것인데, 악행을 저지르게 되는 것은 무지 때문이다. 그래서 최고선─最高善에 이르기 위해서는 반드시 지식을 가져야 한다. 德은 곧 지식이다.469) 無知를 일깨워야 한다는 것이 그가 생각한 보편적 가치의 테두리였다.

서구 정신의 씨할아버지에 해당한 소크라테스가 無知를 타파하기 위해 지식을 강조하였다는 것은 시사하는 바가 크다. 물론 현란한 지식으로 밥벌이를 했던 소피스트들의 지식과는 개념이 다른 것이지만, 그래도 인간이 바쳐야 할 추구 정열을 지식에다 두었다는 것은 知的 계보의 성향에 있어서 가닥을 분명하게 한 것이다.470) 과학을 발달시킨 서양의 知的 전통이 이 같은 씨할아버지가

---

469) 『서양의 지혜』, B. 러셀 저, 이명숙·곽강제 역, 서광사, 1990, p.81.

뿌린 씨앗 사상으로부터 발아되었다. 이것은 내면의 본질 道를 형상화시키려 한 동양의 知的 전통과는 분명하게 차이가 있는 추구특성이다. 소크라테스가 설정했던 사고 차원에서의 無知 극복 노력과 의식적인 차원에서 無明을 벗어나고자 했던 동양과는 성향이 다르다. 그래서 서양은 사고적인 무지를 극복하기 위한 방법으로 사고 자체의 궁극적인 실재성을 파고든 플라톤과, 자연 가운데서 나타나는 현상에 대해 실재성을 파고든 아리스토텔레스란 두 후인을 두었다. 특히 "플라톤은 아리스토텔레스와 함께 서구 문명의 사상적인 기틀을 이루었는데, 도덕 철학과 과학적인 전통은 본질적으로 플라톤의 사상이 이룩한 업적이다."[471]

　그들이 학문과 철학으로 추구한 知的 대상과 과제와 수단은 존재든 궁극적인 실재든 현상이든, 일단은 사고를 통한 논리라든지 이성 작용 범주 안에서였다. 통칭해서 "사물에 대한 탐구와 연구라는 일반적인 생각은 그리스 사람들이 만들어 낸 위대한 발명품 중의 하나이다. 서양 문명은 본질적으로 그리스적인 知的 모험 위에 세워져 있다."[472] "그리스의 철학적 전통은 세계를 이성으로 이해할 수 있게 함으로써 미지의 것들에 대한 두려움을 제거했다."[473] 아무리 철학 영역에서 사변된 形而上學的 문제라도 알고 보면 사물 내지 존재의 궁극적인 실재성을 탐구하려 한 성향이 짙다. 내면속에 잠재하고 있는 순수 본질을 궁구한 것이 아니다. 사고로 사물

---

470) "그리스 철학이 열망하는 것은 最高善의 형상의 인도를 받아 知識을 추구하는 것이다." - 위의 책, p.181.

471) 『소크라테스의 변명』, 플라톤 저, 김정애 역, 선영사, 1987, p.205.

472) 위의 책, p.179.

473) 위의 책, p.181.

내에 숨겨진 이치를 발견하고 일치성 여부를 문제 삼았다.

"無에서 무언가가 나온다는 생각은 그리스 사람들의 실재적, 사고적, 논리적, 현실 합리성, 즉 지금으로 말하면 과학적인 사고방식에는 전혀 맞지 않는 생각이다. 성서의 神은 도저히 그리스 사람들의 사고방식에 맞게 생각할 수 없다."474) 그래서 기독교의 절대 신앙과 그리스적인 문화 바탕이 함께했던 중세 1,000년 기간은 서로의 知的 전통이 부족한 부분을 채운 상호 보완 역할은 되었을지라도 온전한 통합 문명 체제를 구축하지는 못했다. 중세 교부들의 신학이라든지 스콜라 철학은 그리스 철학의 바탕 위에서 神의 제반 문제를 타개하고자 노력하였고, 철저한 도움과 역할을 받았는데도 불구하고 그리스 철학이 지닌 세계관의 한계성으로 말미암아 기독교는 '神의 존재 증명 문제"를 진리적으로 해결하지 못했다. 증명하고자 한 방식이 관념화에 그친 知的 놀음이었다고나 할까?475) 신학이 하나님을 증명하지 못한 것은 그리스 철학에 바탕을 둔 사고의 제한성과 認識論이 지닌 문제 때문이다. 해결할 수 없으니까 초월적인 절대자와 인간 간에 믿음이란 매개 간격을 둔 것인지도 모른다. 동양이 수행을 통해 초월 본체와의 合一 루트를 개척한 것과 대조적이다.

사고력을 지닌 인간에게 있어서 현실적인 것과 관념적인 것은 항상 공존하게 되는데, 신앙을 가진 시대에는 발생한 제반 문제를 神의 뜻으로 내맡길 수 있었지만, 아무리 해도 기대에 못 미치자

---

474) 위의 책, p.198.

475) "자연 신학에서 제시하는 神의 존재에 대한 논거는 첫째: 우주론적 논변, 둘째: 목적론적 논변, 셋째: 존재론적 논변이 있다." - 『종교적 믿음에 대한 몇 가지 철학적 반성』, 이태하 저, 책세상, 2003, pp.46 - 47.

상호보완적이었던 동반 관계는 깨어지고 말았다. 그래서 르네상스 시대부터 색다른 知的 모험이 시작되었다. 홀연히 결연을 선언함으로써 기독교 측이 받은 충격은 컸다. 그리스적인 전통의 知的 계보와 합작했던 것은 한시적인 것이었을 뿐, 영원할 수 없었다. 그 결과 기독교는 하나님의 존재 사실을 증명할 젖줄인 철학적 배경을 모두 잃어버리고 말았다. 서양의 합리적인 사유 전통은 결국 神의 초월적인 실재성을 인식할 수 없다는 不可知 선언을 기점으로(칸트) 과학이라는 독자 노선을 걷고 말았다.

그러므로 서양이 양산한 知的 계보 내에서 기독교가 지닌 본질적인 문제를 해결할 가망성은 사라져 버렸다. 그 결과 젖줄이 끊긴 서구 사회가 몰락할 것이라는 것은 그들의 문화를 직접 호흡한 지성인들이 앞서 감을 잡았다.[476)477)] 서양의 정신계를 지배한 知的 계보는 끝내 하나님을 버리고 과학을 자신들의 문화를 이어 갈 적자로 선택하고 말았다.

예를 들어 "1850년에서 90년의 한 시기에 특별히 독일 과학은 기계적 唯物論 일색이었다."[478)] 졸지에 미아가 되어 버린 하나님은 (?) 어쩔 수 없이 초월적인 입지 바탕을 마련할 새로운 세계관적 터전을 찾아 나서야 했다. 서양적인 입장에서 보면 하나님이 미아이지만, 그래도 천지의 창조자이고 만물 역사의 주재자이신 하나님이 미아가 될 리는 만무하다. 세계인의 지식혼을 사로잡은 과학은 미래의 인류 사회를 구원할 통합 문명 체계를 구축하기 위해 성행한

---

476) 게오르규의 『25시』, 시펭글러의 『서구의 몰락』 등.

477) 이에 비해 동양이 구축한 수행 메커니즘은 초월적인 성령의 작용력으로 드러난 하나님의 본체성을 파악할 수 있는 강력한 인식 方法論으로서 제기됨.

478) 『과학과 불교의 실재인식』, 앨런 월리스 저, 홍동선 역, 범양사출판부, 1991, p.4.

일부 역사일 뿐, 전체성을 대변한 知的 계보가 아니다. 과학 문명은 고대 그리스인들이 특정 분야에 대해서 가졌던 사고방식이 특정한 시기에 알맞게 개발되어 만개된 것이다.479) 세계의 주어진 제 특성을 포괄한 문명 체제가 아니다. 과학을 발달시킨 서양의 지성들은 데카르트가 『방법 서설』에서 밝힌 것처럼 '확실성'에 근거를 둔 '理性主義'를 선호하였는데,480) 이것은 명백히 특정한 분야, 그러니까 사물의 분열 질서를 진리의 근간으로 채택한 것이다.

전체 질서는 예나 지금이나 묘법 – 妙法투성이다. 이성적인 인식 관점에서 보면 세계가 觀念的 혹은 唯物的인 것처럼 보이지만, 본질적인 관점에서 보면 확실하지 못한 무형의 작용 세계로까지 안목이 뻗힌다. 本質論은 觀念論과 唯物論을 통합하고 세계의 근본을 파고든 통찰 관점인데, 서양은 오히려 이 같은 무형의 본질적인 영역을 배척해 버린 치명적인 우를 범했다. 참으로 보아야 할 것을 보지 못한 知的 장애인들이다. 기껏 내린 정의라는 것이 "진리란 인간에 의해 실천적인 목적으로 고안된 것"481)이라고 본 실용적 이득만을 취하였으며, 의식과 시공간상의 본질성을 사고 작용을 기준으로 해서 논리화, 평면화했다. 무형의 작용 세계를 파악할 수 있는 눈이 퇴화되어 生(有)한 것은 아는데 滅(無)한 것은 모르는 반쪽 知만을 가지게 되었다.482)

서양의 철인과 지성인들이 관심을 가진 것은 현실 세계이지 본

---

479) "철학적 활동이 과학적인 전통과 긴밀한 관련을 유지하면서 진행된 문명은 그리스 문명 이외에는 전혀 없다." – 『서양의 지혜』, 앞의 책, p.454.

480) 『과학의 발전과 함께 새로운 철학이 열리다』, 한스 라이헨 바하 저, 김회빈 역, 새길, 1994, p.47.

481) 『현대철학의 이해』, 앞의 책, p.331.

482) 『백서 도덕경(노자를 읽는다)』, 박희준 평석, 까치, 1992, p.68.

질의 세계가 아니었다. 그들은 이성을 수단으로 해서 세계의 작용 현상과 진보 법칙과 역사의 목적성을 규명하려고 하였으며, 논리적 이고 사변적인 모색을 통하여 세계를 객관적으로 이해하려 하였다.

과학적, 합리적, 이성적으로 진리를 추구한 서양의 知的 계보는 본질적이고 창조적인 존재 실상과 명백하게 괴리되는 것이라, 주관 적인 의지의 문제라든지 마음의 작용 문제에 대해서는 아예 관심 영역에서 제외해 버렸다. 미래 인류를 책임질 知的 계보는 주객을 아우를 수 있어야 하는데, 현대 과학은 객관적인 진리 세계만을 탐 구하므로 존재와 心과 神과의 일치 이상에 대한 기대를 저버렸다. 과학은 너무 인간 사고를 단순화, 법칙화, 기계론화해 버려, 이것이 세계의 총체적인 파멸을 초래했다.

그래서 이 연구는 현 문명 체계를 뒷받침하고 있는 知的 계보의 근간을 비판해 한계성을 지적함으로써, 종말적 문명 체제를 극복할 새로운 구원 문명 체제를 구축할 것이다.

3. 지의 추구 특성

종교와 과학에서 말한 진리의 개념이 서로 다르다는 것은 갈릴 레이(1564~1642)의 지동설 주장 사건을 보면 알 수 있다. 현대는 창조된 세계가 분열을 극해 온갖 진리가 만개되어 있는 상태인데, 인간이 진리를 바라보는 방식은 언제나 고지식하기만 하다. 대부분 자신이 배우고 익힌 방식대로 세계를 이해하려 든다. 불교에서는

"부처를 몸 안에 지니고 있으면서도 밖에서 찾으려고 밖으로만 헤매고 있다는"[483] 어리석음을 질타했다. 부처가 몸 안에 있다는 것은 우리가 구해야 할 진리가 내면의 본질 가운데 있다는 것인데, 이것은 과학자들이 원자라는 미시 세계로부터 우주라는 거시 세계에 이르기까지 몸 밖의 세계를 탐구한 객관적인 진리와 대비된다. 양자는 제각각 지닌 진리로서의 특성이 있는데도 자신들이 확보한 진리 밖에 있는 세계는 아예 인정하려 들지 않는다.

道典에서는 "현하의 학교 교육이 학인으로 하여금 비열한 공리에 빠지게 하므로 판밖에서 성도하게 되었노라."[484]라고 하였다. 이것은 현 지식 체제와 학문만으로써는 세계와 인간의 근본적인 문제를 해결할 수 없다는 비판 각도인데, 그 해결책은 역시 묵묵부답이다. 자신들의 전통 방식에 따른 진리만 옳게 여기고 여타 세계는 관심 밖이다. 종교 진리나 과학은 나름대로 담당한 진리로서의 역할 분담이 있는데, 다른 역할은 도외시하고 자신들이 가진 진리만 전면에 내세웠다. 우려되는 바는 자신들의 진리만 절대적인 것이라고 밀어붙이는 교조적인 전투 자세이다. 여기서 인류가 참으로 깨닫지 않으면 안 되는 통찰 안목이 있다. 진리가 절대적인 것은 하나님이 천지를 창조하셨다는 사실 하나뿐이다. 그 외는 모두 만개된 제각각의 특성과 역할이 있을 뿐이다.

앞에서는 인류가 추구한 知의 계보 역사, 그중에서도 서양知의 근원 뿌리를 파헤쳤는데, 서양知가 "분석적이고 환원주의적인 접근

---

483) 『선의 황금시대(禪의 불꽃을 이어온 사람들)』, 오경웅 저, 류시화 역, 경서원, 1986, p.216.
484) 『道典』, 9장 78절.

방식"485)을 고수하게 된 배경에는 그만한 이유가 있다. 소급해 보면 고대의 동양은 통합적이고 전체적인 시각(거시)에서 진리 세계에 접근한 경향이 있었고, 그리스는 미시적·분석적이었다.486) 대비된 만큼이나 참으로 균형 잡힌 시각이 필요하다. "서구인의 경향성이 통합보다는 분석을, 모든 것을 하나로 보기보다는 분별을, 각각의 경험적 자료들 안에서 모든 성질들을 보기보다는 구별을 선호한 것은"487) 그들이 바로 知的 특성상 사물 세계의 본질 규명 역할을 담당한 때문이다. 사물의 본질을 규명하기 위해서는 현상 세계를 분석하는 입장에 서야 한다. 사물 세계를 탐구하기 위해서는 그와 같은 知的 특성을 발휘해야 한다. 확실하게 구분해야 하는데, 손가락은 오지가 분명하고 이목구비는 뚜렷해야 한다.

하지만 아무리 명료하게 구분하더라도 사물 자체는 하나인 본체로 존재하고 있다. 정신과 육체를 분별해서 이해는 하지만 정신과 육체는 본래 구분 없는 한 몸이다. 동양에서 직관을 통한 知的 탐구 방법을 선호하였다면 거기에는 그만한 이유가 있다. 서양식 의술로만 병이 치유되는 것이 아니다. 한방으로도 낫게 할 수 있듯(서로 통함), 직관은 세계의 生成 본질 면모를 파악하는 데 있어서 적합한 사유 체제이다. 규칙적이고 분열적이며 질서가 분명한 제 사물과 현상에 대한 파악은 분석적인 방법이 적합하지만, 질서 이전의 통합적이고 존재적인 본질 면모를 파악하기 위해서는 직관이 주효하다. 분석은 질서적인 사물의 본질 면모를, 그리고 직관은 통

---

485) 『직관의 경영』, 다마 멘탈 비즈니스 연구소 엮음, 박희선 역, 정신세계사, 1990, p.안 내글.
486) 『과학과 불교의 실재 인식』, 앞의 책, p.255.
487) 『화엄불교의 세계』, 프란시스 쿡 저, 문찬주 역, 불교시대사, 1994, p.34.

체적인 무형의 존재 본질을 파악하는 데 적합하며, 대우주의 생성성을 파악하기 위해서 동양은 적극 수행력을 동원했다.

그렇다면 오늘날 인류 전체가 종말이란 문명적 한계를 맞이한 핵심 원인은 어디에 있고 누구에게 있는가? 세계의 실행자요 주체자인 인간에게 있고, 그 인간을 움직이게 한 사상知에 있다. 그중에서도 세계가 온통 서양의 知的 계보를 따른 分析知로 일색이 되어 있다는 것이 문제였다. 생활상에서의 판단 기조들이 온통 확실한 것만을 구하려 한 分析知에 기준을 두고 있다. 정작 파고들어야할 것은 내면의 본질이고 만상을 낳은 우주의 生成 면모인데, 탐구수단이라는 것이 사물의 본질성을 규정짓는 분석적인 인식 이론과 접근 方法論밖에 없다.[488]

운위되는 生成 본질은 다분히 무형인 작용 현상이라, 생명 있는 진리성을 일구기 위해서는 직관적인 인식이 知的 탐구 메커니즘으로서 불가결하다. 또한 살아계신 하나님의 본체성은 시공간상에서 임재된 의지적 실체로서(성령) 감지할 수 있어야 하는데, 이것은 직관을 통한 깨달음이 있어야 가능하다. 다시 말해 불교가 지닌 수행적 전통 등이 방법론으로 뒷받침되어야 한다는 뜻이다. 그것은 예수님이다 부처님이다 하기 이전에 세계적 실상에 접근하기 위한 객관적 방법이다. 세계는 가로놓인 바탕성과 구조적인 특성이 있어, 존재된 표층은 분석적인 방법이, 내면의 본질은 직관적인 방법이 합당한 탐구 수단이다.

서양이 분출시킨 知的 전통이 왜 분석적인 경향을 띠었는지에

---

488) 분석적인 방법은 세계를 파고들어 실상을 규명하는 데는 용이하지만, 그렇게 해서 파생된 근본 원인을 추적하는 데는 무기력함.

대한 이유는 분명하다. 현재 만연해 있는 지식 내지 과학주의의 진리적 특색과 근원 계보가 확고한 것일진대, 그렇게 해서 말미암게 된 한계성도 직시된다. 그래서 서양知는 향후의 인류 미래를 책임질 수 없으며, 전적으로 내맡겨서도 안 된다. 서양知는 자체 지닌 知的 특성에만 복무해야 한다. 그런데도 끝까지 전면에 나서 물러설 태세를 꺾지 않는다면?

그래서 이 연구는 이 같은 사태를 막기 위해 세계가 종말을 맞이한 사실을 분명히 하고자 한다. 그리고 서양知의 근본 뿌리와 특성을 포용한 입장에서 인류가 추진할 새로운 진리 세계를 표방하리라. 어떤 상황에서도 "나를 나 되게 한, 나 된 근본을 떠난 진리는 세계를 구원하지 못하며, 세계를 근본적으로 혁신시키지 못하는 악순환을 거듭한다."489) 종말 상황을 악화시킨다.

"모든 진리는 말씀 속에 있는데 말씀만을 믿는 자를 편협한 자라 할 것인가? 지식은 끝내 채울 수 없는 만족을 줄 뿐이나, 믿음의 말씀은 한 절로도 만 영혼을 구원하리라."490)

세계의 궁극적인 실재와 통하는 곳에 하나님의 말씀이 있고, 그 말씀은 뭇 생명 본질과 연결되어 있다. 사물의 끄트머리인 분열知와는 차원이 다르다. 佛陀는 요즘 방법으로 박사 학위를 취득했기 때문에 覺者로서 권위를 획득한 것이 아니다. 佛陀는 수행으로 우주 본질의 초월성 면모를 꿰뚫은 본질 세계의 개척자였다. 그곳에 바로 無로부터 이룬 천지 창조가 있었고, 三世 간을 초월해서 작용

---

489) 『길을 위하여(2)』, 앞의 책, p.76.
490) 『길을 위하여(1)』, 앞의 책, p.324.

한 권능이 있다. 지식의 궁극적인 근원에 창조가 있고, 진리가 있는 곳에 하나님이 계신다. 현대 물리학의 인식점인 지식의 구조적인 바탕 근간에 창조가 있다. 창조된 특성으로서의 존재선상에 있게 된 것이 양자 역학이다.

시공간이든 내면 의식이든 물질이든 그렇게 존재하고 있는 양식 이면에는 본질이 바탕 되어 있고, 본질이 있는 곳에는 창조가 있어, 이 같은 상태 여건을 파고든 것이 초월知이다. 당연히 우리가 확인할 수 있는 것은 相對知뿐이라,[491] 이것이 서양이 여태껏 쌓아 온 知의 계보 실상이다. 그래서 서양은 세계 내에서 주체적인 의지력을 확보할 수 없다. 주관적으로 책임지지 못한다. 양산한 세계관적 면모라는 것이 "과학주의, 마르크시즘, 자본주의, 데카르트주의, 無神論的 인본주의, 행동주의적 심리학, 실증주의, 네오토미즘, 소비주의 등",[492] 표층적인 말단 문명을 주도한 군상들뿐이다.

사물을 분석하는 방법으로써는 존재하는 의지성의 문제를 해결할 수 없다. 進化論에 근거를 둔 심리학과 정신분석학이 인간의 정신을 치료하고 행동을 수정한다고 나섰지만, 그들은 물질문명에 찌든 인간 영혼을 뒤치다꺼리하기 바빴을 뿐, 어떤 영혼도 구원하지 못했다. 정신의 문제에 있어서 神을 제거해 버린 서구인들이 상처 입은 영혼을 상담 기교 등으로 대처하려고 하지만, 그것은 봉사가 봉사의 손을 잡고 길을 인도한 격이다. 진리는 존재 내에서 본질적인 통합체 상태로 생성하고 있으며, 지식은 그 통합체가 분화된 낱낱의 끄트머리이다. 그리고 이 같은 지식들을 구성해서 체계 지어

---

491) 『백서 도덕경』, 앞의 책, p.50.
492) 『화엄불교의 세계』, 앞의 책, p.12.

놓은 것이 학문이라, 학문을 통해서는 세계에 가로놓인 근본 실상을 볼 수 없다.

서양의 知的 바탕으로써는 神의 존재 윤곽을 잡을 수 없다. 대우주의 生成 본질이 어떠한 분열 경과를 거쳤는가를 추적할 수 없다. 의지적으로 주재된 세계를 파악할 수 있는 길이 막혀 있는 상태라, 어떻게 천지 하늘이 종말을 맞이한 때를 알 수 있었겠는가? 인류의 영혼과 선각들이라도 종말을 맞이한 때에 대해 무지했던 것은 하나님의 살아계신 존재 상태를 실질적으로 접하지 못하고, 세계관의 한계성으로 하나님과의 교감 루트가 폐쇄되어 있은 때문이다. 차체는 운전자가 핸들을 트는 방향으로 진행할 뿐이다. 인류 역사가 천길만길 낭떠러지에 당도하였는데도 그 같은 상황을 감지하지 못한 것은 서양 문명이 만연시킨 知的 계보가 지닌 한계성 때문이다.

그래서 이 연구는 서양의 지성인들이 추구하여 양산한 산물인 현 문명 체계를 비판함으로써, 인류가 가일층 종말을 맞이하게 된 실상을 확실하게 지적하리라.

4. 지의 획득 방법론

서양知의 계보 끄트머리에서 확실한 지식을 원했던 철학자들은 지식 체계의 청소라고도 할 작업에 착수하였는데, 그것이 영국과 미국을 중심으로 20세기에 들어서서 확고한 조류를 형성한 논리실

증주의493) 운동이다. 그들은 거추장스러운 가식들을 버리고 언어의
논리성에 대한 분석으로 제 진리성 여부를 가늠할 수 있다고 생각
했다. 그들은 현상계의 배후에 있다고 추측되는 법칙들을 알고 싶
어 했으며, 그 해답으로 제시된 과학 법칙 내지 이론의 실상이 사
실은 가설적인 체계였다.494) 세계가 변하고 또 변한다고 한다면 그
것은 차를 타고 이곳저곳 여행을 하는 것처럼 위치가 고정될 수 없
다. 가장 공고하다고 여긴 지식들이 처음부터 가설적이고 추적된
形而上學的인 이론들로부터 비롯된 것이라니! 이 같은 지식의 정
체성 안에서 唯物論, 一元論, 二元論, 本質主義, 제 종교적 교리
들이 벗어날 길은 없다. 그래서 진리가 진리인 것을 가리는 대상과
기준 잣대로 들이댄 것이 언어와 논리와 실증성 여부를 따진 方法
論이었다.

우리는 과학이 발전하면 미래가 희망적으로 진전할 것으로 생각
하지만, 사실은 생각한 진리성의 틀이 불완전하기 때문에 더 나은
지식을 향해 가려고 한 과학의 패러다임 쉬프트(paradigm shift)일 뿐
이다(틀의 전환).495) 세계는 실재적인 것 같지만 사실은 가변적인
것이며, 진리는 인식된 것이다. 더군다나 서양知는 사고를 근간으
로 해서 진리를 획득한 강구 方法論이기 때문에 그 주된 판단 작
용이 主知的이지 않을 수 없다. 그들은 인간을 둘러싼 복잡한 현상
들로부터 지식을 획득하기 위해 연역적인 방법과 귀납적인 방법을
동원하였다. 주어진 사고의 규칙을 면밀하게 적용한 것이라고나 할

---

493) 현대 분석철학의 뿌리.
494) 『철학의 발견』, EBS 교육방송 기획·제작·방송, 삼화출판사, 1993, pp.42 - 43.
495) 『과정과 실재』, 화이트헤드 저, 김용옥 강의, p.32.

까? "과학이나 예술 등 모든 문화 현상의 기초적 진리인 사유에 의해 존재를 파악하는 학문을"[496) 구축해서 진리성을 접하는 길을 터닦았다. 사고의 규칙을 통한 方法論과 학문을 통해 구축한 지식의 체계도 세계와 통하지 않는 것은 아니지만, 중요한 것은 그렇게 해서 추진된 목표의 방향성이 문제이다. 서울에서 진주로 내려오는 것과 진주에서 서울로 올라가는 것은 거리상으로는 같지만 도달되는 장소는 다르다. 본질에서 말단으로 혹은 말단에서 본질로, 즉 서양知는 진리 세계의 근원 뿌리가 되는 본질로 향한 것이 아니다. 그 말단인 가지 끝을 향해 치달았다. 그들이 진리 획득의 수단으로 사고의 규칙들을 적용했다는 점이 그렇고, 분열된 것을 축적시킨 知的 창고인 학문을 통해서 진리 세계와 접했다는 것이 그 이유이다.

천지가 창조된 것이라면 온갖 知의 근원 뿌리는 창조에 있고 그 너머에 하나님이 존재하고 있는 것인데, 서양이 펼친 학문 세계에서는 도무지 창조를 알 수 없을 뿐 아니라, 하나님도 발견할 수 없다. 진심 세계와 차원적인 차이를 극복할 수 없고, 추진 방향도 거꾸로다. 사고하는 것만으로써는 차원적인 본질 세계로의 진입이 不可하다. 그렇다면? 살아 있는 진리성을 접하기 위해서는 존재된 의식과 삶을 투신할 수 있는 方法論을 강구해야 한다. 만인은 학문을 통해서 접하는 지식의 한계를 알고 수행과 직관을 통해서 진입할 수 있는 차원 세계를 비교할 수 있어야 한다. 아울러 서양知가 구축한 철학, 신학, 과학과 같은 학문 영역이 어떻게 해서 하나님의 존재 세계와 동떨어졌고, 작용성을 증거할 수 없었던 것인지에 대한 원인을 알아야 한다. 하나님은 시공간 내에서 진리, 섭리, 의지,

---

496) 『불교학 개론 강의실(2)』, 장휘옥 저, 장승, 1996, p.22.

뜻, 성령으로서 존재하고 계신데, 이 같은 존재 특성을 파악하고 교감할 수 있는 수단이 서양의 知的 계보 안에서는 결여되어 있다.

그래서 우리는 서양知의 결정적인 결점과 대비된 동양의 수행 문화가 지닌 생명 있는 진리성을 확인해야 한다. 세인들은 이 사실을 알아야 하나니, 진리로 살아 있는 세계성과 접하기 위해서는 온몸과 의식으로 진리를 접할 수 있는 세계 속에 휩싸여야 한다. 그리해야 우주 본질의 종말성을 알고 시운의 때를 간파할 수 있다. 한두 편의 논문 구성으로 진리의 뿌리가 드러날 수는 없다. 진리의 근원을 추적하려면 몸 된 의식과 生을 투신해 진리의 生成 전말을 지켜볼 수 있는 인내와 수행이 필요하다.[497]

"세계의 본질을 직관하고 종말성을 인식하기 위해서는 수행으로 본질을 축적해야 하는 것이 필수이다. 도도한 지성이 세계를 판단하고 미혹한 진리를 제도하고 있는 것처럼 보이지만, 끝내 영혼의 빛으로 감내해야 하는 영원한 신념과 의지력과 神의 뜻까지 감별할 수는 없다."[498] 세계적 진상은 결코 드러나 있는 것만이 전부가 아닌 만큼(분열적), 그 배후에 있는 진리성과 근원성을 보기 위해서는 선험적인 믿음과 통찰력과 직관력이 필요하다. 경험으로 아는 지식은 오관과 이성으로 판단한 것이지만,[499] 직관은 무형의 초월적인 본질 작용 세계에 대한 정보를 제공한다. 직관된 진리는 인간 경험의 경계를 뛰어넘는 무형의 形而上學的인 본질 세계에 대한

---

497) 서양의 학문 추구와 동양의 수행 가치가 지닌 현격한 차이가 여기에 있음. 세계의 본질은 관찰한 것을 체계적으로 진술하는 것만으로써는 부족하며, 생성성을 大觀해서 직접 꿰뚫어야 함.

498) 『길을 위하여(3)』, 졸저, 인쇄본, 1990, p.69.

499) 『교육철학』, George R. Knight 저, 김병길 역, 교육과학사, 1993, p.36.

정보를 인출한다는 점에서, 이 같은 통찰력이 세계의 종말성과 때를 직시하게 했다. 여기에 분명 세계 의지와 교감하고 통할 수 있는 길이 있다. 진리를 알진대, 그 안에 거한 하나님의 뜻인들 분별하지 못하겠는가? 세계 앞에 가로놓인 심판과 구원에 대한 사역 의지를 읽을 수 없겠는가?

그러므로 이 연구는 모든 가능성 있는 길을 모색한 방법론을 대동함으로써, 오늘날에도 살아계신 하나님의 뜻과 의지를 판단한 최선을 다한 성업 결과물이 되어야 한다.

1. 인류의 목적 과제

과거의 유물들과 역사를 살펴보면 거기에는 참으로 수많은 사람들이 수많은 세월 동안 몸 바쳐 일군 유형무형의 사실들을 접할 수 있다. 만리장성은 중국의 전국－戰國시대에 흉노를 막기 위해 부분적으로 쌓았던 것을 진시황제가 완성한 것으로 그 길이가 약 2,400㎞나 된다. 인공위성에서도 흔적이 드러난다는 인류 최장의 구조물이다. 유럽 땅에 들어서면 곳곳에 어마어마하게 규모를 자랑하는 대성당들이 세워져 있는데(돔의 크기가 기준), 이것은 믿음을 가진 사람들이 정열을 바쳐 건설한 지혜의 총집합물이다. "12, 13세기의 서구에서는 훌륭한 예술 작품의 97%가 종교적인 소재를 다루었다."[500] 그리고 현재의 인류는 유, 무인 우주선을 쏘아 올려 우주 탐험에 나섰고, 과학을 위해 평생을 바치고 있는 사람들이 부지기수이다.

이처럼 인류는 그들이 살았던 시대적 상황에 따라 그 이유가 정치적인 것이었든 이념적인 것이었든 혹은 문화적, 신앙적인 것이었든·상관없이 공동으로 달성하고자 한 절실한 목표가 있었다. 그리고 그 목표가 무엇이었든지 간에 수많은 사람들이 땀을 흘려 이룩한 곳에는 뚜렷한 역사적 흔적이 있다. 쌓아 올린 정열의 결정체가 바로 인류 역사이다. 이것은 역사라는 것이 대다수의 인간들이 그 시대에 무엇을 위해 몸 바쳤는가 하는 인생의 추진 목적과 연관이 있다는 말이다. 그런데 이전에는 진리의 권위가 살아 있어 인류의 정열을 규합시킨 구심체가 있었지만, 지금은 인류가 도대체 무엇을 위해 몸 바쳐야 할 것인지 몰라 방황하고 있다. 진리가 빛을 잃고 성인의 말씀이 권위를 잃었으며 교회마저 흔들리고 있다. 분란과 다툼이 끊이지 않고 퇴폐적인 감각 문화가 판을 쳐서 정열이 급속도로 소진되어 버렸다.

이와 같은 때에 하나님이 강림하셔서 중대한 소식을 전하고 계시다는 것은 무엇을 의미하는가? 그것은 종말을 맞이한 인류에게 새로운 혼을 불어넣어서 정열을 바칠 수 있는 위대한 인생 목적을 제시하기 위해서이다. 온 인류가 무엇을 위해 정열을 쏟아야 할 것인가에 대한 공동의 추진 과제? 곧 도래한 종말 사실을 확실하게

---

500) 『신의 죽음』, 가브리엘 바하니안 저, 김기석 역, 청하, 1988, p.179.

인지시켜 버려진 삶과 인생과 영혼을 총체적으로 구원하기 위해서이다. 하나님이 하늘에 계실 때는 믿음이 정형화된 형태를 이루었지만, 종말을 맞이한 지금은 행동 규정 지침이 달라진다. 이것을 이 연구가 기점 삼아 구체화하리라.[501]

인류가 공동으로 추구할 향후의 인생 목적을 규정한다는 것은 엄청난 권위를 동원해야 하는 일이거니와, 그러함에도 이 연구가 그 같은 사명을 감당하고자 하는 것은 하나님이 강림하셔서 이루고자 하신 프로젝트, 즉 세계관에 대한 변혁 의지 때문이다. 하나님의 성업도 결국은 대다수의 인류가 정열을 집결해야 달성된다. 하나님은 무엇보다도 神的 권위로써 개개 인생의 목적을 규정하고 뜻을 위해 정열을 바칠 것을 선지함으로써 영광된 비전의 세계를 보장하고자 하신다. 추진 과제는 앞으로의 저술 과정 속에서 메시지화할 것이지만, 그것이 이전 같지 않을 것은 분명하다. 단안과 결단이 요구되는데, 그러한 과정에서 일찍이 겪지 못한 새로운 역사가 펼쳐지리라.

그것은 놀라운 일이려니와, 그 역사를 이 연구가 직접 추진하고자 한다. 온 인류가 실천하고 받들 새로운 삶의 양식을 제시한다는 것은 쉬운 일이 아니다. 그런데도 이 연구는 쇠락한 문명 궤도를 전환할 혁신 에너지를 산출해야 하며(정신문명), 그것은 진리를 향해 몸 바칠 불타는 이상 실현의 과제이기도 하다.

모든 것이 적나라하게 노출된 末世에 도덕적으로나 무엇으로나

---

501) 하나님의 지상강림 이후 인류의 행동을 지침하는 것은 사명자로서 수행해야 할 필수 절차이고 역할임.

인류를 구원하고 그 본성을 아버지께로 인도할 과제를 제시하는 것
은 급선무이다.

인류가 보편적으로 달성할 수 있는 인생의 목적을 지침하는 것
이 어찌 이 연구만으로 이루어질 수 있는 大業으로서의 과제이겠
는가만, 이 같은 사명을 인식하는 것은 중대한 첫출발이다. 수행을
하는 과정에서 제일 어려운 것은 자신이 지닌 생각을 컨트롤하는
것이다. 그래서 삶의 양식과 가치관과 사고틀을 새롭게 혁신시키기
위해서는 만생의 본원을 주재한 하나님께서 그만한 보장 약속을
확고하게 제시할 수 있어야 한다. 무엇을 위해 정열을 쏟고 무엇을
위해서 行할 것인가에 대한 生의 과제를 밝히는 것도 중요하지만,
더 중요한 것은 그렇게 살았을 때의 삶을 진리적으로 뒷받침하는
것이다. 인간은 현실적이고 실질적인 비전이 있는 약속을 원하지만,
기대와 다르게 하나님의 약속은 항상 形而上學的인 섭리로써 실현
되는 것이며, 뜻의 실현은 차원적인 깨달음으로부터 이루어진다.

예수는 나를 보는 것이 곧 아버지를 보는 것이라고 했듯, 방황하
는 인류의 인생 구원은 인류가 당면한 죄악성을 하나님이 묵과하
지 않고 지적해 주는 것만으로도 이루어진다. 인간이 진정으로 해
야 할 일이 무엇이며 추구하고 쌓아야 할 믿음이 무엇인가를 계시
받는 것 자체가 은혜이다. 하지만 예시된 단계에서는 역시 믿는 자
와 불신자 간의 편 가름 현상이 있기 때문에, 앞으로는 인류가 직
접 모든 것을 판단할 수 있는 보다 구체적이고 현실적인 인생 원리
와 가치와 세계관을 제시할 수 있어야 한다. 그리고 더 나아가서는
그러한 生의 원리성을 보편적인 진리로써 뒷받침해야 한다.

2. 인생의 목적 선택과 가치

중국의 왕필은 노자가 『도덕경』에서 말한 '不仁'이란 자구를 해석하는 과정에서 不仁은 우리가 살고 있는 세계가 어떠한 목적론적인 이념이나 그 이념의 사슬 속에 얽매여 있지 않다는 의미로 이해했다. 그냥 스스로 그러한 것을 일컬어 自然이라고도 하는데 목적이 없다? 이것은 하나님이 존재한다는 사실을 알지 못하거나 부인하고 싶은 無神論者들에게 적합한 관점이다. 우리에게 아무런 인생의 목적이 없을진대, 그 같은 삶을 가치 있다고 할 수 있겠는가?[502]

천지간에 존재하는 것들은 한결같이 존재하기 때문에 존재함에 대한 이유, 즉 분명한 목적이 있다. 혹자는 "위하여란 목적론적 사유야말로 인간이 자연에 부여하는 최대의 오류이고, 모든 종교가 인간을 기만하는 함정이다."[503]고도 하였지만, 그것은 오랫동안 믿음이 요구된 시대를 겪으면서 어느 순간부터 그 같은 믿음이 필요 없다고 생각하게 되었을 때에 있게 된 판단이다. 그런데 지금은 정말 만생이 삶을 회의하고 방황하여 자포자기 상태에 빠져 있다는 것이 안타깝다. 만물이든 인생이든 그들은 본래의 고유한 존재 목적에 충실하고자 한 본성이 있는데, 목적을 부인하거나 모른다면 어떻게 새로운 가치를 창출할 수 있겠는가? 인간이 생애를 통하여 끝내 깨달아야 할 것은 존재된 목적과 가치성이다. 우리가 무엇 때문에 존재하고 있다는 이유와 목적을 알아야만 죽음을 맞이해도

---

502) 『노자와 21세기(상)』, 김용옥 저, 통나무, 1999, p.246.
503) 위의 책, p.246.

헛되지 않다.

> "우리가 인생을 참되게 살아간다고 느끼는 순간은 인생에서 목적
> 을 인식했을 때이다."[504]

인간은 어떻게 존재하는가 하는 존재 형태가 중요한 것이 아니라, 존재 의지가 중요하다. 당신은 무엇으로 존재하는가가 아니라 무엇을 위해 존재하는가에 가치의 비중이 더 크다.[505] 그 향방에 만생의 구원과 심판 문제가 달려 있다. 목적 잃은 삶의 허무에 대하여 삼라만상과 세계가 자신을 위해 존재하고 있다는 사실을 깨닫는 순간, 세계는 객체가 아닌 일체이다. 하나님이 인간을 위해 역사하셨다는 사실을 알고 존재하는 목적을 하나님께 두기로 결정했다면? 이 메시지가 방황하는 인류를 구원하기 위하여 내려주신 하나님의 뜻이라는 사실을 안다면 하나님과 인간이 일체되지 않겠는가? 세계가 하나 되지 않겠는가? 면밀한 감찰력과 이성을 무엇을 위해 쏟고 삶의 정열을 무엇을 위해 불태울 것인가? 준엄한 목적과 가치를 하나님과 해후하는 데 바친다면 그곳에 곧 인생길의 구원이 있다.

生의 가치, 존재의 가치는 아무 곳에서나 구할 수 있는 것이 아니다. 하물며 온 인류가 함께 바칠 영원한 가치가 있다면, 그것은 공유할 가치인 만큼 신중하게 살펴서 生의 정열을 집중할 수 있는 결단이 필요하다.

---

504) 『길을 위하여(1)』, 졸저, 아가페, 1985, p.18.
505) 위의 책, p.61.

"한 세계를 영원한 정열로 운위할 수 있는 자는 正法의 道를 깨달은 자이다."506) "정열은 황금이니 이 엄청난 재보를 지불하고서 얻을 것은?"507)

인생의 추구 목적과 결단된 초점이 중요하다. 모든 것을 버릴 수 있고 불태울 수 있고 또한 정진할 수 있다면 그것은 일차적으로 구원된 삶이다. 할 일 없는 삶, 할 일을 모르는 삶은 버려진 삶이다. 인생은 향유하는 것이 아니라 쌓아 가는 것이다. 베짱이는 추운 겨울을 무시했기 때문에 여름 한나절을 노래 부르며 보냈지만, 개미는 염려했기 때문에 땀 흘려 양식을 비축했다.

삶은 그쳐도 존재는 영원하다. 죽으면 다시 차원적인 生이 열린다. 生이 있었기 때문에 반드시 맞이하게 되는 것이 천국과도 같은 세계이고, 지옥과도 같은 인생이다. 인류는 무엇을 위해 헌신하고 정열을 쏟아 바쳤는가? 무슨 목적과 가치를 투여했는가에 따라 십자가는 천국門을 연 열쇠가 되기도 하고, 쾌락은 지옥을 벗어날 수 없는 옥쇄걸이가 된다. 이것은 흑백 놀음이 아니다. 인생과 존재가 무수하게 가고 온 우주 본질의 生成 결과이다. 공든 탑이 무너지랴? 하지만 열심히 쌓았는데도 허물어지는 것이 있다. 그래서 쌓은 것을 확실하게 보장받을 수 있는 길, 이것을 삶의 가치로서 제시하고자 한다. 그것이 무엇인가? 하나님은 살아계신 분이고 창조자라는 것을 기존 신앙 체제는 심증으로써만 강조했다. 그런데 지금 상황은? 인류 역사를 주재하신 하나님이 종말을 선포하셨다. 이것은 전에는 없었던 새로운 역사이라, 이토록 중대한 말씀을 따르는 그

---

506) 위의 책, p.108.
507) 위의 책, p.123.

곳에 만생이 구원을 보장받을 수 있는 길이 있다.

　하지만 말씀을 받들고자 함에 있어 하나님은 이전과는 차원이 다른 새로운 가치 양식을 요구하셨다. "수행하라!" 이것은 『원각경』에 기록된바, 부처님이 입멸하시기 전 末世에 대처할 중생들에게 호지시킨 말씀이거니와,508) 정말 하나님도 수행이란 삶의 가치와 방식을 택할 때만 구원이란 증과가 있을 것을 약속하셨다.

　대승 불교에서는 이상적인 삶의 양식으로서 보살(bodhisattva)행을 내세웠는데 보살은 깨달음, 즉 진리를 추구하고자 하는 삶이다.509) 보살 수행자는 지식이 아닌 진리를 구하여 가치성을 발하고자 한 것이라, 그 같은 方法이라면 진리를 본체로 하신 하나님을 자각하는 것이 어려운 일이 아니다. 하나님은 왜 삶의 가치를 일구는 수많은 추구 양식 가운데서 유독 수행을 모토로 하셨는가? 영원한 정열을 불태울 수행의 가치란? 수행을 위해 몸을 바쳤을 때 얻을 수 있는 것은? 그것은 바로 수행으로 일군 삶의 영혼 위에는 진리가 머물고, 진리 가운데는 하나님을 뵐 수 있는 구원의 길이 있기 때문이다. "날이 갈수록 인간이 설 자리를 잃고 삶의 가치들이 외부로만 발산되고 있는 현실에서"510) 혼신의 정열을 바쳐 선언된 종말 뜻을 하나님의 실존 의지로서 받아들인다는 것은 인류가 앞으로 전향시키지 않을 수 없는 삶의 가치 양식이 아닐 수 없다. 우리는 행복을 얻고 구원을 얻기 위해서 무엇을 바꿀 수 있는가? 나 자신인가? 세계인가?511) 이 연구에서는 무엇보다도 인생의 추구 목

<hr>

508) 『원각경 역해』, 한정섭・송은진 공저, 불교통신대학, 1994, p.168.
509) 『화엄경의 세계』, 玉城康四郎 저, 이원섭 역, 현암사, 1985, p.46.
510) 『마음닦는 길(수심결 강의)』, 지눌 저, 강건기 강의, 불일출판사, 1991, p.책머리에.
511) 『보살 예수』, 길희성 저, 현암사, 2004, p.91.

적과 가치를 바꿀 것을 요청한다. 어차피 한 번밖에 없는 인생이고 맞이할 수밖에 없는 죽음 앞에서, 허무하지 않을 길을 선택하는 것은 末世인들에게 있어 촉구되는 인생 결단이다.

"인생은 자유의 피날레, 그러나 그 젊음과 정열과 기백을 무엇을 위해 바칠 것인가?"[512]

과연 인류는 고귀한 삶을 무엇을 위해 바칠 것인가? 이전에는 믿음이 과제였지만, 이제는 어떻게 行할 것인가란 삶의 양식을 선택해서 결정해야 하는 것이 해결해야 할 주된 과제이다.

그러므로 종말을 선언하신 하나님의 뜻을 간파한다는 것은 인류가 장차 무엇을 行할 것인가를 깨닫게 되는 중요한 관건이다. 인류는 그동안 나름대로 가치관과 신념을 가지고 삶을 영위하였지만, 지금은 보다 구체적으로 무엇을 위해 정열을 쏟고 헌신해야 할 것인지에 대한 인생 목적을 결정해야 한다. 인류는 역사상 공동의 목적을 위해 정열을 쏟아 본 전례가 없다. 일부 시도된 적은 있지만 그것은 지역 단위의 가치 문화를 형성하는 데 그쳤다. 여러 민족과 왕조들이 흥망성쇠를 거듭했고 시대적인 이념들이 大勢를 이루기도 했지만 지속되지는 못했으며, 항상 대립과 갈등을 일으키는 소지를 남겼다. 걸프전 당시 미국 군인이 이라크 포로 병사를 개 끌듯 학대한 사진과, 이라크인이 미국인을 참살한 동영상이 언론 매체를 통해 공개된 적이 있었다. 그들이 도대체 하나님과 알라신을 신앙한 神의 자식들인가? 테러 행위가 성전으로 합리화되는가 하

---

512) 『길을 위하여(1)』, 앞의 책, p.147.

면, 이것을 응징하고자 한 것이 더한 고통을 안겼다. 한편에서 절대적이라고 여긴 보편 가치가 다른 곳에서는 적대 가치가 되다니! 이것이 지난날 인류가 추구한 목적과 이념의 현실이다. 공동의 이념과 보편적인 목적이 제시되지 못한 때문이다.

그래서 이 연구는 종말을 선언하신 하나님의 뜻을 받들어 정말 인류가 추구할 공동의 대과제를 설정하고자 한다. 깨달아야 할 것은 하나님의 뜻이고 行해야 할 것은 수행이며 이루어야 할 것은 진리를 뒷받침한 정신문명의 건설이다. 禮를 알면 만사를 공경으로 대하고 낱낱의 행위가 달라지듯, 살아계신 하나님의 뜻을 접하면 삶의 추구 모습이 달라진다. 비전의 세계관을 건설하기 위해 진력하리라. 이전에는 하나님을 믿는 신앙자와 불신자로 갈라졌지만 지금은 하나님의 강림 본체를 진리로 판단할 루트가 트였으므로, 뜻을 깨우쳐 아는 자와 그렇지 못한 자로 구분되리라. 여기에 종말 선언과 함께 펼쳐질 인류 심판과 구원의 세계에 대한 지침이 있다.

하나님은 종말을 대비해서 만민에게 靈을 부을 것을 先知하셨나니, 그것이 실현되기 위해서는 만민이 靈的으로 활성화되도록 성령의 작용 역할이 보다 객관화, 원리화, 보편화되어야 한다. 하나님은 앞으로 수행의 가치를 드높여 인류가 쏟아야 할 정열을 집중시키실 것이나니, 그것이 곧이어 맞이하게 될 성령의 시대이다.

3. 인생의 목적 방향과 과제

성실하게 노력하는 삶은 장래가 기대된다. 그러나 아무리 평생을 바쳤더라도 진리와 괴리되고 하나님이 원하시는 뜻과 부합되지 못한다면 그들의 영혼은 보장될 수 없다. 버스를 타려면 먼저 노선을 확인해야 한다. 자신이 가고자 하는 방향과 일치해야 한다. 세상 위에는 삶을 추구한 다양한 형태의 인생 예들이 있다. "철학자는 모든 변화를 초월하는 것을 목표로 삼아 모든 시대에 타당한 보편적인 어떤 진리를 추구했다."[513] 철학자들 가운데는 결혼도 하지 않은 채 평생을 진리 탐구에만 몰두한 경우를 보는데, 그렇게 해서 그들이 도달한 곳은? 이성과 사고만으로써는 궁극적인 세계를 볼 수 없다. 플라톤이 구한 이데아는 관념적인 산물인데 본질은 실체적인 산물이라, 여기서 벌써 진리에 대한 뿌리 족보가 달라진다.

노력한다고 해서 무조건 증과가 있는 것은 아니다. 방법이 문제이다. 몸으로 일구고 수행으로 쌓아야 한다. 직접 실행해야 존재 본질이 차원적으로 변화, 승화된다. 여기서 통상 비교되는 인생 방향으로서는 전통적으로 서양에서 선호한 '이성적인 인간'이 있고, 불교에서는 '구도적인 인간'이 있다.[514] 물론 양쪽은 다 장단점이 있다. 세계와 존재가 궁극적으로는 일치되는 방향으로 나가야 하며, 평행선상을 치달아서는 안 된다. 그래서 서구에서는 초월신에 의뢰한 신앙을 삶의 목표로 설정하기도 했다.

---

513) 『실존철학의 이해』, Jean Wahl 저, 서배식 역, 학연사, 1982, p.22.
514) 『과학과 불교』, 김용정 저, 동국대학교부설역경원, 1983, p.139.

그러나 인생의 구극적 과제를 구원(Salvation)에 두어도 해탈(Enlightenment)에 두어도 방향 감각이 모호한 것은 마찬가지다. 구원을 얻고자 해도 현실적으로 추구해야 할 行의 과제가 구체화되어 있지 못하고, 해탈은 해탈대로 불교가 그러하였듯 보편적인 인생 삶과 동떨어졌다. 인생의 본질에 비추어 해탈이 어떻게 해서 이루어지는 것인지에 대한 원리성을 밝히지 못했을 뿐 아니라, 현실적으로도 生의 과정에서 완전한 해탈을 얻는다는 것은 불가능하다. 죽음에 도달하기까지 生의 의지는 분열할 뿐이다. 해탈로 욕망은 극복되더라도 궁극적인 실체와의 합일성 여부는 불투명하다. 그런데도 막무가내식으로 佛法에 귀의하라고 할 수 있겠는가?515) 해탈과 믿음 이전에 인생과 세계의 궁극적인 의구심 문제를 풀어헤쳐야 만생이 나아갈 삶의 방향이 설정된다.

동양에서 개척한 수양이나 수행은 인간이 하늘의 지극성에 이르고자 한 행위 가치이다. 그런데도 이것이 현대인들에게 있어 보편적인 삶의 추구 방식으로서 전승되지 못하고 있는 이유는 무엇인가? 그것은 그렇게 해서 도달했을 때 부여된 증과가 문제이다. 인생 전체를 담보로 했을 때의 완성 목적과 획득될 결과 가치가 절실하지 않았다. 우리가 구원을 얻기 위해서는 수행과 求道를 삶 자체가 되게 할 수 있는 인생 원리를 정형화해야 한다. 수행으로 한껏 가치를 고조시켜 놓고서도 그 목적을 정작 해탈에 귀속시켜 버린 데 문제가 있다. 인생의 추구 방향을 진리를 일구는 데 두고, 왜 진리를 인식하는 것이 종말성을 극복할 수 있는 것인지를 알아야 한다. 인생의 작용 원리를 알아야 만생은 가야 할 도달 목표를 확

---

515) 우주 내에 神의 뜻과 의지가 있다는 사실을 거부한 상태인데 정말 하나님이 존재한다면?

실하게 인식하여 구원이란 증과를 얻기 위해 노력하게 된다. 목적된 증과 차원이 관념적이고 모호한데 누가 선뜻 수행의 길로 발을 들여놓으려 하겠는가? 수행이란 작용 메커니즘을 세계 인식적인 바탕 위에 두어야 인생의 목적 방향을 권유할 수 있다.

인간이 이룰 수 있는 숭고한 삶의 형태는 자신이 가야 할 사명의 길을 찾는 것이며, 그것을 하나님의 뜻 안에서 찾는 것이다. 방황하는 삶은 버려진 삶이지만, 온전한 목적을 위해 헌신하는 삶은 그 자체가 구원된 삶이다. 진리를 추구하는 것이 결국은 궁극적인 근원자를 향한 과정이라는 것을 인정한다. 추구된 의지와 이상과 진리는 만 영혼을 하나님에게로 인도하는 샛별이다.[516] 열망과 투쟁과 정열. 아니 어쩌면 인류의 마지막 시도가 될지 모를 길을 위하여, 진리를 위하여, 구원을 위하여, 추구할 수행을 위하여, 인생을 바쳐야 할 때가 되었다.

하나님은 세계 의지의 주권자이시라, 만생이 쏟은 정열을 하나도 헛되게 하지 않을 것이나니, 하나님은 반드시 그들의 인생 앞에 존엄한 존체를 현현시키시리라. 道는 하루아침에 이루어지지 않는다. 참된 자신을 지켜서 완성하는 것과 종말성을 극복하는 것도 마찬가지다. 선각들이 평생을 바쳐 수행한 것은 참된 道를 얻기 위함이었듯, 오늘날은 이 땅에 도래한 종말성을 극복하기 위하여 수행을 쌓아야 한다. 만연한 지식을 조합하고 이용하는 데만 정열을 쏟을 것이 아니라, 세계와 合一할 수 있는 직관력을 배양해서 직접 존재하는 본질의 구원적 승화를 위해 노력해야 한다. 온 인류가 지식을 탐구하는 문화로부터 수행을 쌓는 문화로 추구의 방향을 선회해야

---

516) 『길을 위하여(1)』, 앞의 책, p.60.

한다.[517) 만생이 빠짐없이 구원을 얻기 위해 出家를 결심해야 할 때이다. 오늘날에 있어서 진정한 出家의 의미는 그야말로 생활 가운데서 하나님의 뜻을 구해서 받들 수 있는 수행적 실천이다. 그 가능한 방식은 각자가 추구하고 있는 인생 목적을 세속의 영달로부터 하나님에게로 전환시키는 결단과 노력에 있다. 그렇게 되면 우리는 무엇을 하더라도 삶을 헌신하고 바친 것 자체가 종말 상황을 극복할 수 있는 든든한 기대가 되리라.[518) 구원의 제일 원리가 충족된다. 이 같은 추구 에너지가 쌓이고 쌓인다면 어찌 인류가 파멸의 수렁으로부터 벗어나지 않겠는가?

그러므로 지금부터 추진해야 할 인류의 대목적 과제는 세계가 종말을 맞이한 만큼 인류 전체가 구원을 얻는 것을 지상 과제로 삼아야 한다. 원시 불교에서는 구원을 위한 실천 과제로서 팔정도-八正道를, 대승 불교에서는 육바라밀-六波羅密을 내세웠는데,[519) 지금은 그 같은 계율 과제만으로써는 안 된다. 범인류적으로 저지른 죄악을 씻고 본성을 회복하기 위해 수행의 가치성과 원리와 방법을 재정립해야 한다. 지식이 인간을 타락시킨 교만의 근간이 된 상황에서 수행이 실질적으로 인류를 구원하고 본질성을 회복할 메커니즘이 될 수 있도록 동력화해야 한다. 수행의 가치 인식이 보편화되면 인류는 상처받고 타락된 본질을 회복하고 세계를 정화할 수 있는 길을 출발할 수 있다.[520) 소정의 본질 회복과 세계적 정화,

---

517) 문명의 패턴 전환.

518) 하나님에게로 열납됨.

519) 『금강경 강해』, 김용옥 저, 통나무, 2003, p.43.
六波羅密: 布施, 持戒, 忍辱, 精進, 禪定, 智慧.

520) 『비전 정통달마선법』, 법조강운 선사 저, 태일출판사, 1997, p.276.

그리고 하나님 앞에서 義를 회복하기 위해서는[521] 만연된 主知主義로부터 수행적 가치관을 삶의 양식에 있어서 절실한 요소가 되게 해야 한다. 수행을 통해 일군 진리로 세계의 근원된 뿌리를 확인할 수 있다면 인류는 본래의 창조 목적이 세계와 하나 되는 데 있었다는 것을 알게 될 것이다.

분열된 세계를 하나 되게 할 통합 목적은 하나님이 종말을 선언하심과 함께 내세운 제일의 캐치프레이즈이다. 분열되면 파멸하고 하나 되면 구원된다. 진리와 세계를 통합하고 만생이 쏟은 추구 정열을 집중시켜야 인류는 구원이란 대중과를 얻는다. 하나님이 종말을 선언하신 목적 의도가 이러할진대, 인류가 추진해야 할 목적 과제 역시 명백하다. 하나님이 命하신 제 영역에 걸친 통합을 위해 온 인류가 땀 흘려 매진해야 한다. 버릴 것은 버리고 양보할 것은 양보하되 지킬 것은 지킨다. 아무리 전문적인 식견과 고귀한 목적을 가졌더라도 전체 가운데서의 작용 역할을 파악하지 못하면 치명적인 오류를 범할 수 있다. 그 폐단은 지성인, 종교인, 학자 모두에게 해당된다. 통합을 위해서는 기독교인이 기독교를 아는 만큼 불교를 알아야 하고, 불교인이 불교를 아는 만큼 기독교를 알아야 한다. 그런데도 스님은 과학을 모르고 과학자는 道에 대해 문외한이다. 제 분야에 걸쳐 진리를 회통하고 전체적인 안목에서 세계가 통합되어야 하는 것이 멸망에 대처할 수 있는 구체적인 구원 과제이다.

이 같은 뜻을 위하여 세계는 알게 모르게 섭리적으로 역사되어 왔거니와, 인류는 그 뜻을 헤아려 하나님이 원하신 영광된 뜻을 이

---

521) 『세계통합론』, 졸저, 다짐, 1995, p.232.

루어야 한다. 세계 통합은 창조 이래 인류가 벗어나지 못한 섭리 목적이며, 주관된 최후의 공동 추진 과제이다. 인생의 목적 규정은 결국 진리와 세계를 너와 나의 인생길과 일치, 合一, 하나 되게 하는 데 있다.

1. 행의 추구 목적과 가치

어떤 사회, 어느 시대에서든 인간의 욕망을 충족시키려 한 향락 문화와 퇴폐가 없을까만 현대는 그 정도가 심각해 인류 전체가 사회적 불안과 정신적인 해이 상태에 빠져 있다.[522] 그나마 전 시대에는 수도자, 수행자가 끊이지 않았고, 살아 있는 성현들의 후광이 있어 진리가 수호될 수 있었는데, 지금은 그 같은 진리의 수호 리더들마저 사라져 버린 지 오래되었다. 생명 있는 진리의 활력은 그

---

522) 『불교·기독교·공산주의』, 정태혁 저, 동국대학교 불전간행위원회, 1985, p.16.

것을 실천하고 추종할 수 있는 맥이 이어져야 하는 것인데, 지금은 이론적으로 연구하는 학자들은 있어도 정신적으로 혼맥을 받들고 있는 자는 드물다. 진리가 생명력을 잃고 초점이 모호해져 무엇을 실천해야 할 것인지 몰라 저차원적인 향락 문화에 빠졌다. 진리를 몸소 받들 뚜렷한 행위 지침이 사라져 行의 원동력이 소진되어 버렸다.

그래서 하나님은 무기력해진 인류 영혼의 정수리에 세계 통합이란 대과제를 부여해서 인류의 行을 지침할 새로운 활력을 불어넣고자 하신다. 대의를 알진대, 무엇을 어떻게 行해야 할 것인지 길을 얻고 구체적인 의미를 전달받을 수 있다. 성현은 일일이 행위 하나하나에 대해 계율과 가치의 우열성을 가려 주었지만 하나님의 뜻이 통합에 있을진대, 이제부터는 여기에 초점을 맞추어 행위의 제 규례와 가치들을 새롭게 해야 한다. 인류의 行을 세계 역사적인 섭리맥의 바탕 위에서 종사하고 지침할 수 있게 해야 한다. 하나님의 뜻과 合一할 수 있는 일정 수준에서의 가치 목표를 설정하고, 수행을 통해 사명을 받들 새로운 진리 세계를 개척해야 한다.

진리는 몸소 실천하고 체득하는 것이다. 아무리 주지주의 – 主知主義가 만연되어 있더라도 아는 것만으로 인류의 행동을 전격 동하게 하기는 어렵다. 반드시 종말성을 극복할 수행적 원리가 적용되어야 하며, 직접 과정을 겪어서 성취해야 한다. "내일 세계에 멸망이 있다 하더라도 오늘 인간이 인간으로서 行해야 할 목적 가치는 고유하기만 하다."[523] 길을 위하여 하나님의 뜻을 위하여 인류는 무엇을 준비하고 무엇을 이루려 하는가? 그 목적이 분명하기만 하다면 종말이 도래하더라도 이룰 것을 이루는 사명자가 된다. 그

---

523) 『길을 위하여(1)』, 졸저, 아가페, 1985, p.47.

래서 이 연구는 인류의 행동을 이끌 행위 지침을 명료하게 하고, 절차를 거쳐 숙지할 과제들을 요목화해서, 가치적인 측면에서 知에 앞선 行의 지침 원리를 구조화하리라.

인간의 뿌리박힌 행위 근성을 바꾼다는 것은 쉬운 일이 아니다.[524] 인류의 가치 인식과 세계관을 근본적으로 혁신시키기 위해서는 소정의 수행을 통한 정제 과정이 긴요하다. 바침에 대한 그만한 원리성과 차원적인 가치관을 지침할 수 없다면 인류는 무엇을 보고 行할 수 있겠는가? 그래서 이 연구는 先天 문명을 지탱한 知的 가치로부터 行的인 가치로 문명 패턴을 전환시킴으로써 분열된 세계를 통합할 구극 메커니즘을 제시하리라.

> 인간은 그 정신으로 행적을 완성함이며, 행적이 없는 곳에 세계는 없다. "인간의 인지 발달은 행동으로부터……."[525] 행동함이 결론이고, 실행은 진리의 역동적인 수행 과정이다.

실행 없이는 행위자가 지닌 知的 특성을 가늠할 수 있는 길을 열 수 없다. 가치를 인식함으로써 드러나는 중과 세계도 마찬가지다. 行의 과정을 설정해야만 우리는 지혜를 위한 도량을 넓힐 수 있다. 行의 추구 속에서 진리가 일구어져 존재의 본질이 生成한 면모를 드러낸다. 行이 있어야 추구 의지가 완성된다. 지각을 통하여 무엇을 알았는가 하는 것보다는 도달 목표로서 무엇을 行했는가? 그리고 무엇을 완수했는가 하는 이것이 중요하다. 覺하면 해탈과 지혜를 증득하지만, 의지를 완수하면 본질의 차원적인 승화가 있다.

---

524) 『현대철학의 이해』, 강대석 저, 한길사, 1991, p.354.
525) 『길을 위하여(1)』, 앞의 책, p.115.

그래서 하나님은 종말을 맞이한 오늘날 인류가 반드시 수지해야 할 행위 지침으로 수행을 요구하셨다. 전에는 믿음이 신앙의 요체를 이루었는데, 이제는 갈고닦고 바쳐 실행함이 요체이다. 그래서 이 연구는 인류가 그동안 바쳐온 제 행위적 가치를 통합하고, 그로부터 궁극적인 가치성을 도출시키고자 한다. 지고한 가치를 결합시키리라. 하나님의 말씀을 받들어서 뜻을 실행할 준비를 하는 것은 인류가 진리적으로 감당해야 하는 제일의 목적이고 행위 지침이다. 신앙생활은 믿음 플러스 직접 진리를 인식하는 수행을 병행하는 것이다. 온 인류가 목적 있는 삶의 실천을 하나님께 바쳐야 한다.

> 위없는 행업으로 진리를 구하고 가치를 구현해서 인생을 장엄하고
> 그것을 하나님께 바쳐라.

이것이 이 연구가 종말에 처한 인류를 향해 지침할 인생 목적이고, 하나님이 마련하신 만생을 장악할 구원 행로이다. 수행을 통해 일군 영안과 지혜와 통찰력이 인류를 새로운 차원의 정신문명 반열 위에 올려놓으리라. 바친 행업 하나하나가 향후 인류 문명을 이룰 정수가 되리라.

2. 행의 추구 원리

"불교는 세계를 인식하는 인간의 마음 상태를 전환시키려 한 거대한 사회 운동이다."526) 하지만 불교가 이 같은 운동을 펼친 지

2,500년이 넘었는데 얼마만큼 목표를 달성했는가? 여기에는 불교가 확보한 문화적 판도만큼이나 교리 면에서도 제한점이 있었다는 사실을 알아야 한다. 해탈을 목표로(윤회를 벗어남) 무조건 수행하라고 해서는 안 된다. 수행이 어떤 작용 과정을 거쳐서 깨달음을 얻게 된 것인가를 원리화할 수 있어야 한다. 수행이 구원을 이루는 대우주의 生成 본질에 접근하는 과정이었는데도, 원리 면에서는 그 같은 작용성과 괴리되어 있다. 인간은 보고 듣고 지각함으로써 行한다. 하지만 본다고 해서 듣는다고 해서 안다고 해서 行함을 반드시 수반하는 것인가 하면 그런 것은 아니다. 그것은 사전 조건일 따름이다. 어떻게 해서 보고 듣고 알게 되었는가 하는 이유를 아는 것이 중요하다. 흔히 행동을 변화시키기 위해서는 생각이 변해야 한다고 하지만, 생각을 변화시키는 요인은 참으로 다변하기만 하다.527) 그렇게 볼 수 없다면 그렇게 판단할 수 없고 그렇게 판단할 수 없다면 그렇게 생각할 수 없다. 생각함은 오히려 결과에 속한다. 知→行이 공식적인 진행 루트인 것으로 알지만, 여기는 본질의 생성성과 괴리된 오식이 있다. 기독교가 정립한 교리 신학은 객관적인 원리 세계와 괴리되어 있고, 철학은 사고 논리를 주축으로 한 관계로 존재 본질과, 그리고 뭇 학문은 영혼 문제와 괴리되어 있다. 이것은 인류가 行을 진리 추구의 근본적인 추진 요인으로 보지 못한 데서 온 결과이다.

맹자는 양지 – 良知에 대해 "생각하지도 않고 아는 본연의 知이

---

526) 『금강경 강해』, 김용옥 저, 통나무, 2003, p.318.

527) "요즘의 정신분석학자들은 인간 행동의 근원은 오로지 사고에 있음을 강조하여, 사고가 바뀌면 행동이 바뀌고 행동→습관→인격→운명이 바뀐다고 말한다." –『대승보살도』, 안덕암 저, 삼장원, 1981, p.79.

고, 양능-良能은 배우지 않고도 行할 수 있는 先天的 본능의 행위"[528]라고 했다. 이것은 원래 만물의 이치가 모두 나에게 갖추어져 있다고 해, 原知를 자체 보유하였다고 본 것이다. 두루 편만한 客觀知를 수용하는 것은 行을 동하게 할 수 없다. 내부로부터 일군 眞理覺이 行을 변화시키는 주된 요인이다.

중국의 왕양명은 "知가 곧 行의 시작이고 行이 知의 완성"[529]이라고 하여, 知를 行을 변화시키는 원동 메커니즘으로 보았다(知行合一說). 그러나 이것은 어디까지나 사변적인 관점에서 본 판단일 뿐이다. 고뇌하는 존재자로서 추진해야 할 주된 목표는 바로 覺→行→구원이라는 황금 루트이다. 종교 분야에서는 "설법·설교는 듣는다고 해서 깊은 진리를 깨닫는 것이 아니다. 진리의 체험은 실천하고 수행함으로써만 가능하다."[530]라고 보았다. 진리는 자재하다. 진리를 인식하기 위해서는 몸 된 준비를 갖추어야 한다. 覺者는 수행을 통해 진리를 요해할 수 있는 통찰력을 길렀다. 진리는 生成하는 본질체이라, 覺하기 위해서는 수행을 쌓아야 한다. "뛰고 싶다는 마음은 곧 뛰는 과정의 인내를 감수할 각오를 하는 것이듯",[531] 수행 없는 깨달음은 있을 수 없다.

"길은 차원적인 완성을 강요했지만 생명 있는 길을 가기 위해서는 세계성이 요구됐다."[532]

---

528) 『왕양명의 만물일체에 관한 연구』, 권상우 저, 계명대학교대학원 동양철학전공 석사학위논문, 1994, p.51.
529) "知의 진실하고 절실한 바로 그 점이 行이며, 行의 명각하고 정찰한 바로 그 점이 知인 것이기 때문에, 知와 行의 공부는 떨어질 수가 없는 것이다." - 『전습록』, 중권.
530) 『현대인을 위한 선단식』, 여도권 저, 운주사, 1992, p.114.
531) 『길을 위하여(1)』, 앞의 책, p.17.

覺한 道로써 行을 실천할 수 있어야 지혜를 증득하고 본질을 승화시킬 수 있다. 말없는 수행력은 온갖 分別知와 언어로부터 인류를 해방시키고[533] 진리 세계로 진입할 수 있는 무한한 자유 환경을 제공한다.

그런데도 자칫 서구에서는 그들이 확보한 唯物論的 시각에서 "사람의 행동은 두뇌 안에서 이루어지는 물리적 사건들에 의해 빠짐없이 결정되며, 이 사건들은 우리가 욕구, 결단, 자발적인 의지라 부르는 부대 현상들을 야기한다."[534]고 했다. 인간의 행동에 대한 접근이 피상적, 기계적인 因果律의 속성을 벗어나지 못했다. 왓슨과 같은 행동주의자는 그들이 정형화시킨 조건 형성 원리에 근거해 아이를 원하는 대로 교육할 수 있다는 착각에 빠졌고, 스키너는 인간의 행동을 행동주의적 기법에 의해 수정할 수 있다고 장담했다.[535] 칼 로저스[536] 같은 이는 "사람이 어떻게 행동하는가는 세계를 어떻게 지각하느냐에 달려 있다고 했다. 행동은 개인이 세계를 지각하고 해석한 직접적인 사건의 결과로 발생한다."[537]고 보아, 行 자체를 역동적인 진리 수행 요인으로서 보지 못한 단점을 노출시켰다. 지행합일설도 知를 우선시킨 인식 메커니즘이 行과의 일치 노력에 있어서 정합성이 부족하다는 사실을 지적한 적이 있거니와, 知行合一 목표는 수행을 통한 覺이 더 근접된 루트이다.

532) 위의 책, p.182.

533) 『화두 혜능과 셰익스피어』, 김용옥 저, 통나무, 2000, p.32.

534) 『물질과 의식(현대심리철학입문)』, P. M. 처치랜드 저, 석봉래 역, 서광사, 1992, p.31.

535) 『심리학이란 무엇인가』, 오세진·최창호 공저, 학지사, 1995, p.137.

536) 칼 로저스(1902~1987): 미국의 심리학자. 내담자(來談者) 중심의 상담요법 또는 비지시적(非指示的) 카운슬링의 창시자임. 인본주의 심리학자.

537) 위의 책, p.170.

行을 보다 목적화하고 과정화해야 소정의 진리를 드러낼 수 있다. 行은 직접 체득해야 하는 覺學이며, 존재하는 본질로써 완수해야 하는 意志學이지 사변으로써 가늠하는 知學, 認識學이 아니다. 소정의 행위 실천으로 과정을 완수해야 본질의 生成 변화 상태를 직시할 수 있다. 직접 행동하고 추구하고 정진해야 체득할 수 있는 진리 세계이다.[538] "과정을 완수해야 비로소 정신을 완성할 수 있는 것이니",[539] 行을 완성하는 것이 진리를 완성하는 길로 이어진다는 황금 루트, 이것이 知와 行 간에 있어서의 정확한 合一 방식이다. 이 메커니즘은 知行으로 단순하게 요소화한 방식이 아니다. 존재된 의식과 사고와 의지를 총체적으로 결합한 방식이다.

수행을 통한 의지의 분열 과정을 사고로 인지하게 되면 존재의 본질 분열 상태가 의식화된 진리 인식의 과정으로 전환된다. 의식과 사고가 어떻게 일치되어 세계와 우주의 본질을 규명할 수 있게 하는가 하면, 수행 중인 의지력의 분열 과정과 존재된 본질의 변화 상황이 의식을 통해 곧바로 인지되기 때문이다(사고와 연결됨). 그래서 종국에는 수행의 추진력이 진리와 존재와 세계를 하나 되게 한다.

行의 완성이 진리를 완성하고 진리의 완성이 세계를 완성한다. 의지를 바탕으로 한 수행 메커니즘의 작용으로 인류는 知行과 함께 의지, 정신까지 투여한 통합적인 의식 차원에 오르게 된다. 수행을 통해 道를 완성한다. 진리를 覺하면 곧바로 生이 구원된다. 行을 완성함으로써 구원을 얻는다. 수행을 완성함으로써 정신을 완

---

538) 소정의 목적 어린 수행을 통해야 새로운 진리 세계가 개척됨.
539) 『길을 위하여(3)』, 졸저, 인쇄본, 1990, p.156.

성하고 인생을 완성한다.

더 나아가서는 진리의 완성된 면모로써 세계 본질의 生成 테두리인 창조주 하나님의 眞身 本體까지 뵈오리라. 그렇게 해야 하나님의 존재 의지와 함께 세계의 종말성까지 통감할 수 있다. 이것은 의지의 수행 과정 속에서 인간의 열려 있는 추구 의식으로 존재 본질의 분열 상태를 직관하기 때문에 가능하다. 분열 경과를 통합하면 본질적인 승화까지 이룬다. 의지 통합은 수행으로 분열시킨 경과가 있기 때문이다. 통합은 의지를 분열시킨 결과로 맺어지게 된 필연적인 증과 열매이다. 과정을 설정하여 행적을 이루고, 완수된 시점에서 전체를 평가하는 방식은 사변적인 것으로도 볼 수 있지만, 실제로 수행으로 의지를 분열시키는 본질 방식은 초월적인 의지 통합을 성사시킨다.[540] 수행은 의지로 일체의 분열 과정을 컨트롤할 수 있다.

수행은 의지를 분열시켜서 무형으로 존재하는 내적 본질을 규명할 수 있는 최적 方法論이다. 무형의 形而上學的인 본질 뿌리를 파고들 수 있는 수단적 관건이다. 이 연구가 어떻게 세계의 종말성을 인식하였고 선언할 수 있었던가? 그것은 方法論 면에 있어서 그만한 황금 루트를 확보한 때문이다. 진리는 독자적인 인식의 파편이 아니다. 行을 이끄는 의지력을 수반하기 때문에 이것을 이 연구는 만생을 구원하기 위한 하나님의 정침 원리로서 지침하리라. 수행은 하나님이 종말을 맞은 인류를 구원하기 위해서 예비하신 가장 현실적인 실천 방안이다. 온 인류가 실행하지 않으면 안 될 대류로서의 행위 푯대이다. 인류가 맞닥뜨린 종말 상황과 심판 형

---

540) 『세계본질론』, 졸저, 청학사, 1997, p.129.

국은 누구도 벗어날 수 없는 불가피한 국면이라, 이에 대한 대책으로 지침된 것이나니, 이것은 하나님이 인류를 구원하고자 하신 최선을 다한 은혜이고, 한량없는 사랑이시다.

결 론 │ 제10장

　무언가 중요한 사실을 선언하고자 할 때는 사전에 모든 것을 준
비해 때를 살펴 만인 앞에 공표하는 것이다. 이 연구가 하나님의
뜻을 대언해서 세계에 종말이 도래한 사실을 선포한 절차도 마찬
가지다. 이미 모든 것을 선언할 자료는 준비되어 있었지만, 여건이
허락되지 않았는데, 이제 하나님께서 그때를 지정해 주셨다. 인류
역사 가운데는 많은 중대한 선언들이 있었다. 당시의 사람들은 그
선언의 의미를 실감할 수 없었지만, 전후 경과를 두고 보면 그때서
야 시대를 가르거나 변혁된 포인트가 함축되어 있었다는 사실을
알 수 있다.

　지금으로부터 2,000년 전, 유대 광야에서는 세례 요한이 "회개하

라 천국이 가까웠느니라."[541]라고 외치면서 복음을 전파하였다. 연이어 예수는 갈릴리에서 "하나님의 복음을 전파하여 가라사대, 때가 찼고 하나님의 나라가 가까웠으니 회개하고 복음을 믿으라."[542]라고 하였다. 이 중대한 선언이 기독교를 탄생시켰고 인류의 역사를 바꾸어 놓았다.

1847년, 마르크스와 엥겔스란 사람은 공산주의자 동맹 2차 대회에서 공산당 선언을 하였다(일종의 선언문). 그리고 "1917년 10월의 러시아 혁명 이후 거의 50년 동안 마르크시즘은 세계를 거의 휩쓸어 버릴 기세였다. 천여 년 전의 이슬람교의 중흥을 제외하면 그 어떤 것도 혁명적 마르크시즘에 필적할 만큼 거세게 일어나지는 못했었다. 이 새로운 신념 체계는 유럽의 노동 운동을 고무시켰고, 중국에서 혁명의 불꽃을 피웠으며, 라틴 아메리카 지식인들과 아프리카의 새 지도층들은 이를 새 사회의 모델로 받아들였다. 그 외에도 수없이 많다. 그런데 지금 공산주의는 파멸했다."[543] 실패를 했건 성공을 했건 그 같은 선언 이후 세상이 변하고 요동친 것은 사실이며, 그들은 한결같이 선언을 통해 새 시대를 열고자 했다. 따라서 세계의 종말 선언도 표면적으로는 시대 상황을 절감한 선언이지만, 이면에는 先·後天이란 시대를 가를 실질적인 역사 작업을 이루기 위해서이다.

그렇기 때문에 종말 선언은 연면한 인류 역사 가운데서 때를 살펴 내리게 된 전무후무한 사건이다. 독단적인 발언이 아니다. 시대

---

541) 마태복음, 3장 2절.
542) 마가복음, 1장 14절 – 15절.
543) 『2000년대의 신세계 질서』, 다니엘 벨 저, 서규환 역, 디자인하우스, 1991, p.20.

의 아들들이 예비했던 역사적 맥락과 함께한다. 이미 이 땅에는 최수운이란 선각자가 있어 경천동지－驚天動地할 개벽 소식을 접하고, 5만 년 무극대도－無極大道가 出世하리란 것을 예고했다. 그는 "시천주－侍天主 사상을 내세워 상제님을 지극한 정성으로 모심으로써 후천 선경과 지상신선을 실현하고 세계 개벽을 이룰 수 있다는 후천개벽 사상을 주장했다."544) 이 선언을 기점으로 해서 한국 사회에서는 우주를 향한 영성이 여기저기서 깨어나 우주 본질의 전환과 기대에 대한 소식들이 봇물처럼 쏟아졌다. 증산교는 "우주의 가을이 오고 있다. 천지의 계절이 바뀌고 있다. 가을 개벽은 인류 문명의 틀이 총체적으로 뒤바뀌는 대극점"545)이라고 하여, 개벽의 실제 상황을 대비할 것을 경고했다.

그리하여 인류 역사가 이 순간 드디어 세계의 종말 선언 소식을 접하게 되었다는 것은, 그들이 선각했던 메시지들에 대한 최종 결산이다. 그들은 종말 선언이 있기까지의 길을 예비한 것이라, 이 연구는 그 터 닦음에 부응해서 先知된 선언들을 초점 잡아 구체화 하리라. 이를 위해 땅에서는 선각들이 길을 예비하였고, 하늘에서는 하나님이 길을 여셨는데, 밝힌 바 엘리 先知者의 도래 역사가 그것이다.546) 때를 알리고 막중한 사역을 펼치기 위해서는 하나님과 인류를 연결할 중개 역할자가 필요하다. "복음을 전파하기 위해서는 유대인의 세계와 헬라인의 세계 사이에 다리를 놓을 수 있는

---

544) 인터넷 자료.

545) 『개벽 실제상황』, 안경전 저, 대원출판, 2006, pp.54－55.

546) "예언자 말라기는 엘리야가 돌아오는 것이 '야훼의 날'의 서곡이 될 것이라고 예언했다. 복음서들은 엘리야가 되돌아오는 것이 메시아의 도래를 전해 줄 것이라는 예수시대 사람들의 생각을 보도하고 있다." － 신의 전기(상), 잭 마일스 저, 김문호 역, 지호, 1997, p.324.

사람이 필요하였듯(바울 사도)",[547] 하나님도 종말 사역을 단행하시기 위해서는 그 뜻을 수행할 先知者가 필요했다. 바울은 "내 어머니의 태로부터 나를 택정하신"[548] 하나님의 부르심을 인정하였고, 자신이 "사도로 부르심을 받았다."[549]는 것을 되풀이해서 주장했다.[550] 왜 그렇게 했으며 왜 그렇게 주장해야 했는가? 그렇게 해야 복음의 세계화 대업을 완수할 수 있기 때문이다.

역사적인 사례가 그러하듯, 본인에게도 先知者的 本分이 부여되지 않았다면 세계의 종말이 선포될 수 없고, 선포되지 못하면 이후 인류 심판과 구원 사역이 대행될 수 없다. 이 연구가 결코 사견일 수 없는 하나님의 뜻인 것이 확인될진대, 이것은 그만한 과정을 거친 길의 추구 역사가 있었기 때문이다.

"主 여호와께서는 자기의 비밀을 그 종 先知者들에게 보이지 아니하시고는 결코 행하심이 없으시리라."[551]

종말은 당연히 사전에 그만한 준비 과정이 있었기 때문에 선언될 수 있었다.

하나님은 "내게 부르짖어라. 내가 네게 응답하겠고 네가 알지 못하는 크고 비밀한 일을 네게 보이리라."[552] "지혜와 계시의 정신을

547) 『바울의 종말론』, 최일운 저, 협성대학교대학원신학과 신약신학전공 석사학위논문, 2004, p.36.
548) 갈라디아서, 1장 15절.
549) 로마서, 1장 1절.
550) 『바오로 서간과 신학』, 스탠리 B. 매로우 저, 안소근 역, 바오로딸, 2008, p.36.
551) 아모스, 3장 7절.
552) 예레미야, 33장 3절.

너희에게 주사 하나님을 알게 하시고……."553) "진리의 성령이 그가 너희를 모든 진리 가운데로 인도하시리니 …… 장래 일을 너희에게 알리시리라."554)

은혜 입은 성령의 역사, 곧 길의 세움 역사가 있었기 때문에 이 연구는 하나님으로부터 종말에 대한 중요 메시지를 전달받을 수 있었다.555)

그렇다면 하나님은 왜 하나님만 알고 계신 비밀한 일을 보이시고 지혜와 계시를 내리셔서 장래 일을 알려 주셨는가? 그 내심 목적은 바로 지상천국, 곧 바야흐로 도래할 하나님의 왕국(나라)을 위해서이다. 이 같은 뜻이 있었기 때문에 이 땅에 先知的 역할을 대행할 사명자를 세우셨다. 현 체제와 본질 상태로써는 결단코 하나님의 왕국을 건설할 수 없기 때문에 지난 역사를 마무리 짓고 새 하늘을 열고자 하셨다.

"왕국의 도래는 종말 역사의 위대한 드라마의 첫 무대이다."556)

종말 역사도 재림 역사도 그것은 하나님의 왕국을 건설하기 위해 거쳐야 하는 단계 절차이다.

그러므로 세계의 종말 선언 역사는 여러 가지 측면에서 하나님의 입체적인 사역 의지를 대변한다. 전격적인 뜻의 표명 절차인 것

---

553) 에베소서, 1장 17절–19절.

554) 요한복음, 16장 13절.

555) "계시란 神 혹은 초자연적인 힘에 의하여 인간에게 드러낸 지식 또는 초자연적인 수단에 의해서 드러내거나 알려진 어떤 것." – 『나는 계시를 믿는다』, Leon Morris 저, 허균 역, 생명의 말씀사, 1985, pp.10–12.

556) 『개혁주의 종말론』, 안토니 A. 후크마 저, 유호준 역, 1986, p.51.

이라, 그동안 준비된 모든 과정을 마감하고 하나님의 지상강림 역사가 본격적으로 태동된다는 뜻이다. 세상에 임할 실질적인 채비를 차리셨다. 내외적으로 인류 역사를 전환시킬 중대 기점이다. 이후에 펼칠 종말 역사 프로그램이 줄을 지어 기다리고 있다. 본인 역시 어떻게 해서 이 같은 역사를 감당할 수 있을 것인지 두려움이 앞서며 긴장을 늦출 수 없다.

돌이켜보건대, 본인이 길을 추구한 것은 인생의 새로운 전환이고 과제이며 획기적인 은혜였다. 어떻게 해서 하나님이 모든 역사를 아낌없이 펼치셨는가 하면 이 순간 세계의 종말을 선언하게 하기 위해서였다. 이날 이 순간 길이 세계의 종말을 선언하게 된 것은 다름 아닌 하나님이 천지 운행을 주재하신 결과 때를 살펴서 반드시 임하시기를 원했던 '그날'을 위해서였다. 세계의 종말이 선언되는 날은 천고만재 된 하나님이 오랜 준비 절차를 마무리 짓고 공식적으로 세상에 첫발을 내디디는 역사적인 날이다. 그날, 곧 여호와의 날, 主의 날은 예로부터 "통치자의 공식 방문, 곧 神의 현현과 결부되어 사용되었다.557) 바야흐로 가슴 벅찬 "하나님의 통치가 이루어지는 날이다."558)

> "말일에 여호와의 전의 산이 모든 산꼭대기에 굳게 설 것이요, 모든 작은 산 위에 뛰어나리니, 만방이 그리로 모여들 것이라."559)

그날은 하나님이 직접 현현되고 강림을 이루시는 날이며, 이 땅

---

557) 『바울의 종말론』, 앞의 논문, p.7.
558) 위의 논문, p.6.
559) 이사야, 2장 2절.

을 온전히 치리할 역사가 시작되는 날이다.[560]

이 같은 역사적인 순간을 선각들이 엿보지 못했을 리 만무하다. 증산교에서는 "선천 봄여름의 성자 문화에서 아버지가 친정을 베푸는 가을철 성부 문화시대로 탈바꿈한다."[561]고 했고, 석가는 동방의 나라에 彌勒佛이 오신다고 했으며, 孔子는 하나님이 동방에서 출세하신다(帝出乎震). 간방에서 모든 말씀이 이루어진다(成言乎艮)고 했다.[562] 예수가 가르친 핵심 역시 하나님의 왕국맞이에 초점이 있었던 것은 크게 다를 바 없다. 하나님의 왕국은 아버지의 강세로 천지에 새 하늘과 새 땅, 새 질서가 열림으로써 이루어진다.[563] 흔히 그날을 예수가 재림하는 날로도 믿고 있지만, 아버지가 임하신 마당에 그 아들이 함께할 것은 당연하다. 아버지가 강림하셨으므로 그 아들도 때를 가려서 강림되지 않겠는가? 그러나 그날에 대한 분명한 초점은 역시 창조 이래 천지 역사를 주재하신 하나님이 모든 때를 살펴 이 땅에 직접 강림하시는 날이다.[564]

그래서 세계의 종말을 선언하심으로써 밝혀지게 된 主의 날은 "구약의 先知者들에 의해 선포되고 예언된 것처럼 어떤 이들에게는 심판과 분노의 날로, 다른 이들에게는 구원의 날로 나타날 것이 분명하다."[565]

---

560) 하나님이 살아계시고 천지 역사를 주관하신 한 하나님이 언젠가는 인류 역사의 전면에 드러나실 때가 있을 것인데, 그것이 곧 세계의 종말을 선언하심을 통해서이다. 종말을 선언하신 형태로 천고만재 된 하나님이 이 땅에 그 역사적인 첫발을 내디디심.

561) 『개벽 실제상황』, 앞의 책, p.6.

562) 위의 책, p.93.

563) 위의 책, p.89.

564) 하나님은 이미 길의 역사 위에서 강림을 이루셨지만, 그날은 하나님이 세계의 종말 선언을 통해 세상 위에 강림을 이루시게 되는 역사적인 날이다. 그날은 천고 이래로 하나님이 세상에 첫발을 내디디시는 공식적인 지상강림의 날임.

"여호와의 큰 날이 가깝도다. ……그날은 분노의 날이요 환란과 고통의 날이요 황무와 패괴의 날이요 캄캄하고 어두운 날이요 구름과 흑암의 날이요……."566)

그러면서도 하나님은 "보라, 내가 새 하늘과 새 땅을 창조하나니 이전 것은 기억되거나 마음에 생각나지 아니할 것이라."567) 곧 새 하늘과 새 땅이 심판의 날과 구원의 날을 가르는 기준이다. 결국 구원의 완성은 종말이며, 그것은 지금의 세상과 차원이 다른 새 시대의 장으로 돌입하게 되는 것이다.568) 하나님이 세상 위에 직접 강림하신 것은 그렇게 임하신 그날로부터 지난 역사를 종결짓고 전혀 새로운 역사를 이루기 위해서이며, 그날은 참으로 새로운 역사의 출발점이 된다.

"너희는 이전 일을 기억하지 말며, 옛적 일을 생각하지 말라. 보라 내가 새 일을 행하리니 이제 나타낼 것이라."569)

다니엘이 예언한바 "하나님이 장래 어느 날엔가 세우시리라 한 왕국, 결코 파괴되지 아니할 왕국, 모든 세상 왕국들을 산산조각으로 부서뜨릴 왕국, 영원히 견고하게 설 왕국"570)의 건설 작업에 착수하셨다. 하나님과 그 아들과 온 인류가 함께할 지상천국이 그것이다.

---

565) 『개혁주의 종말론』, 앞의 책, p.22.

566) 스바냐, 1장 14절 - 15절.

567) 이사야, 65장 17절.

568) 『바울의 종말론』, 앞의 논문, p.51.

569) 이사야, 43장 18절.

570) 『신약 성서의 구원론』, 앞의 논문, p.10.

그날 하나님이 강림하심으로써, 그 역사를 기점으로 해서 "광야가 아름다운 밭이 되며",571) "사막이 백합화같이 되어 즐거워하며",572) "메마른 땅이 변하여 원천이 될 것이며",573) 동물의 세계에 평화가 찾아들며,574) "물이 바다를 덮음같이 여호와를 아는 지식이 세상에 충만할 것임이니라."575) "무리가 그 칼을 쳐서 보습을 만들고 그 창을 쳐서 낫을 만들 것이며, 이 나라와 저 나라가 다시는 칼을 들고 서로 치지 아니하며, 다시는 전쟁을 연습하지 아니하리라."576)

이것이 어찌 先知者의 눈에만 보인 세상 모습이겠으며, 성경을 통해서만 읽히고 있을 꿈같은 이야기이겠는가? 세계의 종말이 선언된 이날이 바로 예고된 바 主가 임하신다고 한 그날이 됨으로써, 하나님이 예고하신 권능에 찬 역사는 본격화되리라. 어떤 이에게는 두렵고 경악할 패괴의 날로서, 어떤 이에게는 기쁘고 가슴 벅찬 영광의 날로서 "작은 자로부터 큰 자까지 다 나를 앎이니라."577) 하나님의 심판 사역과 구원 역사를 실감하리라. 그날 그 같은 역사 이후로 하나님은 온 인류 가족의 하나님이 되고, 온 인류는 하나님의 백성이 되리라.578)

---

571) 이사야, 32장 15절.

572) 이사야, 35장 1절.

573) 이사야, 35장 7절.

574) 이사야, 11장 6절 - 8절.

575) 이사야, 11장 9절.

576) 이사야, 2장 4절.

577) 예레미야, 31장 34절.

578) "그때에 내가 이스라엘 모든 가족의 하나님이 되고 그들은 내 백성이 되리라." - 예레미야, 31장 1절.

▌약 력

1957년 경남 진주 출생

진주고등학교 졸업(47회)

경상대학교 사범대학 체육교육과 졸업

R.O.T.C.(19기) 임관

서남대학교 교육대학원 졸업

1984년 교직에 첫발을 내디딤(현 교사).

자아와 세계에 대해 눈떴을 때부터 세상의 분파된 진리에 대해 의문을 품고 "길은 어디에 있는가"란 명제 하나로 탐구의 길에 나서, 현재까지(54세) 다수의 책을 저술함.

▌주요 저서

1985년(29세): 길을 위하여 I (아가페)

1986년(30세): 길을 위하여 II (인쇄본)

1990년(34세): 길을 위하여 III (인쇄본)

1995년(39세): 세계통합론(다짐)

1997년(41세): 세계본질론(청학사)

1998년(42세): 세계창조론 서설(인쇄요약본)

2000년(44세): 세계유신론(인쇄요약본)

2004년(48세): 세계섭리론(인쇄요약본)

2006년(50세): 세계수행론(인쇄요약본)

2008년(52세): 교육수상집 가르침(인쇄본)

　　　　　　　세계도덕론(인쇄본)

　　　　　　　통합가치론(한국학술정보(주))

2009년(53세): 인간의 본성 탐구(한국학술정보(주))

　　　　　　　선재우주론(한국학술정보(주))

　　　　　　　수행의 완성도론(한국학술정보(주))

2010년(54세): 세계의 종말 선언(현재)

세계의 종말 선언

인류의 형제, 종말, 심판, 구원 그리고 왕 직위함에 대하여 …

초판인쇄 | 2010년 3월 31일
초판발행 | 2010년 3월 31일

지은이 | 염기식
펴낸이 | 채종준
펴낸곳 | 한국학술정보㈜
주 소 | 경기도 파주시 교하읍 문발리 파주출판문화정보산업단지 513-5
전 화 | 031) 908-3181(대표)
팩 스 | 031) 908-3189
홈페이지 | http://www.kstudy.com
E-mail | 출판사업부 publish@kstudy.com
등 록 | 제일산-115호(2000. 6. 19)

ISBN   978-89-268-0944-0 93110 (Paper Book)
        978-89-268-0945-7 98110 (e-Book)